REPORT ON THE DEVELOPMENT OF FOOD AND
STRATEGIC RESERVES IN CHINA **2025**

中国粮食和物资储备发展报告

2025

国家粮食和物资储备局　编

人民出版社

《中国粮食和物资储备发展报告 2025》

目　录

第二篇　市场形势分析与展望

第三篇　粮食和物资储备安全研究

构建新形势下物资储备技能人才培养路径 为守住管好"大国储备"
　提供坚强人才保障 **152**

附 录

注：封面图为张家港市粮食产业发展有限公司沙洲中心粮库。

序 言

2024 年全国粮食和物资储备发展概述

2024 年，全国粮食和物资储备系统坚持以习近平新时代中国特色社会主义思想为指导，认真学习贯彻党的二十大和二十届二中、三中全会精神，全面落实党中央、国务院决策部署，按照国家发展和改革委员会要求，以"大学习、大培训、大落实"为抓手，着力稳市场、强储备、严监管、添动能、保安全、聚合力，主要目标任务全面完成，为经济社会高质量发展提供有力支撑。

一、认真落实管党治党责任，推进全面从严治党向纵深发展

一是党的创新理论武装走深走实。跟进学习贯彻习近平总书记最新重要讲话和重要指示批示精神，组织司处级干部参加学习贯彻习近平新时代中国特色社会主义思想专题培训。围绕深入学习党的二十届三中全会精神，举行专题辅导报告会，开展专题研讨，组织党员干部参加视频集中轮训或线上专题培训，确保全会精神传达贯彻到每个支部、每名党员。二是党纪学习教育扎实开展。通过举办专题读书班、集体研讨、专家辅导、专题党课等方式，深入学习贯彻习近平总书记关于全面加强党的纪律建设的重要论述和《中国共产党纪律处分条例》，用好系统案例，制作警示教育片，召开警示教育大会，强化警示教育效果。三是中央巡视反馈问题整改坚决有力。全力配合做好中央巡视组巡视工作，把中央巡视反馈问题整改作为重大政治任务抓紧抓实抓好，全面落实问题清单、任务清单、责任清单，动真碰硬、融入日常，确保如期高质量完成整改任务。四是基层组织和干部队伍建设得到加强。积极推动党建和业务深度融合，持续推进支部标准化规范化建设。开展领导班子和干部队伍大调研，建立优秀干部"蓄水池"。做好干部选拔任用和职级晋升工作，树立"重实干、看实绩"用人导向，激发干部干事创业热情。举办粮食和物资储备工作局长研讨班、干部党性教育培训班、处长任职培训班和各类业务培训班，促进学习交流和能力提升。五是正风肃纪反腐力度持续加大。针对驻委纪检监察组专题会商中指出的问题，制定落实整改措施。持续加强财会监督，严格做好内部审计，建立审计结果贯通协同机制，紧抓问题整改。每季度开展一次全覆盖谈话提醒，构筑防微杜渐的第一道防线。落实《整治形式主义为基层减负若干规定》，认真组织开展自查自纠。加大案件查办力度，持续传递全面从严信号。

二、坚持产购储加销协同，粮食安全保障更加有力

一是粮食市场总体平稳。针对国际粮食市场传导影响、下游消费偏弱等带来的价格下行压力，统筹抓好粮食收购和市场调控，分品种精准施策，抓住重点时段，突出重点地区，及时采取储备收储、托市收购等措施，守住了农民"种粮卖得出"的底线。全年粮食收购量 4.3 亿吨，为近年来较高水平。二是粮食流通监管得到加强。实施"铁拳行动"，对涉粮违法违规行为形成有力震慑。扎实开展全国政策性粮油库存检查和夏秋粮收购现场检查，严厉打击打白条、压级压价等坑农害农行为。各级粮食和物资储备部门严肃查办一批重大案件，保持惩治违法违规行为的高压态势。三是优质粮食工程取得新的成效。召开现场推进会，推广吉林四平经验做法，推动"六大提升行动"深入实施。成功举办第六届中国粮食交易大会，首次设立国际展区、院校人才展区，促进粮食产销衔接、企业交流合作。四是粮食标准质量管理更加有力。针对粮食质量管理工作急需，制修订粮食质量管理相关规定，管理制度进一步完善。推动发布 60 项国家标准，组织发布 5 项行业标准，粮食标准体系进一步健全。推动发布 6 项国际标准，其中《油茶籽油》、《植物油中黄曲霉毒素的测定》等 2 项由我国牵头制定。五是粮食产后节约减损深入推进。实施粮食绿色仓储提升行动，推动绿色储粮技术创新系统集成示范。出台推动解决东北地区"地趴粮"问题的具体措施，指导农户科学储粮。研究制定国家全谷物行动计划，开展"少吃油　吃好油　更健康"主题宣传，常态化开展节粮减损科普宣传。

三、加快基础设施建设和收储轮换，不断提升国家储备实力和应急能力

一是储备物质基础不断夯实。抢抓"两重"、"两新"等政策机遇，谋划和实施相关重点项目，完善基础设施。聚焦保障国家粮食安全、能源安全、产业链供应链安全，扎实推进各类储备收储轮换和日常管理工作。加强信息化建设和应用，提高储备管理规范化水平，应对各种风险的能力不断提升。二是应急物资调运高效保障有力。全年向 22 个省份调运中央应急物资 59 批次、92.4 万件，有力保障低温雨雪冰冻、抗震救灾、抗洪抢险等救助急需。围绕闻灾而备、闻令而动，建立应对重大灾害应急保障响应机制，实行属地重大灾害"首报"制度，强化储备仓库应急调运演练，首次在全系统开展应急物资储备管理技能"大比武"活动，各储备库与大型社会物流企业建立应急物流合作机制，调运效率大幅提升。三是粮食应急保供体系日益完善。加快推进粮食应急保障中心体系建设，推动构建京津冀、长三角、粤港澳等区域粮食应急保障中心，组织长三角区域粮食应急保障模拟推演，开展首批国家级粮食应急保障企业评估。

四、积极推动立法改革和规划编制，管粮管储基础不断夯实

一是重点领域改革和法治建设不断深化。深化粮食购销和储备管理体制机制改革，明确监管重点，创新监管方式，推动各级粮食和物资储备部门履行监管责任。做好粮食安全保障法学习培训和普法宣传工作，研究制修订配套制度，细化具体工作举措并抓好贯彻实施。黑龙江、福建和吉林、江西等省份分别出台粮食安全保障、粮食流通方面地方性法规。按照职责分工，完成省级党委和政府落实耕地保护和粮食安全责任制考核首考任务以及中储粮年度考核相关工作。二是规划编制和问题研究有序推进。围绕编制"十五五"粮食和物资储备领域发展规划，制定实施方案，深入开展重大问题研究，分领域召开专家座谈会。组建国家粮食和物资储备安全政策专家咨询委员会。加快推进信息化建设，基本建成覆盖中央和地方政策性粮食的数字化监管系统，有力支撑人防技防结合。三是科技和人才支撑作用不断增强。加快推进粮食科技创新和成果应用，形成粮食质量安全监测预警、粮食收储一体化检测设备等一批新成果。成功举办粮食和物资储备科技活动周，开展"小发明、小创造、小革新、小设计、小建议"科技创新活动。组织开展第二批全国粮食和物资储备领军人才、青年拔尖人才遴选。四是储备管理水平持续提升。开展物资储备年度库存检查，持续推进中央储备棉糖管理提升行动。制定规范垂直管理系统邀请招标活动等措施，防范风险，提高效率。五是安全生产形势持续稳定。扎实推进安全生产治本攻坚三年行动，安全生产规范化、标准化、智能化、专业化、效能化水平进一步提升。制定粮食仓储作业"十个严禁"，开展消防安全集中除患攻坚大整治等专项行动，组织危化品仓库综合应急演练，加强垂直管理系统安全隐患常态化排查整治，全面提高储备仓库本质安全水平。

撰稿单位：国家粮食和物资储备局办公室（外事司）

撰稿人：王勇

审稿人：王宏、尚华

综　述

强化认识　狠抓落实
推动党纪学习教育走深走实

（《旗帜》2024 年第 5 期）

刘焕鑫*

在全党开展党纪学习教育，是今年党建工作的一项重要政治任务，是加强党的纪律建设、推动全面从严治党向纵深发展的重要举措。国家粮食和物资储备局党组认真学习贯彻习近平总书记关于党纪学习教育的重要讲话和重要指示精神，坚定拥护"两个确立"、坚决做到"两个维护"，不折不扣落实规定动作，结合系统特点创新自选动作，高标准严要求推进全局全系统党纪学习教育走深走实。

提高政治站位，深刻认识开展党纪学习教育的重大意义

习近平总书记多次就开展党纪学习教育发表重要讲话、作出重要指示，为党纪学习教育指明了前进方向、提供了根本遵循。结合粮食和物资储备工作实际，应从四个方面提高认识和站位。

从旗帜鲜明讲政治的高度，深刻认识党纪学习教育的重大意义。党的纪律是党的各级组织和全体党员必须遵守的行为规则，是维护党

的团结统一、完成党的任务的保证。国家储备是国家治理的重要物质基础，粮食和物资储备工作具有鲜明的政治属性。深入学习党的纪律，进一步严明政治纪律和政治规矩，有利于推动全局全系统各级党组织和党员干部更加深刻领悟"两个确立"的决定性意义，增强"四个意识"、坚定"四个自信"、做到"两个维护"。这就要求我们，通过开展党纪学习教育，不断提高政治判断力、政治领悟力、政治执行力，始终在政治立场、政治方向、政治原则、政治道路上同以习近平同志为核心的党中央保持高度一致，坚决维护党中央权威和集中统一领导，坚决扛稳守住管好"天下粮仓"和"大国储备"的政治责任。

从纵深推进全面从严治党的高度，深刻认识党纪学习教育的重大意义。当前，全局全系统全面从严治党面临的形势依然严峻复杂。开展党纪学习教育，是充分发挥纪律建设治本作用、持续推动党风廉政建设和反腐败斗争的重要环节。深入学习党的纪律，做到入脑入心，有利于通过严明的纪律管党治党，使之成为党

---

* 刘焕鑫，国家发展和改革委员会党组成员，国家粮食和物资储备局党组书记、局长。

员干部约束自身的标准和遵循，增强党的凝聚力、感召力和战斗力，维护党的先进性、纯洁性。这就要求我们，以此次党纪学习教育为契机，着力解决个别党员对党规党纪不上心、不了解、不掌握等问题，坚持严字当头、全面从严、始终从严，紧紧围绕中心工作谋划和推进党的自我革命，以刀刃向内的勇气大力整治突出问题，以突破难点堵点问题带动党风廉政建设和反腐败斗争向纵深发展，切实发挥全面从严治党引领保障作用。

从围绕中心、服务大局的高度，深刻认识党纪学习教育的重大意义。新时代新征程，粮食和物资储备的"压舱石"和"稳定器"作用更加凸显，粮食和物资储备事业处在实现高质量发展的关键阶段。深入学习党的纪律，自觉做到以学促干，有利于营造激浊扬清、干事创业的良好政治生态，凝聚推动事业发展的强大正能量。这就要求我们，把党纪学习教育同贯彻落实党中央重大决策部署结合起来，同聚焦主责主业、强化履职担当结合起来，统筹考虑、一体推进，教育引导广大党员干部增强"时时放心不下"的责任感，强化"事事都有着落"的行动力，全力以赴稳市场、强储备、严监管、添动能、保安全、聚合力，切实履行好保障国家粮食和战略应急物资储备安全的职责和使命。

从锻造忠诚干净担当干部队伍的高度，深刻认识党纪学习教育的重大意义。粮食和物资储备系统点多线长面广，管党治党任务繁重。深入学习党的纪律，有利于将党的纪律规矩真正落实到每个党员干部的具体行动上，以纪律

教育为引领抓实抓细干部队伍纪律作风建设。这就要求我们，结合开展"大学习、大培训、大落实"，把党纪学习教育摆在更加突出的位置，融入干部队伍管理监督，切实增强党员干部遵规守纪的自觉性坚定性，使铁的纪律转化为日常习惯和自觉，以严纪律、强监督促进勤政廉政，为粮食和物资储备事业发展行稳致远提供坚强的纪律保证。

紧扣目标要求，推动党纪学习教育各项工作落细落实

国家粮食和物资储备局党组紧紧锚定学习贯彻新修订的《中国共产党纪律处分条例》（以下简称《条例》），准确把握党纪学习教育的各项部署，结合粮食和物资储备系统实际，研究制定务实举措，教育引导党员干部学纪、知纪、明纪、守纪，搞清楚党的纪律规矩是什么，弄明白能干什么、不能干什么，始终做到忠诚干净担当。

深学细悟，推动《条例》入脑入心。把《条例》纳入局党组理论学习中心组学习重要内容，在个人自学的基础上，坚持原原本本学、逐章逐条学，举办专题读书班，组织中心组成员认真开展集体学习研讨。深刻把握修订《条例》的政治考量，准确领会党中央决策意图，切实把思想和行动统一到党中央要求上来。邀请专家进行专题辅导，深入解读《条例》精神实质和实践要求。各级党组织书记围绕"守纪律讲规矩"等主题讲好专题党课。各基层党支部通过"三会一课"、主题党日、青年理论学习小

组以及其他各类载体，组织党员干部逐条逐句认真学习，确保全覆盖无死角。

以案为鉴，让党员干部受警醒、明底线、知敬畏。召开全系统警示教育大会，以案说德、以案说纪、以案说法、以案说责，深刻吸取案件教训，纵深推进全面从严治党。围绕粮食和物资储备系统近年来发生的违纪违法案件制作警示教育片，组织党员干部集中观看，用身边事教育身边人，强化警示震慑、推动以案促改促治。对全系统近年来查办典型案件的通报、忏悔书等材料进行梳理，编印案件警示录，督促党员干部认真学习，进一步强化对党纪国法的敬畏戒惧意识。依托各类廉政教育资源，组织党员干部集中接受教育，进一步增强清正廉洁的意识。

知行合一，深化《条例》理解运用。及时组织学习中央媒体刊发的学习解读文章，引导党员干部深化对《条例》的理解运用。在司处级党性教育轮训班、党务干部培训班、新录（聘）用人员培训班中安排《条例》辅导课程，组织新提拔干部、年轻干部、关键岗位干部、新入职干部等专题学习《条例》，并针对性做好辅导。组织全系统纪检干部骨干参加专业培训，提升监督执纪水平。认真贯彻新修订的《党政机关国内公务接待管理规定》，在全系统开展"调查研究要严守纪律规矩"宣讲，推动党员干部养成贯彻落实中央八项规定及其实施细则精神的高度自觉。

以学促改，把《条例》作为廉政标尺。2024 年度各级领导班子民主生活会和基层组织生活会把学习贯彻《条例》情况作为对照检查的重要内容，深入进行自我剖析，认真开展批评和自我批评。对查摆出的问题，明确责任，细化措施，认真抓好整改，不断强化严的基调、严的措施、严的氛围，大力营造风清气正的政治生态。

加强组织推动，确保党纪学习教育取得实实在在的成效

国家粮食和物资储备局党组切实加强对全局全系统党纪学习教育的领导，党建工作领导小组抓好统筹协调，抽调精干力量成立党纪学习教育工作专班承担具体工作，周密组织推进，加强督查指导，将党纪学习教育持续引向深入，确保党纪学习教育高标准开展、高质量完成。

压紧压实责任。各司局单位党组织、各垂直管理局分党组把开展党纪学习教育作为重要政治任务，精心谋划实施，确保取得实效。督促各级党组织认真落实党纪学习教育主体责任，主要负责同志切实担负第一责任人责任，领导班子其他成员认真履行"一岗双责"，确保党纪学习教育抓深抓实不走样。党员领导干部带头学习、作出表率，党组织书记和纪委书记（纪检委员）先学一步、学深一层。直属机关党委、基层党委对所辖党支部进行全覆盖、全过程指导。

创新方式方法。坚持把组织开展党纪学习教育同坚决落实党中央关于粮食和物资储备的决策部署结合起来，同配合中央巡视结合起来，同配合中央和国家机关党的建设专项督查

结合起来，一体推进、相互促进，防止"两张皮"，做到"两不误"，对可能出现的形式主义问题，提前预判、有效防范、坚决克服，切实将纪律教育的成果转化为干事创业的实效。

强化宣传引导。在国家局机关内外网、微信公众号、《中国粮食经济》杂志等开设党纪学习教育专栏，及时刊发党中央关于党纪学习教育的最新部署要求，及时宣传习近平总书记关于党纪学习教育的重要讲话和重要指示精神。通过《机关党建情况》及时反映全局全系统党纪学习教育有关动态、做法成效，促进上下联动，营造浓厚氛围。

下一步，国家粮食和物资储备局党组将严格按照党中央部署要求，提高政治站位、聚焦目标任务、注重实际效果，以严的基调、严的措施、严的氛围，将党纪学习教育持续引向深入，把学习教育成效转化为推动粮食和物资储备事业高质量发展的生动实践。

深入推进粮食节约减损

（《人民论坛》2025 年第 3 期）
刘焕鑫

保障国家粮食安全是头等大事，推进粮食节约减损就是增加产量。党的二十届三中全会对健全粮食和食物节约长效机制作出重要部署。2024 年 11 月，中共中央办公厅、国务院办公厅印发《粮食节约和反食品浪费行动方案》，对深入推进粮食节约减损作出具体安排。粮食和物资储备系统将认真抓好贯彻落实，坚持系统治理、依法治理、长效治理，推动粮食节约减损不断取得新成效，助力构建更高层次、更高质量、更有效率、更可持续的国家粮食安全保障体系。

进一步增强推进粮食节约减损工作的使命感责任感

党的十八大以来，以习近平同志为核心的党中央高度重视粮食节约减损工作。2021 年 9 月，习近平总书记在给国际粮食减损大会致贺信中指出："粮食安全是事关人类生存的根本性问题，减少粮食损耗是保障粮食安全的重要途径。"2022 年 12 月，习近平总书记在中央农村工作会议上强调，"保障粮食安全，要在增产和减损两端同时发力"。习近平总书

记的重要指示，为深入推进粮食节约减损指明了前进方向、提供了根本遵循。粮食和物资储备系统要深入学习领会，立足全局，结合实际，充分认识深入推进粮食节约减损的重要意义。

深入推进粮食节约减损，是贯彻落实党中央、国务院决策部署的具体行动。近年来，党中央、国务院多次就粮食节约减损作出安排部署。2014 年 3 月，中共中央办公厅、国务院办公厅印发《关于厉行节约反对食品浪费的意见》，要求减少各环节粮食损失浪费。2021 年 3 月，"十四五"规划纲要明确提出，有效降低粮食生产、储存、运输、加工环节损耗，开展粮食节约行动。中共中央办公厅、国务院办公厅 2021 年 11 月印发《粮食节约行动方案》，2024 年 11 月印发《粮食节约和反食品浪费行动方案》，对粮食全链条节约减损作出制度安排和具体部署。粮食和物资储备系统要强化政治担当，认真履行职能，抓好粮食节约减损相关重点任务落实。

深入推进粮食节约减损，是全方位夯实国家粮食安全根基的重要途径。习近平总书记强调："我国是人口众多的大国，解决好吃

饭问题，始终是治国理政的头等大事。"近年来，我国粮食生产实现"二十连丰"，粮食产量在连续 9 年站稳 1.3 万亿斤台阶的基础上，2024 年首次突破 1.4 万亿斤。同时也要清醒看到，粮食增产难度加大与损失浪费严重并存，需引起高度重视。中长期看，国内粮食供需仍将处于紧平衡态势，特别是受耕地、水资源短缺和环境承载能力有限的硬约束，粮食增产难度较大，节约粮食、减少损失相当于增加产量，有利于提高粮食供给能力。粮食和物资储备系统要站在保障国家粮食安全的高度，强化节约就是增产的意识，坚持开源与节流并重、增产与减损并行，耕好粮食节约减损这块"无形粮田"，让"中国饭碗"端得更稳更牢。

深入推进粮食节约减损，是弘扬中华优秀传统文化的具体体现。中华民族历来崇尚节约、反对浪费，自古以来传颂"谁知盘中餐、粒粒皆辛苦"和"一粥一饭、当思来之不易"等价值观念。习近平总书记曾引用《荀子·富国》中的一句话"足国之道，节用裕民而善臧其馀"，深刻地告诫我们，让国家富强就要注意节俭，反对浪费，善于积蓄。长期以来，粮食行业在发展历程中，凝结形成了以"创业、创新、节俭、奉献"为代表的"四无粮仓"（无害虫、无变质、无鼠雀、无事故）精神和"宁流千滴汗，不坏一粒粮"的优良传统，体现了一代代粮食人对粮食节约减损的执着追求和躬身实践。粮食和物资储备系统要大力弘扬中华民族传统美德，不断将粮食行业优秀传统转化为粮食节约减损新的实践。

进一步增强做好粮食节约减损工作的信心决心

近年来，粮食和物资储备系统深入学习贯彻习近平总书记关于粮食节约减损的重要讲话和重要指示批示精神，认真落实党中央、国务院决策部署，立足职能，多措并举，系统发力，推动粮食节约减损工作取得积极成效。

强化顶层设计，制度体系建设更加完善。2021 年 4 月修订施行的《粮食流通管理条例》对粮食收储、运输、加工等经营主体粮食节约减损作出专门规范。2024 年 6 月 1 日正式施行的《中华人民共和国粮食安全保障法》，设立"粮食节约"专章，标志着全链条粮食节约减损步入依法治理新阶段。"十四五"以来，国家粮食和物资储备局聚焦粮食流通关键节点，强化政策供给，先后印发《粮食节约减损健康消费提升行动方案》《关于粮食节约减损的指导意见》，与有关部门联合印发《原粮运输减损技术指导意见》《国家全谷物行动计划（2024—2035 年）》《关于加快粮食产地烘干能力建设的意见》等文件，对粮食节约减损作出具体安排，依法管粮治粮节粮的制度体系日益完善。

优化产后服务，农户储粮减损效果更加明显。深入推进优质粮食工程，支持建设 5500 多家粮食产后服务中心，基本实现产粮大县粮食产后服务全覆盖。在应对连阴雨、暴风雪等极端天气中，依托粮食产后服务中心，及时提供清理、干燥、收储等服务，有效发挥助农减损增收的重要作用。指导东北地区着力整治

"地趴粮"，出台推动解决"地趴粮"问题的具体措施，加强粮食节约减损技术培训和服务，农户科学储粮意识和条件不断提升。近年来累计为全国农户配置 1000 万套科学储粮装具，有效降低农户储粮损失。据调查，我国农户储粮损失率已由 10 年前的 8% 降至 3% 左右。

改善仓储条件，粮食储存减损降耗更加有效。深入实施粮食绿色仓储提升行动，推进高标准粮仓建设和旧仓升级改造，粮仓气密、隔热等关键性能进一步提升。指导各地因地制宜推广应用绿色储粮技术，在首批 59 家粮食仓储企业开展绿色储粮标准化试点，分生态区推进绿色储粮技术创新系统集成应用，以点带面推动提质增效。目前，全国粮食标准仓房完好仓容超 7 亿吨，"四合一"（粮情测控、机械通风、环流熏蒸、谷物冷却）储粮技术在国有粮库普及应用，全国实现低温准低温储粮仓容 2 亿吨，应用气调储粮技术仓容 5500 万吨，控温、气调、内环流、害虫综合防治等绿色储粮技术应用比例不断提高。据调查，我国粮库储粮损失基本消除，粮食储藏周期内综合损耗率控制在 1% 的合理预期范围内。

注重科技创新，技术支撑粮食节约减损更加有力。大力加强科技创新平台建设，全国建设 23 家粮食技术创新中心，开展粮食节约减损技术研发和应用。国家级科研平台"粮食储运国家工程研究中心"针对粮食清理、干燥、储藏等环节突出问题，大力开展技术攻关，推动产学研融合创新。指导有关科研机构研发粮食高效装卸技术及配套装置等，减少进出仓作业损耗，促进安全储粮。指导有关科研单位开

展全谷物健康食品创制等研究，助推全谷物产业健康发展，持续改善居民膳食和饮食健康。

加强标准引领，粮食资源综合利用更加深入。围绕粮食节约减损、绿色优储、适度加工等，制修订了一批重要标准。印发实施《高标准粮仓建设标准》，提出仓房建筑、储粮工艺、信息化系统等具体技术要求，促进仓储设施硬件向更高水平整体跃升。组织制修订粮食节约减损相关标准，发布《小麦粉》等国家和行业标准，通过标准引领、技术升级、科普宣传等，推动提高成品粮出品率。鼓励粮油加工企业生产更多绿色优质、营养健康的粮油产品，积极挖掘米糠、麸皮、豆粕等综合利用潜力，不断提高粮食资源综合利用效益。

加大宣传引导，粮食节约减损氛围更加浓厚。强化宣传引导和典型示范，组织开展粮食储存节约减损"小发明小创造小创意"征集活动，评选"十佳"案例和百余项实用技术并推介，促进各地交流互鉴。结合世界粮食日和全国粮食安全宣传周、全国粮食和物资储备科技活动周、粮食质量安全宣传日等重大活动，围绕爱粮节粮、节约减损等主题，开展形式多样的宣传教育，推广普及相关技术知识和经验做法。各地依托优势资源条件，积极组织开展劳动体验、科普宣传、"光盘行动"等粮食节约减损主题宣教活动。组织"节约一粒粮，我们在行动"、"积极应对气候变化，促进粮食减损增效"等主题宣传，策划拍摄"节粮减损·专家谈"、"农户储粮·专家说"等系列科普视频并组织宣介，推进全社会粮食节约减损的氛围更加浓厚。

进一步完善推进粮食节约减损工作的长效机制

推进粮食节约减损，是一项系统工程，需要综合施策、多方协同。粮食和物资储备系统将坚持以习近平新时代中国特色社会主义思想为指导，全面贯彻落实党的二十大和二十届二中、三中全会精神，着眼于常态化长效化推进粮食节约减损，完善机制，优化举措，聚焦粮食储存等关键环节，推动粮食节约减损取得更大成效。

着力抓好部署推进。始终胸怀"国之大者"，锚定粮食节约减损目标任务，坚持不懈抓好各项工作落实，持续推动粮食节约减损走深走实。认真落实中共中央办公厅、国务院办公厅《粮食节约和反食品浪费行动方案》部署要求，印发实施粮食和储备系统粮食节约减损行动方案，实化政策举措，明确重点工作任务，细化系统内责任要求，凝聚全系统力量扎实推进粮食节约减损工作。

着力推动储存减损。加强农户科学储粮技术指导和科普宣传，推动东北地区逐步解决"地趴粮"问题。组织开展"粮食科普乡村行"等活动，因地制宜推广农户科学储粮装具。深入实施粮食绿色仓储提升行动，加强高标准粮仓建设，推进现有仓房升级改造，不断提升绿色储粮功效。加快推广先进、适用绿色储粮技术，针对不同储粮生态区加强绿色储粮技术创新系统集成应用。加强政策性粮食仓储管理，不断提升仓储管理规范化、精细化、绿色化、智能化水平。

着力加强创新驱动。科技支撑方面，抢抓国家"两重"、"两新"政策机遇，大力发展智能化扦检设备、平房仓散粮自动进出仓设备、绿色高效清理烘干设备、粮食高效物流装备等，加快技术应用和装备升级步伐；针对新型专用散粮、成品粮集装运输装备及配套接卸设备，开展技术攻关和成果推介；推广低温升和柔性碾米等设备，促进粮食资源综合高值利用。标准引领方面，稳步推进绿色储粮标准化试点，推动粮食节约减损相关国家标准和行业标准制修订，制定和完善节约粮食、减少损失损耗的相关团体标准。推动实施"国家全谷物行动计划"，在宣传引导、标准引领、科技创新、产业提升上下功夫，因地制宜发展全谷物产业，促进居民营养健康消费。

着力开展科普宣传。聚焦农户储粮、绿色仓储、合理加工、营养健康等重点，常态化开展粮食节约和反食品浪费公益宣传，深入打造"节约一粒粮"、"少吃油　吃好油　更健康"、"全谷物　好营养　更健康"、"农户储粮·专家说"等宣传教育活动品牌，大力营造爱粮节粮、健康消费的浓厚氛围。结合世界粮食日和全国粮食安全宣传周、全国粮食和物资储备科技活动周等重大活动，集中宣介粮食节约减损典型案例，开展节约粮食主题宣教活动。深入挖掘爱粮节粮先进典型，促进形成爱粮节粮、崇尚节约的良好社会风尚。

着力强化支撑保障。健全人才培养机制，建立"高校—部门—企业"合作培养人才模式，鼓励加大技能人才培养力度，支持涉粮院校加强校企合作，为推进粮食节约减损工作提供有力人才保障。健全责任落实机制，指导各地强化政策引领，因地制宜细化粮食节约减损目标任务和落实举措，真正把粮食节约减损工作扛在肩上、抓在手上、落实到行动上。建立部门监管、行业自律、社会监督等相结合的监管体系，持续开展常态化监管，依法依规处置发现的问题。健全调查评估机制，优化粮食储存损失损耗相关指标和调查方法，利用信息化手段掌握政策性粮食承储企业储存损失损耗情况，使粮食节约减损情况可量化可评估。

确保种粮农民收入持续稳定增长

（《中国经济时报》2025 年 2 月 25 日）
魏后凯 *

2 月 23 日发布的 2025 年中央一号文件——《中共中央　国务院关于进一步深化农村改革　扎实推进乡村全面振兴的意见》提出"持续增强粮食等重要农产品供给保障能力"，要求"稳定粮食播种面积，主攻单产和品质提升，确保粮食稳产丰产"，同时强调"千方百计推动农业增效益、农村增活力、农民增收入"，表明确保国家粮食安全和促进农民增收对于推进中国式现代化至关重要。

2025 年 1 月，中共中央、国务院印发的《乡村全面振兴规划（2024—2027 年）》，以及 2024 年 12 月召开的中央经济工作会议和中央农村工作会议都把保障粮食安全和促进农民增收放在十分重要的位置。毫无疑问，在新形势下，统筹保障粮食安全和促进农民增收，确保种粮农民收入持续稳定增长，成为当前"三农"工作的重点难点所在。

亟须破解种粮农民增收难题

近年来，在国家强农惠农富农政策支持下，我国粮食产量和农民收入呈现出"双增长"态势。然而，这种"双增长"态势难以掩盖农民增收与粮食种植之间存在的结构性偏差事实。近年来，农民增收越来越依赖工资性收入和转移净收入，尤其是农民离开农业农村外出打工的工资性收入和政府转移性收入。2018—2023 年，工资性收入和转移净收入对农民增收的贡献率达 68.0%，其中 2021 年高达 70.0%。在一些欠发达地区，这一比重更高。相反，农业经营净收入对农民增收的贡献越来越少。2013—2022 年，第一产业经营净收入对农民增收的贡献只有 16.1%，而农业（种植业）经营净收入对农民增收的贡献只有 12.0%。从全国总体看，当前农业经营尤其是粮食种植对农民增收的贡献已经很小，农民增收更多依靠兼业化。种植粮食的村庄农民家庭收入也明显偏低。据 2022 年中国乡村振兴综合调查（CRRS），粮食种植村上年村户均年收入分别比经济作物村、第二产业特色村、第三产业特色村低 17.5%、24.6% 和 28.3%。

---

* 魏后凯，国家粮食和物资储备安全政策专家咨询委员会专家委员，中国社会科学院学部委员、农村发展研究所所长。

近年来，种粮农民增收难，是一个不争的事实。我国粮食生产成本在历经 1985—1996 年和 2004—2013 年的大幅攀升后，目前已经居于高位，且仍在不断攀升。与 2018 年相比，2023 年我国三种粮食每亩总成本提高了17.5%，其中物质和服务费用提高 27.8%，土地成本提高 34.4%。种粮成本高位不断攀升，而粮食价格增长缓慢，种粮比较效益较低，农民靠种粮增收较为困难。2020 年以来，粮食生产利润在之前连续 4 年亏损后尽管已经转为盈利并明显增长，但 2023 年又出现大幅下降，三种粮食每亩净利润仅为 75 元，比 2022 年下降了 60%，只有 2011 年的 30%。2024 年，全国粮食生产尽管获得了大丰收，粮食总产量比上年增长 1.6%，但粮食收购价格低迷，某些品种甚至出现下降趋势，种粮农民增收难度加大。

除了经营规模较小和生产方式落后，种粮收益较低且不稳定是造成种粮农民增收难的重要原因之一，不仅挫伤了农民种粮的积极性，也加大了耕地撂荒和"非粮化"治理难度。在新形势下，有效破解种粮农民增收难题，必须处理好保障粮食安全和促进农民增收的关系，加大统筹协调力度，多措并举加快建立种粮农民持续稳定增收长效机制，使种粮农民收入能够实现持续稳定快速增长。中央经济工作会议明确指出要"保护种粮农民和粮食主产区积极性"，中央农村工作会议进一步强调要"千方百计推动农业增效益、农村增活力、农民增收入"，很明显，促进农民增收的重点难点是种粮农民增收，要把种粮农民增收放在促进农民增收的重要位置，确保种粮农民收入同步甚至更快增长。

健全粮食生产支持政策体系

中央农村工作会议和 2025 年中央一号文件均明确指出要"健全粮食生产支持政策体系"。在种粮比较效益较低的情况下，种粮农民和主产区为保障粮食安全作出了重要贡献，需要国家和相关受益者给予相应的经济补偿。从某种程度上讲，粮食生产支持政策也是一种粮食生产利益补偿政策。我国现行粮食生产利益补偿主要集中在粮食生产者利益补偿以及对主产区的纵向利益补偿上，缺乏粮食产销区之间的横向利益补偿机制，国家生态补偿制度尚未把粮食生产纳入进来。

为保护农民和主产区种粮积极性，当前应从三个方向同时发力，建立完善粮食生产利益补偿政策体系。在生产者补偿上，要继续加大对农业基础设施、高标准农田建设、良种培育和推广、农机装备、农产品和农资流通网络、农民技能培训等支持力度，进一步完善价格、补贴、保险"三位一体"的种粮农民收益保障政策体系，尤其要进一步完善价格形成机制，将粮食等重要农产品价格保持在合理水平，防止"谷贱伤农"。在主产区补偿上，要继续加大对粮食主产区和产粮大县的支持力度，进一步完善对主产区的纵向补偿政策，并按照"谁吃粮谁拿钱、谁调粮谁补偿"的原则，尽快建立中央统筹下的粮食产销区省际横向利益补偿机制，实现粮食调入省份对调出省份的利益补偿。横向利益补偿机制应坚持中央统筹，分阶段稳步推进，实行资金补偿与其他补偿相结合，鼓励产销区之间积极探索新型协作关系。在生态补偿上，考虑到粮食生产除了提供各种粮食产品外，还创造了生态服务价值，应将粮食生产纳入国家生态补偿范围，积极开展建立粮食生态补偿机制试点探索，根据不同品种粮食生产提供的生态服务价值按亩给予相应补偿。要通过多元化支持或补偿政策，使农民种粮真正实现政策保本。

应该看到，保障国家粮食安全是中央和地方政府的共同责任，也是主产区、主销区和产销平衡区的共同责任。在新时期，健全粮食生产支持政策体系，需要明确中央和地方政府的职责分工，综合运用各种政策手段，统筹协调、同向发力，提高政策的整体效能，增强各项政策措施的协同性。特别是，中央和省级政府都应加大资金和政策支持力度，完善纵横向利益补偿机制，充分调动农民种粮和地方抓粮的积极性。总之，要通过建立完善多元化利益补偿机制，真正让农民种粮有利可图，让主产区抓粮有积极性。

把粮食产业建成现代化大产业

习近平总书记 2023 年 10 月在江西考察时指出要"把农业建设成为大产业"。粮食产业是一个涉及粮食生产、储存、运输、加工、销售和服务等诸多行业和环节的大产业，要树立大农业观，按照"把农业建成现代化大产业"的要求，因地制宜发展多种形式的适度规模经营，加快推进粮食生产方式转变，推动粮食产业深度融合、全链条升级和布局优化，切实把粮食产业建成现代化大产业，让广大农民更多分享粮食全产业链增值收益，真正实现经营增效。

第一，加快转变粮食生产方式。粮食产业的现代化核心是粮食生产方式的现代化。要适应城镇化和乡村产业多样化需要，继续推进农业剩余劳动力转移，积极培育壮大新型职业农民，并通过土地流转、托管服务、代耕代种、股份合作等方式，实现粮食生产适度规模经营，使种粮农民走上职业化、知识化、组织化之路。同时，要加快粮食科技创新和良种培育，推进粮食生产全程机械化、智能化，进一步完善社会化服务体系，实现粮食生产绿色化、优质化、特色化和品牌化，不断提高粮食产业竞争力。

第二，推动粮食产业深度融合。在产业融合上，既要不断延伸粮食产业链，提升价值链，打造供应链，实行产业链、价值链和供应链"三链"协调联动，构建纵向融合和一体化的粮食全产业链；又要充分挖掘粮食生产的多维功能，尤其是经济、文化、教育、生态、景观等功能，推动粮食生产与养殖业、粮食加工、电商物流、文化旅游、休闲康养、教育体验等深度融合，促进粮食产业横向融合和一体化发展。在城乡融合上，要打破城乡分割的二元结构，按照城乡"一盘棋"的理念，加快构建城乡融合的粮食产业共同体，推动粮食产供储加销一体化发展，为粮食产业提质增效和种粮农民增收致富创造条件。

第三，不断优化粮食产业布局。优化布局是实现粮食产业增效和种粮农民增收的重要途径。为此，要更好统筹发展和安全，严格落实耕地利用优先序，高质量推进国家粮食安全产业带和粮食生产功能区建设，不断优化粮食生产布局，合理划分粮食产销区划，进一步压实主产区、主销区和产销平衡区粮食生产责任，尤其要加强主销区和产销平衡区粮食生产能力建设，稳定并不断提高其粮食自给率。同时，要按照合理分工、优势互补、利益共享的原则，调整优化粮食产业链各环节布局，引导和推动粮食加工环节更多布局在粮食主产区、产粮大县，让种粮农民和主产区更多分享粮食产业链增值收益。

夯实国家粮食安全根基

（《经济日报》2025年2月20日，全文有删改）
程国强[*]

民以食为天，食以粮为先，粮食安全是"国之大者"。我国历来高度重视粮食问题，在连续9年稳定在1.3万亿斤以上的基础上，2024年粮食总产量首次迈上1.4万亿斤新台阶，粮食安全底气更足。党的二十届三中全会对健全保障粮食安全的体制机制作出系统部署。在2024年底召开的中央农村工作会议上，粮食安全再度占据重要篇幅，明确了稳产保供的着力点，一揽子政策支持定向发力。

"三位一体"保障我国端牢饭碗

主持人：我国主要粮食品种有哪几大类？生产和进口情况如何？

程国强：我国粮食主要有三类品种。一是谷物，比如大米、小麦、玉米、高粱、大麦等，每年产量大概6.4亿吨。二是豆类，比如大豆、绿豆、黑豆等，每年产量大概2300万吨。三是薯类，比如马铃薯、红薯，每年产量大概3000万吨。我国目前粮食的产量达到7亿吨。

党的十八大以来，习近平总书记高度重视粮食安全，提出新粮食安全观，确保谷物基本自给、口粮绝对安全。保障粮食供需基本平衡，还有一些饲料粮需要通过国际市场来解决。我国每年进口粮食1.5亿吨左右，其中近1亿吨是大豆，除了榨油之外，大豆最重要的用途是作为蛋白饲料原料，我们养殖所需的饲料中有10%至15%的蛋白含量需要通过进口来解决。

还有谷物进口，其中一部分就是小麦。主要从品种调剂的角度来考虑，比如，从澳大利亚进口软质小麦、从加拿大进口强筋小麦，都是做糕点所需要的原料，而国内生产的主要是中筋小麦，所以每年约有1000万吨小麦进口。还有部分大米进口，在进口配额管理范围内调节，因此每年进口规模不大。

从国家粮食安全保障体系来看，我们基本构建了"三位一体"保障机制。一是粮食综合生产能力，以确保谷物基本自给、口粮绝对安全为核心。2024年我国粮食总产量迈上7亿吨台阶，最主要的贡献是小麦、水稻和玉米三

---

* 程国强，国家粮食和物资储备安全政策专家咨询委员会专家委员，中国人民大学国家粮食安全战略研究院院长。

大品种，目前整体产销平衡，自给率在 99%以上。玉米每年有 2.8 亿吨产量，基本上能够满足饲料粮需求。除此之外，豆类和薯类保持着 5000 万吨至 5500 万吨的水平，都是依靠国内粮食生产体系来实现的，这是保障粮食安全的根基。二是粮食储备调控体系，既有中央储备，也有地方储备，以应对突发事件、维护市场稳定为重点。这套体系经历了历史的考验，包括 2008 年南方冰雪灾害、汶川大地震，以及近年来的全球粮食危机、新冠疫情冲击，这套储备调控体系成功应对了粮食安全风险挑战。三是全球农产品供应链，有效利用国际农产品市场和农业资源。国际市场的有效利用弥补了国内农业资源不足，2023 年我国农产品进口总额 2340 多亿美元，如果这些农产品在国内生产，可能需要近 14 亿亩种植面积。我国目前有 19.29 亿亩耕地，按照 1.33 的复种指数，整体种植面积约 25.7 亿亩，用来保障 7 亿吨粮食以及蔬菜、水果等农产品的生产，那么缺口部分就通过进口来解决。

国内粮食综合生产能力、粮食储备调控体系和全球农产品供应链，构成了"三位一体"的粮食安全保障机制，保障每个人都能够吃饱饭、吃好饭，确保中国人的饭碗牢牢端在自己手中。

主持人：我国粮食产量连续多年保持在高平台上，2024 年又出台新一轮千亿斤粮食产能提升行动方案，在这样的背景下，粮食供需为什么还有缺口？

程国强：我国小麦、水稻、玉米基本自给，口粮绝对安全，那这个缺口在哪里呢？大豆。这就是为什么每年要通过国际市场进口近 1 亿吨大豆，因为蛋白饲料原料没有那么多耕地来种。比如大豆和玉米是竞争性作物，如果保证了玉米基本自给，就没有办法保证大豆的供给。

从国家粮食安全形势来看，现在正处于历史上最好的时期，但也不能回避农业供给体系存在结构性短板。立足人多地少的基本国情，我们在部分产品上没有办法实现自给，只能通过国际市场来解决。所以，要推动农业对外开放，有效利用好国际农产品市场和农业资源。

主持人：相较以往，2024 年粮食进口同比下降，是什么原因？这是否意味着我国粮食供给体系正在发生变化？

程国强：应该说，供给体系有一些变化，但是不大。三大主粮能够实现基本自给，而且通过实施"藏粮于地"战略，能确保口粮绝对安全，但是在供给体系中，大豆的短板依然存在。我们实施了大豆行动计划，通过在东北开展轮作试点、在南方稳粮扩油，扩大油料作物的种植面积，使大豆产量恢复性增长，近几年产量超过 2000 万吨，但整个需求是 1.1 亿吨，所以供需格局没有从根本上发生改变。

进口减少是因为前几年进口太多，并不是需求减少，也不是国内供给增加。当前全球粮价下行，我国粮价低迷，农民种粮很难挣钱，部分产品进口对国内市场的影响值得关注。如果每年粮食进口能够控制在 1.5 亿吨以内，对国内市场的影响会稍小一些，但是肉类、大豆的进口不可回避。

确保农民种粮增产增收

主持人：又到一年春耕季，有一个问题大家比较关注，就是"谁来种粮"？为什么反复强调健全种粮农民收益保障机制？

程国强：随着农村人口老龄化，同时大规模农业转移人口进入城市，"谁来种粮"的问题一直是个重大课题。这也是为什么反复强调要推进农业经营体制机制创新、培育新型农业经营主体。

从种粮的角度来看，由于农业是自然再生产和经济再生产交织的产业，既面临市场风险，种的粮食能不能卖出去、卖个好价格没有办法把握，同时受自然风险影响非常大，种粮农民困难比较多、压力很大。反复强调要健全种粮农民收益保障机制，就是要让农民种粮不亏本、有钱挣，这样才能有效提高和保护他们种粮的积极性。

现在的问题是，种粮确实很难挣钱。首先，种粮成本持续上涨。相较 2004 年，粮食生产成本增长了 1.4 倍左右，但亩均产值增长不到 1 倍，成本的上涨速度远远高于价格上涨。其次，现有政策为保护农民种粮积极性发挥了重要作用，但还有较大提升空间。比如，有地的农户通过"一卡通"都能拿到农业补贴，而不是根据种粮实际情况进行补贴，导致补贴政策效能不高；保险政策方面，主要是完全成本保险和种植收入保险，在操作机制上还有较大完善空间。再次，仍需探索适合我国国情的增收机制。农民种粮后怎么让粮食增值？一些新型农业经营主体的探索值得借鉴。我们在江西调研发现，除了生产环节，新型农业经营主体还通过烘干、收储、物流、加工环节延伸粮食产业链，尽管也帮农户托管土地，但是不担心亏本，因为粮食收上来以后，通过加工销售可以实现大幅度增值，从而弥补上游的损失。所以，健全种粮农民收益保障机制，除了强化政策保障，还要构建完整的粮食产业链，真正让农民种粮增收。

"纵横结合"构建利益补偿机制

主持人：我国粮食生产布局是如何确定的？

程国强：基于我国农业资源条件，粮食生产形成了几大区域。一个是粮食主产区，全国共有 13 个主产区，过去粮食生产相对比较均衡，现在近 80％ 的粮食在主产区生产。一个是产销平衡区，粮食既不调出也不调进，产量和销量相对平衡。还有一个是粮食主销区，粮食产量和需求存在缺口。从目前粮食生产布局来看，逐步向粮食主产区集中，由此带来的问题是，如果不能实现粮食均衡生产，意味着粮食主产区的压力和负担会越来越重，过去所说的"高产穷县"、"粮食大县、经济弱县"的趋势会越来越显著，进而影响地方经济发展。

产销平衡区、主销区的产能逐步下降，不利于国家粮食安全保障。所以，要坚持粮食安全党政同责，在支持主产区抓好粮食生产的同时，也要求产销平衡区、主销区抓好粮食安全、粮食生产。

主持人：粮食主产区提供了全国超 70% 的粮食，但经济发展普遍落后于主销区，主要原因是什么？

程国强：总的来讲，主产区为保障国家粮食安全作出了巨大贡献，但也产生了一些溢出效应。一方面，按照全国主体功能区规划，粮食主产区作为提供农产品的主体功能区，属于限制开发区域，严格限制进行大规模的工业化生产和城镇化建设，严禁违规占用耕地从事非农建设，这在客观上限制了城镇化扩张。另一方面，由于种粮比较效益低，付出了较多发展经济的机会成本。而且，由于对粮食产量有要求，高标准农田建设等需要进行相应的资金配套，主产区要动用财力来推动农业基础设施建设，别的发展机会就少一些。而非主产区可以有更多机会发展二三产业，经济发达，财政富裕，主产区与其的差距会进一步拉大。

主持人：这种情况下，如何有效调动粮食主产区重农抓粮积极性？

程国强：中央采取了很多措施，比如对产粮大县实行以财政转移支付为主的纵向补偿机制，对保护和提高主产区重农抓粮积极性发挥了重要作用。但是随着经济发展，仅靠纵向补偿不能满足需求，还要调动非主产区的积极性，因此提出建立省际横向利益补偿机制，也就是主销区对主产区进行必要的利益补偿。

2024 年中央农村工作会议提出，启动实施中央统筹下的粮食产销区省际横向利益补偿。也就是说，除了纵向利益补偿机制，横向利益补偿机制也要尽快建立。在这个过程中，应把握几个重点：怎样确定补贴额度，主销区究竟要拿多少钱来补偿主产区；采取怎样的方式补偿；主产区有多大规模的资金需求要通过横向补偿，补偿的标准是多少；等等。在政策实施过程中，要做好顶层设计，特别是要在实际操作中把这些关键问题解决好。

用法治力量护航粮食安全

（《人民论坛》2024 年第 12 期）

李　蕊[*]

　　仓廪实，天下安。确保国家粮食安全，解决好十几亿人口的吃饭问题，始终是治国理政的头等大事。2024 年 3 月，习近平总书记在湖南考察时指出："湖南要扛起维护国家粮食安全的重任"；4 月，习近平总书记在新时代推动西部大开发座谈会上强调："推进高标准农田建设，扛好重要农产品稳产保供责任，为保障国家粮食安全作出应有贡献"；5 月，习近平总书记在山东考察时指出："山东是农业大省、粮食大省，在保障国家粮食安全方面责任重大"。同月，习近平主席在同法国总统马克龙、欧盟委员会主席冯德莱恩举行中法欧领导人三方会晤时提出："共同维护国际能源粮食安全"。

　　2023 年 12 月通过的《中华人民共和国粮食安全保障法》（以下简称《粮食安全保障法》）自 2024 年 6 月 1 日起施行。这既是我国第一部全面系统地规定粮食安全保障工作的专门法律，也是我国保障粮食安全的基本法和龙头法。尽管受立法容量所限，该法仅有十一章七十四个条文，但其所内蕴的鲜明的本土性、协同性和发展性不仅折射出中华法治文明之光，也为全球粮食安全治理贡献了中国智慧和中国方案。

本土性：关涉十四亿人能否端牢端稳饭碗

　　为了保障粮食有效供给，确保国家粮食安全，提高防范和抵御粮食安全风险能力，我国采选的是《粮食安全保障法》与农业基本法分别立法之模式，这与美国的《食物、农场及就业法案》、日本的《粮食、农业、农村基本法》以及欧盟的《共同农业政策》等将粮食与农业立法整体考量、合并制定的立法思路不同。自 2008 年《粮食法》列入十一届全国人大五年立法规划一类项目，到 2023 年 12 月《粮食安全保障法》最终通过，这部关涉十四亿人能否端牢端稳饭碗的民生之法、国本之法的制定前后历时十五年。

　　作为我国第一部全面系统地规定粮食安全保障工作的专门法律，《粮食安全保障法》以

＊　李蕊，中国政法大学教授。

粮食安全战略为引领，贯彻新国家粮食安全观，从纾解我国粮食安全保障面临的主要矛盾和问题出发，明确界定耕地保护以及粮食生产、储备、流通、加工、应急、节约等环节的重点任务，全面回答了粮食安全"谁来保障"、"如何保障"等关键问题。不仅为"以我为主、立足国内、确保产能、适度进口、科技支撑"和"藏粮于地"、"藏粮于技"的国家粮食安全战略的贯彻实施提供法治路径，而且将全方位夯实粮食安全根基过程中必须遵循的核心原则、主要制度及机制等系统梳理并予以规范确认，为全方位夯实粮食安全根基提供了法治支撑。通过系统设定政府、市场、社会各类主体粮食安全保障权力（利）、义务与责任，有效提升粮食综合生产、储备应急、加工流通、节约减损等粮食供给保障能力，形成了具有中国特色的粮食安全保障制度体系。

协同性：以政府为主导、全社会参与形成保障合力

作为我国保障粮食安全的基本法和龙头法，《粮食安全保障法》有效统合衔接既有相关实体和程序规范，以《粮食安全保障法》为指引，以《粮食流通管理条例》《中央储备粮管理条例》两部专门性行政法规为骨干，协同发挥《民法典》《农业法》《土地管理法》《农村土地承包法》《农产品质量安全法》《农业机械化促进法》《食品安全法》《反食品浪费法》等几十部相关法律法规及规范性文件的特别规范作用，初步构建了我国粮食安全保障法治体

系，提升粮食安全治理能力和治理水平。

粮食安全保障事关国运民生，面临情况复杂，牵涉粮食生产、储备、流通、加工、应急、消费等诸多环节，涉及政府与市场、中央与地方、粮食主产区与主销区等多个层面，关涉粮食生产者、粮食经营者、粮食消费者等多元主体，需要我们党站在全局高度统一领导协调。继 2021 年修订的《粮食流通管理条例》提出落实"粮食安全党政同责"后，《粮食安全保障法》开宗明义提出"国家建立粮食安全责任制"，在法律层面首次实现对于"粮食安全党政同责"的彰显和阐释。明确规定"县级以上地方人民政府应当承担保障本行政区域粮食安全的具体责任"。并在后续粮食安全保障纳入规划、耕地种植用途管控、撂荒地治理、粮食加工业布局、粮食应急体系建设等十余个条文中，详细设定县级以上地方人民政府粮食安全保障职责。

构建以政府为主导、全社会共同参与的粮食安全保障制度体系。《粮食安全保障法》通过对政府适度的引导激励和约束限制等手段的规定，促进市场、社会主体参与，与政府形成粮食安全保障合力。不仅着眼于政府的激励职责，规定了"建立耕地保护补偿制度，调动耕地保护责任主体保护耕地的积极性"、"健全粮食生产者收益保障机制"、"扶持和培育家庭农场、农民专业合作社等新型农业经营主体从事粮食生产"、"鼓励家庭农场、农民专业合作社、农业产业化龙头企业自主储粮"、"鼓励粮食经营者运用先进、高效的粮食储存、运输、加工设施设备减少粮食损失损耗"等。还从义

务设定的维度，规定了村民委员会、农村集体经济组织发现违反耕地种植用途管控要求行为的及时报告义务；公民个人和家庭节约粮食杜绝浪费的义务；机关、人民团体、社会组织、学校、企业事业单位加强本单位食堂的管理纠正浪费行为的义务；有关粮食食品学会、协会等制定和完善节约粮食减少损失损耗的相关团体标准及宣传教育义务等。

发展性：着眼于粮食安全保障的可持续性

粮食安全具有开放性和发展性。《粮食安全保障法》着眼于全产业链考量粮食安全，通过周全的制度设计调整优化粮食产业供给结构，设置粮食生产者、粮食经营者、粮食食品经营者、粮食消费者等粮食安全保障权利义务。着眼于粮食安全保障的可持续性，《粮食安全保障法》抓住耕地和科技这两个关键要素，聚焦于耕地保护、粮食科技创新支持，不仅在原则上规定了加强粮食安全科技创新能力和信息化建设、推进智慧农业发展，而且通过高标准农田建设、土地整治、粮食作物种质资源保护开发利用、农业技术推广、仓储科技创新等制度安排，重点在法治层面系统回应粮食安全保障中当下与长远关系的调试协同。

粮食安全具有地域性。《粮食安全保障法》不仅考量粮食主产区、主销区、产销平衡区的粮食生产能力，设定差异化粮食安全保障目标，落实"三大功能区"粮食生产责任共担机制；而且权衡产粮大县、粮食生产功能区和重

要农产品生产保护区在粮食安全保障中的突出地位和作用，完善粮食生产激励机制。

建立多重激励、适度约束和综合保障的体制机制

《粮食安全保障法》设定国家积极义务，有效发挥政府主导作用，多维度综合考量政府与市场协同共治，根据差别原则平衡协调不同主体利益，建立了多重激励、适度约束和综合保障的体制机制。

第一，在国家层面设定了大量的积极义务。《世界人权宣言》和《经济、社会及文化权利国际公约》均强调人人享有免于饥饿的基本权利。国家对于国民的粮食权负有保障和实现的基本义务。《粮食安全保障法》在国家层面设定了大量的积极义务。不仅在总则中着眼于宏观维度提出，国家"建立粮食安全责任制"、"加强粮食宏观调控"、"国际粮食安全合作"、"建立健全粮食安全保障投入机制"、"加强粮食安全科技创新能力和信息化建设"。而且在后续章节中，着眼于耕地数量和质量的双重保护，突出国家"实施国土空间规划下的国土空间用途管制"、"建立严格的耕地质量保护制度"。着眼于提升粮食生产安全保障能力，围绕种子、水资源、农机、农技等生产要素供给，提出国家"推进种业振兴"、"加强水资源管理和水利基础设施建设"、"推进农业机械产业发展"、"加强农业技术推广体系建设"。基于对粮食生产功能区、重要农产品生产保护区、产粮大县、粮食生产者等生产主体的激励，主

张"加强粮食生产功能区和重要农产品生产保护区建设"、"健全粮食生产者收益保障机制"、"健全粮食主产区利益补偿机制"、"完善对粮食主产区和产粮大县的财政转移支付制度"等。着眼于粮食生产之后的储备、流通、加工、应急环节，提出国家"建立政府粮食储备体系"、"加强对粮食市场的管理和调控"、"鼓励和引导粮食加工业发展"、"建立统一领导、分级负责、属地管理为主的粮食应急管理体制"。

第二，在粮食安全保障中政府负主责。为确保实现粮食安全的目标，着眼于粮食安全的公共性、正外部性及对于经济社会稳定的极端重要性，无论是发达国家还是发展中国家，政府都在不同程度上以不同形式干预粮食市场和粮食产业。《粮食安全保障法》对于粮食安全保障中的政府权力予以廓清。在《粮食安全保障法》总则中，着眼于政府规划权，规定"县级以上人民政府应当将粮食安全保障纳入国民经济和社会发展规划。县级以上人民政府有关部门应当根据粮食安全保障目标、任务等，编制粮食安全保障相关专项规划，按照程序批准后实施"。

第三，保障粮食安全离不开对于粮食市场运行规律和基本逻辑的遵循。粮食不仅具有战略物资属性，也具有商品属性，是市场交易的对象。《粮食安全保障法》除了在总则中原则性规定"统筹利用国内、国际市场和资源，构建科学合理、安全高效的粮食供给保障体系，提升粮食供给能力和质量安全"、"注重发挥粮食国际贸易作用"。还着眼于粮食安全保障投入，强调"引导社会资本投入粮食生产、储备、流通、加工等领域，并保障其合法权益"、"引导金融机构合理推出金融产品和服务，为粮食生产、储备、流通、加工等提供支持"、"鼓励开展商业性保险业务"。即使是在"严格的耕地质量保护制度"中也强调"坚持政府主导与社会参与、统筹规划与分步实施、用养结合与建管并重的原则，健全完善多元投入保障机制"。在粮食流通章节，还规定"引导社会资本投入粮食流通基础设施建设"。该法尤其注重规定激励手段，引导市场主体参与粮食安全保障。不仅"建立耕地保护补偿制度，调动耕地保护责任主体保护耕地的积极性"。而且为调动粮食生产积极性，提出"健全粮食生产者收益保障机制"、"完善农业支持保护制度和粮食价格形成机制"，健全对粮食主产区和产粮大县利益补偿机制。在粮食流通章节，更是强调要尊重粮食市场的交易法则，"充分发挥市场作用，健全市场规则，维护市场秩序，依法保障粮食经营者公平参与市场竞争，维护粮食经营者合法权益"。

粮食安全是国家安全的重要基石。《粮食安全保障法》的出台为粮食安全构筑了法治保障，后续需通过严格执法、公正司法和全民守法来有效贯彻落实。同时，《粮食安全保障法》作为基本法，未来也需要与相关法律政策进行衔接统合协调，构建更具包容性、开放性、系统性的粮食安全法治保障体系。

增强我国战略和应急物资储备能力

（《中国经济时报》2024 年 11 月 18 日，全文有删改）

李佐军 *　　王森涛 *　　田惠敏 *

党的二十届三中全会审议通过的《中共中央关于进一步全面深化改革、推进中国式现代化的决定》明确提出"加快完善国家储备体系"。国家物资储备体系是国家储备体系的核心，是保障国家安全的重要组成部分。当前国际局势剧烈动荡，国际政治、经济、安全格局正发生前所未有的深刻变化，国家安全和发展环境复杂，进一步增强我国战略和应急物资储备能力具有重大意义。

我国战略和应急物资储备体系不断发展完善

国家战略和应急物资储备是以政府为主体，以保障国家总体安全和经济社会稳定为目的，有计划地对事关国家战略发展和应对突发事件的各类物资进行储备。因资源禀赋、经济发展和军事战略不同，世界各国战略物资选定标准和分类也不尽相同。但总的来说，战略物资选定标准多取决于国内国际资源可得性、供求状况、经济发展和军事安全等，包括粮食、水电气、石油大宗商品等关乎国计民生的各类资源。应急物资主要在应对各类突发事件中发挥作用，包括为应对自然灾害、事故灾难、公共卫生和社会安定事件所储备的物资。

我国从 20 世纪 50 年代起建立国家物资储备体系，并在实践中不断发展完善。党的十八大以来，我国大力推进战略和应急物资储备改革发展，加快构建统一的国家储备体系，储备体系和体制机制不断完善，储备基础和整体实力持续增强，有效保障了国家粮食安全、能源资源安全、产业链供应链安全，在促进经济社会持续健康发展中发挥了重要作用。

截至目前，中央储备及明确由地方建立的政府储备有 4 大门类 22 个品类，包括粮食等农产品和农资储备、石油等能源储备、战略性矿产品、关键原材料等物资储备，以及应急救灾、医药等应急专用物资储备。这些基本可满足经济发展、国防建设、社会治理、应急救援

---

* 李佐军，国务院发展研究中心公共管理与人力资源研究所；王森涛，国家开发银行河南省分行；田惠敏，国家开发银行规划研究院。

等方面的需求。

新时代对我国物资储备体系提出新要求。当前，世界百年未有之大变局加速演进，粮食、能源资源供应面临的不确定性增加，局部冲突等因素加剧了全球供应链紧张，这对我国物资储备体系提出了新要求。

一是从国家安全角度，需要充分发挥物资储备的战略保障功能。我国是粮食、能源、矿产资源消费大国，部分品种外采率较高，需要从保障总体国家安全的高度，进一步完善我国物资储备体系，将粮食、能源"两个饭碗"牢牢端在自己手里，切实守住安全底线。

二是从稳定宏观经济角度，需要充分发挥物资储备的宏观调控功能。主要针对经济运行中出现的供需失衡、市场异常波动和产业链供应链冲击破坏等风险，通过调节储备有针对性地进行收储和投放，在平衡供需、稳定预期、引导市场等方面发挥积极作用。

三是从服务应急救灾角度，需要充分发挥物资储备的应对急需功能。主要针对自然灾害、公共卫生事件等突发风险，提供救助物资等即时供应，并为后续跟进提供必要的缓冲时间。

我国战略和应急物资储备存在的突出问题

总体上看，虽然我国物资储备体系已进入整合发展新阶段，基本能满足各方面的战略和应急保障需求，但是我国物资储备体系建设尚有待完善，还存在不少短板和弱项，突出表现在以下方面。

一是储备布局结构不合理，部分储备设施落后。救灾物资储备布局结构与国家储备发展目标要求相比还有差距。比如防汛抗旱储备的物资大都是麻袋、编织袋、钢丝网兜、橡皮舟、冲锋舟等基础性物资，普遍缺少抢险设备和高技术含量的设备。个别地区救灾物资的储备虽然通过租赁社会闲置仓库予以解决，但是难以满足快速、高效调运的需要。同时，部分物资储备设施落后。

二是储备主体单一，市场化程度低。我国物资储备一直以政府储备为主，社会储备发展相对滞后，储备主体单一。国家储备物资的储备场所和日常管理所需资金基本由国家财政负担，不过，目前财政保障能力有限，财政安排资金严重不足。很多地方财政压力较大，未将物资采购纳入年度预算计划，物资储备保障能力较低，导致储备品种和规模不足。同时，市场化程度较低，物资采购项目与资金需要经过层层审批。有些物资因储存过久，在品质上达不到使用要求，而有些物资，比如新经济、新技术、新产业发展所需的物资又难以及时储备，造成已有储备物资的品类、规模与增强产业链、供应链韧性的需求存在不小差距。

三是储备管理体制不健全，运营机制有待完善。省级层次机构改革不到位，尚未建立统一的物资储备管理体制。比如各单位的防汛抗旱、森林消防等应急物资储备难以达成共识，仍由原单位储存，未完成职能划转。各类物资储备由多部门管理，造成布局结构不合理、补贴标准不一致、基础设施建设落后、承储企业经营困难等问题。同时，储备物资轮换、物资购置、储备监管、储备调用、储备运营等机制有待完善，物资管理的更新、报废制度尚需健全完善。另外，物资调用补偿机制不完善，社会资本缺少稳定的投资回报，社会资本参与物资储备的积极性不高。

增强我国战略和应急物资储备能力的政策建议

第一，优化储备品类结构，优化布局储备设施。聚焦解决好"储什么"问题，综合研判我国经济社会等领域可能出现的风险点，明确不同储备品种的功能定位和保障策略，严格落实储备规模。

一是优化储备品类结构。科学评估影响战略和应急物资储备供应保障的风险情形、风险概率、危害程度，统筹我国实物储备、生产能力和动员潜力，严格落实国家储备发展战略关于优化储备品类结构的要求。结合部门、行业、地方储备需要，提高保急需、保循环、保国防能力，科学制定政府重要储备物资品种目录。

二是优化布局储备设施。结合我国自然灾害、地理条件、人口分布等因素，有效整合各类储备资源，改造或建设一批省级应急救灾、防汛抗旱、森林防火等物资储备库，推动市、县至少建成一个与本级救灾物资储备规模和应急保障需求相匹配的物资储备库。积极稳步推进超大特大城市"平急两用"公共基础设施建设，全面提升应急物资集散、调运、储备、分拨、配送的保障能力。

第二，明确各方责任，构建储备新格局。围绕解决好"谁来储"问题，加快健全省市县、政府和企业相结合的储备责任体系。

一是强化政府储备托底责任。以政府储备为主，市场储备为辅，强化政府储备托底责任，加强社会储备资源统筹，推动建立政府主导、社会共建、多元互补的物资储备新格局。立足于应对突发重大事件，着眼于有效发挥政府与企业作用，分类完善政府储备和商业代储相结合的实物储备模式：对粮食、食用油、应急救灾、防汛抗旱、森林防火等保障民生物资，重点发挥政府储备作用；对猪肉、医药、蔬菜、种子等市场物资，重点发挥商业储备作用。落实各级政府属地责任，科学制定储备目录，合理确定储备规模。

二是健全企业储备机制。一方面，建立落实企业社会责任的储备制度，明确有关生产、流通企业和产品用户的储备责任。督促指导规模以上面粉、大米加工企业建立一定规模的社会责任储备。建立应急物资储备生产供应企业数据库，掌握应急物资生产企业的产品类型、生产规模、发展趋势和生产潜能，发挥企业的生产能力储备优势，补齐储备短板。另一方面，建立稳定的政企合作储备机制，出台紧急情况下应急物资采购绿色通道政策，增强应急响应供给能力。完善产能储备激励机制与关键物资应急征用补偿制度，在税收优惠、采购收储、贷款贴息等方面出台系列支持措施，拓宽储备资金来源，鼓励企业、社会团体参与国家应急物资储备体系建设。

第三，加快制度建设，创新储备管理。深入剖析"怎么储"的体制机制障碍，健全物资储备管理、调用和数字化应用体制机制，增强应急物资要素配置能力。

一是健全物资储备管理体制。按照"一类事项原则上由一个单位统筹、一件事情原则上由一个单位负责"的原则和"条块结合"的思路，统筹推进战略和应急物资储备管理体制改革，通过整合、脱钩、转企、转型等方式，优化整合有关部门（单位）的物资管理职能，进一步明确省、市、县级储备单位归口。

二是创新储备物资调用机制。建立动态高效的物资轮换机制，科学确定物资储存期限，通过供应周转、调拨使用、市场销售、返厂轮换、代储轮换等形式及时更新物资，防止物资入库后的"终身制"，常储常新，减少浪费，形成一个战备储备物资结构不断优化、品种不断轮换更新、质量不断提高、规模总量相对稳定的储备良性循环格局。

三是提升物资储备数字化应用水平。加快建设全国统一储备数据库，涵盖实物储备库存、生产能力布局、物流配送能力、交通运输网络、专业救援能力等方面数据，形成全国物资储备全品类与产、供、储、运等储备信息"一本账"。建立储备监测分析、决策支撑、指挥调度等一体化管理平台和智能系统，形成省市县三级互联互通、高效便捷的物资储备调度指挥体系。

中国应高度关注新形势下的能源安全风险

（《中国经济时报》2025 年 1 月 17 日）

陆如泉 *

能源是国民经济运行的血液，1 月 1 日正式实施的《中华人民共和国能源法》填补了我国能源领域立法在顶层设计上的空白，能源安全作为其中的重中之重，位列总则第一条。

作为近年来国际政治经济格局中的高频词，能源安全已经成为世界各国关注的焦点，特别是在能源绿色低碳转型进程加速的背景下，做好能源安全这篇文章面对的挑战增多，准确研判未来发展趋势对中国这样的能源进口大国尤为重要，在顶层立法设计上的完善将有利于推动我国能源战略走深走实。日前，由中国石油集团经济技术研究院（以下简称"中石油经研院"）对外发布的年度研究成果《全球能源安全报告（2024）》认为，全球能源安全压力有所减轻，中国仍要关注四方面能源安全风险，并大力推进国际能源合作。

《中国经济时报》：2024 年全球能源安全形势与之前相比有什么不同？中石油经研院对全球能源安全的评价分值连续两年提升，这一趋势是否会延续？

陆如泉：相比 2023 年，2024 年全球能源安全压力继续减轻。根据中石油经研院开发的"RASA"全球能源安全评价方法测算，2024 年全球能源安全综合得分从 78 分增至 91 分，已经走出 2022 年的"危机"状态，处于"一般"水平。

主要的区别可以从四个维度来比较。一是可获得性因地缘政治冲突加剧而有所下降。一方面，大国博弈使国际社会难以有效协调解决地区冲突，各地区冲突均有外溢、扩散、升级趋势，威胁能源产业链安全。另一方面，全球能源供应侧投资增长 5.3%，投资强度上升 0.1 个百分点，占全球 GDP 的比重达到 2.2%，助力化石能源供需维持宽松。

二是可承受性因能源价格回落而继续改善。市场对持续的地缘政治冲突产生"钝感"，能源商品价格继续回落，油气价格波动均有所减弱，全球用于能源消费的支出占 GDP 比重已降至 8.3% 的历史平均水平。

三是可持续性随能源转型推进而稳步提升。2024 年，全球可再生能源投资稳步上升，成本进一步下降，可再生能源装机增速再创新

---

* 陆如泉，中国石油集团经济技术研究院院长。

高，发电量增长约 6%，单位能耗碳排放下降 1.1%，单位 GDP 能耗和单位 GDP 碳排放也延续下降趋势，体现了能源使用效率的提升。

四是系统韧性在油气方面小幅提升，但电力保障能力依然偏低。一方面，油气产业链调节能力有所提升，虽然全球石油储备较 2023 年底未有回升，但"OPEC+"的进一步减产措施使石油剩余产能增加到 600 万桶 / 日，同时欧洲和美国的天然气地下储气库满库率均处于较高水平。另一方面，全球灵活性电源装机占比仍为 6.5%，电力系统调节能力明显不足。且极端气候和战争破坏加大电力系统供需平衡难度，据中石油经研院统计，2024 年能源安全事故中电力系统占比上升至 73%。

当前的全球能源安全状态仍然较为脆弱，未来一段时期可能会保持在这一水平波动。一方面，能源转型还将稳步推进，带动可持续性提升。但是中东、俄乌、非洲的地缘政治冲突仍将持续，中美对抗还面临升级态势，地缘政治风险保持高位，作为能源安全根基的可获得性和可承受性难有根本性改善。而且极端气候、电力需求快速增长和新能源高比例接入对电力系统带来的压力持续增加，表明应对不确定性冲击的系统韧性改善缓慢，预计区域性能源安全事件仍将频发。

《中国经济时报》：面对当前全球能源安全存在的诸多挑战和风险，中国应当如何应对？

陆如泉：全球能源安全仍需关注地缘政治、电力安全、人工智能和可持续性四方面风险。

首先，地缘政治对抗是全球能源安全的最大风险源。欧美部分国家逆全球化和保护主义政策将破坏清洁能源产业链的稳定性和灵活性，与中国的全方位脱钩和竞争态度将对我国经济发展和能源产业链安全带来影响，对我国现有海外业务和参与国际能源合作带来挑战。但总体上，各国对能源合作的需求仍在增加，中国的能源产业优势能够为解决全球的能源贫困问题作出主要贡献。

其次，绿色电力不稳定供应与需求较快增长，叠加极端气候使电力安全风险愈发突出。我国电力系统稳定运行压力也在增加。需加快新型电力系统建设，加大传统能源的低碳改造，扩大电网建设投资，培育源网荷储互动新模式，加强技术交流和经验推广，增强可再生能源的电网友好性和供需实时平衡能力。

再次，以人工智能为代表的新质生产力正重塑能源系统，但目前缺乏监管和合理引导，存在滥用和技术失控的风险。中美是 AI 技术的主要推动者，需规范行业发展、强化监管和多边治理，确保新一代信息技术发挥积极作用。

最后，可持续性提升速度难以保障人类未来的生存安全。当前全球在能源转型和能效领域的努力还远不足以实现气候目标。中国将继续做全球能源转型的推动者，发挥新能源产业优势，促进全球范围内清洁能源技术的大规模部署，并加强对多种低碳转型路径的探索，推动包容、公正、稳健的能源转型。

《中国经济时报》：在当前复杂多变的国际形势下，如何推动国际能源合作？

陆如泉：在国际形势深刻变革的背景下，

中国是世界最大的确定性，我们的开放决心和力度仍在加大，我们将继续深化全方位国际合作，共同应对人类面临的气候和能源领域的挑战。

一是加强政策沟通，共同维护全球能源安全。避免能源的武器化和政治化，共同促进能源贸易和投资自由化便利化，维护能源基础设施和国际油气管道运行安全，合力提升全球能源产业链供应链韧性和安全水平，筑牢安全基础。

二是加快能源转型，促进新能源产业良性竞争。动员各方扩大能源投资、加强清洁能源产业链合作，加大在氢能、储能、风电、智慧能源等新领域的联合研发、技术转移、成果共享力度，促进资本、产品和技术的跨境流动。

三是支持多边治理，落实应对气候变化行动。积极发挥全球能源和气候治理的作用，增强联合国气候大会的引领力，用好"一带一路"能源合作伙伴关系、全球清洁能源合作伙伴关系等多边机制，不断提升国际能源交流合作层次，通过合作落实各国的自主承诺目标。

第一篇
国家粮食和物资储备改革发展

粮食生产

一、粮食生产概述

2024 年是实现"十四五"规划目标任务的关键一年。党中央、国务院高度重视粮食生产，习近平总书记在各地考察时也多次对粮食生产作出重要指示。各地各部门坚决贯彻落实习近平总书记"坚持稳面积、增单产两手发力"的重要指示精神，面对局部地区自然灾害多发重发频发的态势，先后克服黄淮海干旱、旱涝急转，长江中下游"暴力梅"、持续高温等不利影响，保障了粮食和重要农产品有效供给。全年粮食总产达到 70650 万吨、再创历史新高，在连续 9 年稳定在 65000 万吨以上的基础上，首次迈上 70000 万吨新台阶，进一步夯实了国家粮食安全根基，为推进乡村全面振兴、建设农业强国奠定了坚实基础。

（一）粮食面积稳步增长

2024 年粮食播种面积 11931.9 万公顷，比上年增加 35.1 万公顷、增幅 0.3%。

（二）单产稳中有增

2024 年粮食平均单产每公顷 5921.1 公斤，比上年增加 75.8 公斤、增幅 1.3%。

（三）全国粮食产量实现多年连丰

2024 年粮食总产 70650 万吨，比上年增加 1109 万吨、增幅 1.6%，粮食产量连续 10 年稳定在 65000 万吨以上。

二、粮食生产品种结构

（一）三季粮食产量有增有减

1.夏粮面积增、产量增

2024 年夏粮播种面积 2661.3 万公顷，比上年增加 0.5 万公顷、基本持平；产量 14989 万吨，比上年增加 373.8 万吨、增幅 2.6%；单产每公顷 5632.2 公斤，比上年增加 139.5 公斤、增幅 2.5%。

2.早稻面积增、产量减

2024 年早稻播种面积 475.5 万公顷，比上年增加 2.2 万公顷、增幅 0.5%；产量 2817.4 万吨，比上年减少 16.3 万吨、减幅 0.6%；单产每公顷 5925.4 公斤，比上年减少 61.6 公斤、减幅 1%。

3.秋粮面积、产量均增

2024 年秋粮播种面积 8795.1 万公顷，比上年增加 32.4 万公顷、增幅 0.3%；产量 52843.4 万吨，比上年增加 751.4 万吨、增幅 1.4%；单产每公顷 6008.3 公斤，比上年增加 63.5 公斤、增幅 1%。

（二）主要粮食品种产量"三增一减"

1.稻谷面积、产量均增

2024 年稻谷播种面积 2900.7 万公顷，

比上年增加 5.8 万公顷、增幅 0.2％；产量 20753.5 万吨，比上年增加 93.2 万吨、增幅 0.5％；单产每公顷 7154.7 公斤，比上年增加 17.9 公斤、增幅 0.3％。

2. 小麦面积略减、产量增

2024 年小麦播种面积 2358.7 万公顷，比上年减少 4 万公顷、减幅 0.2％；产量 14009.9 万吨，比上年增加 350.9 万吨、增幅 2.6％；单产每公顷 5939.6 公斤，比上年增加 158.6 公斤、增幅 2.7％。

3. 玉米面积、产量均增

2024 年玉米播种面积 4474.1 万公顷，比上年增加 52.2 万公顷、增幅 1.2％；产量 29491.7 万吨，比上年增加 607.5 万吨、增幅 2.1％；单产每公顷 6591.7 公斤，比上年增加 59.6 公斤、增幅 0.9％。

4. 大豆面积、产量均减

2024 年大豆播种面积 1032.5 万公顷，比上年减少 14.9 万公顷、减幅 1.4％；产量 2064.8 万吨，比上年减少 19.4 万吨、减幅 0.9％；单产每公顷 1999.8 公斤，比上年增加 9.9 公斤、增幅 0.5％。

三、粮食生产地区布局

（一）从南北区域看

北方 15 省（区、市）：包括北京、天津、河北、山西、内蒙古、辽宁、吉林、黑龙江、山东、河南、陕西、甘肃、青海、宁夏、新疆。2024 年粮食播种面积 7020 万公顷，比上年增加 24.2 万公顷、增幅 0.3％；产

量 42486.5 万吨，比上年增加 908.5 万吨、增幅 2.2％，该区域粮食产量占全国粮食总产的 60.1％。

南方 16 省（区、市）：包括上海、江苏、浙江、安徽、福建、江西、湖北、湖南、广东、广西、海南、重庆、四川、贵州、云南、西藏。2024 年粮食播种面积 4911.9 万公顷，比上年增加 10.9 万公顷、增幅 0.2％；产量 28164 万吨，比上年增加 200 万吨、增幅 0.7％，该区域粮食产量占全国粮食总产的 39.9％。

（二）从东西区域看

东部 10 省（市）：包括北京、天津、河北、上海、江苏、浙江、福建、山东、广东、海南。2024 年粮食播种面积 2537.3 万公顷，比上年增加 9.5 万公顷、增幅 0.4％；产量 16476 万吨，比上年增加 225.8 万吨、增幅 1.4％，该区域粮食产量占全国粮食总产的 23.3％。

中部 6 省：包括山西、安徽、江西、河南、湖北、湖南。2024 年粮食播种面积 3454.4 万公顷，比上年增加 1.9 万公顷、增幅 0.1％；产量 20431.8 万吨，比上年增加 135.3 万吨、增幅 0.7％，该区域粮食产量占全国粮食总产的 28.9％。

西部 12 省（区、市）：包括内蒙古、广西、重庆、四川、贵州、云南、西藏、陕西、甘肃、青海、宁夏、新疆。2024 年粮食播种面积 3521.7 万公顷，比上年增加 19.8 万公顷、增幅 0.6％；产量 18974.1 万吨，比上年增加

517.9 万吨、增幅 2.8%，该区域粮食产量占全国粮食总产的 26.9%。

东北 3 省：包括辽宁、吉林、黑龙江。2024 年粮食播种面积 2418.5 万公顷，比上年增加 3.8 万公顷、增幅 0.2%；产量 14768 万吨，比上年增加 229.9 万吨、增幅 1.6%，该区域粮食产量占全国粮食总产的 20.9%。

（三）从生态区域看

东北 4 省（区）：包括内蒙古、辽宁、吉林、黑龙江。2024 年粮食播种面积 3119.7 万公顷，比上年增加 6.5 万公顷、增幅 0.2%；产量 18868.5 万吨，比上年增加 372.5 万吨、增幅 2%，该区域粮食产量占全国粮食总产的 26.7%。

西北 6 省（区）：包括山西、陕西、甘肃、青海、宁夏、新疆。2024 年粮食播种面积 1285.9 万公顷，比上年增加 14.1 万公顷、增幅 1.1%；产量 6951.5 万吨，比上年增加 263 万吨、增幅 3.9%，该区域粮食产量占全国粮食总产的 9.8%。

黄淮海 7 省（市）：包括北京、天津、河北、江苏、安徽、山东、河南。2024 年粮食播种面积 3896.4 万公顷，比上年增加 6.2 万公顷、增幅 0.2%；产量 24661 万吨，比上年增加 319 万吨、增幅 1.3%，该区域粮食产量占全国粮食总产的 34.9%。

长江中下游 5 省（市）：包括上海、浙江、江西、湖北、湖南。2024 年粮食播种面积 1444.8 万公顷，比上年增加 5.1 万公顷、增幅 0.4%；产量 8808 万吨，比上年增加 23.5 万吨、

增幅 0.3%，该区域粮食产量占全国粮食总产的 12.5%。

华南 4 省（区）：包括福建、广东、广西、海南。2024 年粮食播种面积 619.6 万公顷，比上年增加 1.7 万公顷、增幅 0.3%；产量 3374.5 万吨，比上年增加 36 万吨、增幅 1.1%，该区域粮食产量占全国粮食总产的 4.8%。

西南 5 省（区、市）：包括重庆、四川、贵州、云南、西藏。2024 年粮食播种面积 1565.5 万公顷，比上年增加 1.4 万公顷、增幅 0.1%；产量 7987 万吨，比上年增加 94.5 万吨、增幅 1.2%，该区域粮食产量占全国粮食总产的 11.3%。

（四）从产销区域看

主产区 13 省（区）：包括河北、内蒙古、辽宁、吉林、黑龙江、江苏、安徽、江西、山东、河南、湖北、湖南、四川。2024 年粮食播种面积 8934.4 万公顷，比上年增加 14.1 万公顷、增幅 0.2%；产量 54895 万吨，比上年增加 723 万吨、增幅 1.3%，该区域粮食产量占全国粮食总产的 77.7%。

主销区 7 省（市）：包括北京、天津、上海、浙江、福建、广东、海南。2024 年粮食播种面积 502.4 万公顷，比上年增加 4.9 万公顷、增幅 1%；产量 3047 万吨，比上年增加 59.5 万吨、增幅 2%，该区域粮食产量占全国粮食总产的 4.3%。

产销平衡区 11 省（区、市）：包括山西、广西、重庆、贵州、云南、西藏、陕西、甘

肃、青海、宁夏、新疆。2024 年粮食播种面积 2495.1 万公顷，比上年增加 16 万公顷、增幅 0.6%；产量 12708.5 万吨，比上年增加 326 万吨、增幅 2.6%，该区域粮食产量占全国粮食总产的 18%。

四、粮食大面积单产提升情况

贯彻落实习近平总书记"坚持稳面积、增单产两手发力"的重要指示和党中央、国务院决策部署，印发各省粮食大豆油料生产目标，督促指导各地分解落实任务，层层压实责任。印发粮油作物大面积单产提升实施方案，重点选择一批粮油大县整建制开展单产提升行动，紧盯作物生产重点区域和重点环节，加大资金整合和项目支持，积极推动关键技术措施落实落地，确保大面积单产提升行动有序推进。在关键农时季节，持续开展下沉一线包省包片指导，组建由部、省、县各级专家构成的科技小分队，建立"专家＋基层农技人员"的指导服务模式。面向不同种粮主体，通过线上线下举办单产提升培训班，开通网上和田间直播，组织专家制定大豆玉米小麦油菜四大作物单产提升模式图、技术手册和讲解视频，提升技术覆盖面和到位率，实现作物大面积均衡增产。各地围绕"抓要素、推技术、提单产"，以提高作物整地播种质量、集中育秧、适度种植密度、水肥一体化为核心，以减少机收损失为重点，大力推广高性能播种机，加快各项技术措施落实到位。全国粮油等主要作物大面积单产提升行动实施以来取得了

明显成效，2024 年粮食每公顷产量比上年提高 75.8 公斤，单产提升对粮食增产贡献超过八成。

撰稿单位：农业农村部种植业管理司

撰稿人：陈明全、张俊

审稿人：吕修涛

五、粮食生产能力建设

（一）压实耕地保护责任

严格落实耕地保护制度，全方位夯实粮食安全根基。中共中央办公厅、国务院办公厅印发《关于加强耕地保护提升耕地质量完善占补平衡的意见》，进一步健全耕地数量、质量、生态"三位一体"保护制度体系，将非农建设、造林种树、种果种茶等各类占用耕地行为统一纳入占补平衡管理，坚持"以补定占"，在实现耕地总量动态平衡的前提下，将省域内稳定利用耕地净增加量作为下年度非农建设允许占用耕地规模上限。加快推进第三次全国土壤普查，完成外业调查采样任务，采集样点 287.2 万个，采集样品 311 万份，为土壤科学利用、改良培肥、保护管理等提供支撑。进一步优化耕地轮作休耕制度，促进生产生态协调发展。

（二）加强耕地保护建设

推动将高标准农田纳入"两重"建设范围，坚持硬投资、软建设协同推进，通过增发国债、超长期特别国债等大幅增加高标准农田建设投入，亩均中央投资补助标准提高至

2000—2400 元，年度支持建设规模超过 1 亿亩。完善高标准农田建设管理要求，研究制定《逐步把永久基本农田建成高标准农田实施方案》。统筹推进东北黑土地保护，大力实施玉米、大豆等粮食单产提升工程。印发《全国盐碱地综合利用总体规划》，分区分类提出重点治理任务，坚持以种适地主攻方向，稳步扩大盐碱地综合利用试点范围。

（三）推进农田水利建设

坚持把农业基础设施作为政策支持的重点领域和优先方向，统筹利用各类资金渠道，强化投入保障力度，大力推进农田水利等基础设施建设，切实改善农业生产条件，提高农业防灾减灾能力。加快重大水利工程建设，全国开工建设江西峡江、湖南梅山等大型灌区 7 处，加快推进灌区现代化建设与改造超 1300 处，建成后将新增恢复改善灌溉面积约 7000 万亩。加强农业灌排用水保障，农田灌溉水有效利用系数进一步提升，灌排保障能力和农业用水效率持续提高。

（四）强化农业科技支撑

扎实推进种业振兴行动，全面完成第三次全国农业种质资源普查，加快实施国家畜禽种质资源库等重大工程，建设完善国家农业种质资源库体系，继续推进育种创新、品种测试、良种繁育基地等建设，提升种业自主创新能力。加强重大植物疫情监测预警和应急防控，安排中央预算内投资实施动植物保护能力提升工程，提升重大病虫害的监测、诊断、预警和防治能力。继续实施农机装备补短板行动，300 马力无极变速拖拉机实现对国外同类产品的有效替代，自主研制的丘陵山地拖拉机、山地玉米播种机等逐步推广，农业机械装备加快转型升级，农作物耕种收综合机械化率超过 75%，农业科技进步贡献率超过 63%。

（五）推动农业绿色发展

加快推进农业发展全面绿色转型，增强粮食和重要农产品竞争力和可持续发展能力。安排中央预算内投资支持开展畜禽粪污资源化利用，提升粪肥还田利用率，推动形成绿色高效农业生产方式，全国畜禽粪污综合利用率达到 79%，较 2020 年提升 3 个百分点。在长江、黄河等重点流域深入开展农业面源污染综合治理，改善农业生态环境。持续推进化肥、农药减量增效，全国三大粮食作物测土配方施肥技术覆盖率超过 95%，化肥利用率达到 42.6%，农药使用量比 10 年前下降 20% 以上。推动秸秆、农膜回收利用，全国秸秆综合利用率、农膜处置率分别超过 88%、80%，农业废弃物资源化利用水平稳步提升。

撰稿单位：国家发展和改革委员会农村经济司

撰稿人：徐慧馨

审稿人：陈学斌

粮食流通管理

一、最低收购价粮食收购

2024年，国家在粮食主产区继续实施小麦、稻谷最低收购价政策，在保障农民顺畅售粮、维护市场平稳运行等方面发挥了重要作用。

（一）加强组织谋划

合理确定小麦和稻谷最低收购价水平。2024年，小麦、早籼稻、中晚籼稻、粳稻最低收购价分别为每斤1.18元、1.27元、1.29元、1.31元，与上年相比，小麦、早籼稻每斤上调0.01元，释放了重农抓粮、稳产保供的积极信号。国家粮食和物资储备局认真落实粮食购销和储备管理体制机制改革部署，优化最低收购价粮管理体制，精心组织开展稻谷托市收购工作。

（二）抓好政策落实

将黑龙江省2023年最低收购价稻谷预案执行截止时间延长1个月至3月底。2024年中晚稻上市后，先后在河南、江苏、黑龙江和安徽4省启动最低收购价执行预案。全年累计收购最低收购价稻谷860万吨，有效发挥了政策托底作用。

（三）强化服务保障

指导中国储备粮管理集团有限公司（以下简称"中储粮集团"）切实履行政策执行主体责任，指导预案启动省份认真抓好最低收购价政策协同落实，做好市场价格监测、收购现场维护等相关工作，保障最低收购价粮食收购工作规范顺利开展。增强为农服务意识，科学布设收购库点，方便农民就近卖粮。加快推广使用预约收购，提高农民售粮效率，让售粮农民卖"明白粮"、"舒心粮"、"放心粮"。

撰稿单位：国家粮食和物资储备局粮食储备司

撰稿人：董祥、刘江波、孙哲、李明建、岳未祯、张怡雯

审稿人：罗守全、向玉旭

专栏 1

2024 年全国秋粮收购工作会议暨优质粮食工程现场推进会

2024 年 9 月 24 日，国家粮食和物资储备局在吉林省召开 2024 年全国秋粮收购工作会议暨优质粮食工程现场推进会，分析研判秋粮收购形势，安排部署秋粮收购工作，总结推广实施优质粮食工程的新做法新经验，加快推进粮食产业高质量发展。国家发展和改革委员会党组成员，国家粮食和物资储备局党组书记、局长刘焕鑫出席会议并讲话，国家粮食和物资储备局党组成员、副局长刘小南主持会议。

会议强调，粮食和物资储备系统要细化措施，狠抓落实，着力抓好市场化收购和政策性收储，推动秋粮收购工作有序开展。要加强粮食市场监测预警，坚持分品种施策，加大粮食收储调控力度，推动粮食价格保持在合理水平。要加强仓容、资金、设备、人员等要素保障，发挥好涉粮央企、地方骨干企业示范带动作用，引导多元主体积极入市，加强粮食产销衔接和农企对接，促进粮食跨区域顺畅流通。要扎实规范开展执法监管，从严惩治涉粮违法违规行为，维护良好收购市场秩序。

会议期间，与会代表赴吉林省四平市，参观了百万亩绿色食品原料（玉米）标准化生产基地，观摩了玉米加工产业园区及相关企业，听取了四平市玉米全产业链发展经验介绍。吉林、黑龙江、山东、湖南省粮食和物资储备局，中储粮集团就抓好秋粮收购；吉林省四平市，福建、湖北、安徽、宁夏等省区粮食和物资储备局（粮食局）就深入实施优质粮食工程，分别作了交流发言。

撰稿单位：国家粮食和物资储备局粮食储备司、规划建设司

撰稿人：董祥、刘江波、孙哲、李明建、岳未祯、张怡雯，周世东、展圣洁、黄思思

审稿人：罗守全、向玉旭，唐成

二、粮食储备及轮换

2024 年，国家粮食和物资储备局认真贯彻党中央、国务院决策部署，持续强化储备管理，着力规范操作运行，储备管理制度化、规范化水平进一步提升。一是加强中央政府储备计划管理，及时下达购销轮换计划，指导有关企业认真执行，确保储备数量质量和储存安全。二是加强地方政府储备管理协调，指导各地因地制宜优化储备规模结构，着力提高区域粮食安全保障能力。三是推进中央和地方两级储备协同运作，合理把握时机节奏，发挥好储备吞吐在稳市场、保供应等方面的调节作用，不断提高储备效率效能。

撰稿单位：国家粮食和物资储备局粮食储备司

撰稿人：高明、杨璐、陈西、于朋成、李佳蔚

审稿人：罗守全、向玉旭

三、粮食市场交易

2024 年，国家粮食和物资储备局会同有关部门密切关注市场形势变化，合理把握粮食投放力度和节奏，有力保障国内粮食市场稳定供应。国家粮食交易平台扎实做好政策性粮食交易组织实施，积极探索创新业务，进一步升级完善平台功能，为保障国家粮食安全和促进产业高质量发展发挥了积极作用。

（一）认真做好国家政策性粮食交易组织实施，服务国家宏观调控

2024 年共组织国家政策性粮食竞价销售交易 24 场，累计成交 37.7 万吨。其中，新疆临储小麦成交 18.6 万吨，最低收购价稻谷成交 19.1 万吨。国家粮食和物资储备局会同有关部门密切关注市场动态，为保障种粮农民利益，分别于 2024 年 5 月和 10 月暂停新疆临储小麦和最低收购价稻谷竞价交易。

（二）持续推进地方储备粮轮换进场交易，提升进场规模和轮换效率

一是 2024 年全国 30 个省级交易中心通过国家粮食交易平台持续推进地方储备粮轮换进场交易，全年平台累计成交 4758.5 万吨，较上年增加 754.5 万吨。努力开拓新思路，创新新业务，加强与西藏自治区粮食和物资储备局沟通，推进第三方阳光交易，促进西藏储备粮进入国家平台交易。二是全年累计接受中储粮油脂有限公司委托销售进口大豆 1613.7 万吨，成交 317.7 万吨，成交率 19.7%，成交均价 3801 元 / 吨。

撰稿单位：国家粮食和物资储备局粮食交易协调中心

撰稿人：姜青志、李杨

审稿人：孙一曲

专栏 2

第六届中国粮食交易大会

中国粮食交易大会自创办以来，交易规模持续扩大，交流范围愈加广泛，合作成果日益丰硕。2024 年 10 月 18 日至 20 日，在湖北省武汉市成功举办第六届中国粮食交易大会，通过展览展示、论坛交流、商务对接等多种形式，搭建集产品展示、信息交流、合作洽谈于一体的综合性平台。本届大会以"粮安天下聚合力　产销融通促发展"为主题，首次在长江经济带和南方粮食主产区举办，参展企业、参会人员规模均创历史新高，为全国粮食产销区之间优势互补、深化合作创造更好条件、提供更多机会。

大会专门举办全国脱贫地区优质特色粮油产品展销会，助力脱贫地区放大品牌效应，帮助脱贫群众拓宽增收路径。大会首次开辟国际展区，17 个国家的涉粮企业积极参展，为粮食领域国际交流合作注入了新活力，为立足新发展格局增强粮食安全保障能力提供了新助力。大会通过现场组织及国家粮食交易平台线上专场交易等方式，共成交及意向签约各类粮油 1952 万吨，总金额 686 亿元，均创历史新高。

撰稿单位：国家粮食和物资储备局粮食交易协调中心

撰稿人：姜青志、李杨

审稿人：孙一曲

四、深入推进优质粮食工程

2024 年，全国粮食和物资储备系统深入贯彻落实习近平总书记重要指示精神，深入推进优质粮食工程，聚焦补短板、固底板、锻长板，加快延伸产业链，打造供应链，提升价值链，扎实开展"六大提升行动"，推动构建现代粮食产业体系，在更高层次上保障国家粮食安全，让"中国粮食、中国饭碗"成色更足。

一是加快推进粮食流通提质增效。以优化产业结构为重点，加快粮食产业全链条升级，大力发展优质粮食订单式种植，建立健全农户和企业之间的利益联结机制，完善粮食加工布局，发挥龙头骨干企业示范带头作用，积极打造粮食产业集群，着力提升产品质量和品牌效益。二是紧抓优质粮食工程项目落地见效。各地加大财政资金支持力度，拓宽融资渠道，强化资源要素投入，支持粮食企业实施了一批优质粮食工程项目，补齐粮食产业发展的短板弱项；抓紧抓牢优质粮食工程项目库系统这个"牛鼻子"，按月梳理项目进度和资金执行情况，及时发现并解决项目存在的问题，加快推进项目取得实效。三是加强典型经验宣传推广。组织拍摄"粮食仓房分类分级"、"粮仓保温隔热技术及其应用"等 2 部储粮专家说系列微课，丰富业务指导形式。通过培训授课、调研调度、刊发工作简报、解答"局长信箱"来信等方式，介绍优质粮食工程进展成效，宣传推广典型经验做法。召开 2024 年全国秋粮收购工作会议暨优质粮食工程现场推进会，推广

四平市玉米全产业链发展经验以及部分省份深入推进优质粮食工程的典型案例，引导激励各地学先争先、创新创优，持续放大典型示范效应，积极推广实施成效。

（一）深入实施粮食绿色仓储提升行动

将"推进仓储科技创新和推广应用"写入粮食安全保障法，将仓储物流设施保护和绿色储粮技术应用纳入省级党委和政府落实耕地保护和粮食安全责任制考核内容，印发仓储管理规范化工作指南，粮食仓储制度体系不断健全完善。"十四五"以来，各地大力新建高标准粮仓，升级改造老旧粮仓，仓房气密、隔热等关键性能明显提升，绿色储粮条件进一步完善。截至 2024 年末，全国标准仓房完好仓容超 7 亿吨，实现低温准低温储粮仓容超 2 亿吨，应用气调储粮技术仓容超 6000 万吨，仓储设施水平明显提升。组织召开全国粮食绿色仓储工作现场推进会，举办"绿色优储 节粮减损"管理与技术培训班，交流工作经验、研讨储粮技术，开展仓储管理制度、绿色储粮技术培训，绿色仓储共识力量进一步凝聚。

（二）深入实施粮食品种品质品牌提升行动

各省（区、市）"粮食品种品质品牌"提升行动实施项目有序推进，在引导优质粮食种植、提升粮食品质和打造优质粮食品牌方面取得阶段性成效。一是持续引导优质粮食种植，稳定优质粮源。天津、湖南、安徽等地因地制

宜，重点推进优质粮食品种推荐目录发布、优质粮源基地建设、发展订单农业，促进形成优粮优购市场化机制，保障优质粮源的稳定供应。二是持续提升粮油产品品质，夯实产业基础。持续推进优质粮油相关标准的制修订，各地优质粮食团体和地方标准总数达 286 项，涵盖小麦、稻米、油料、杂粮产品标准及加工技术、质量追溯、品牌管理等各领域。支持企业大力发展新技术、新产品、新业态，提档升级加工能力，提升粮油产品品质。三是持续打造优质粮食品牌，带动经济发展。截至 2024 年底，精心打造出"山西小米"、"吉林大米"、"水韵苏米"、"齐鲁粮油"、"天府菜油"等 34 个省级粮食区域公用品牌，带动 897 家优质企业品牌同步发展，切实增加市场优质粮油供给，加快消费提质升级。

（三）深入实施粮食质量追溯提升行动

安徽制定发布《安徽好粮油 质量追溯信息规范》（T/AAGS 008-2024）团体标准及配套的大米、食用植物油、小麦粉等 3 项产品的质量追溯信息规范团体标准，为安徽"好粮油"产品追溯提供技术指引。山东鱼台县建立优质水稻种植基地，运用信息技术建立覆盖全域、全链、全质量要素的智慧粮食大数据平台，实现一物一码、一箱一码、一托盘一码的三级质量追溯管理体系。江苏鹏润粮业设计了"小水鸭"大米产品质量信息追溯系统，实现了稻谷仓储管理的精细化、大米加工过程的透明化、产品质量的严格把控，以及产品信息的便捷查询和展示。

（四）深入实施粮食机械装备提升行动

依托"十四五"国家重点研发计划重点专项项目，支持研发小麦加工在线检测技术，研制轧距自动调节智能化磨粉机、自动监测预警智能化高方筛等新型粮机装备。小麦加工中原粮和不同粉路小麦粉的品质检测、绿色加工、智能制造、智能化装备等研究纳入了 2024 年项目研究指南。指导粮机装备企业开展粮食机械装备研究，开发平房仓高效环保进出仓关键技术装备、大宗食用油脂功能化加工关键技术与产品。面向各省印发《粮食和物资储备科技成果汇编》，宣传展示"谷物冷却机"、"平房仓散粮智能出入仓机器人"等成果，促进粮机装备成果转化应用。配合有关司局单位积极争取，将粮机装备更新需求纳入农业机械装备报废补贴目录。

（五）深入实施应急保障能力提升行动

加快推进《国家粮食应急预案》修订工作，着力构建国家、省、市、县四级粮食应急预案体系；组织长三角粮食应急保障模拟推演，检验跨区域粮食应急保障能力；指导地方开展不同层级应急演练，提高粮食应急保障实战能力。指导印发京津冀、长三角、粤港澳、成渝、华中、西北、东北等 7 个区域粮食应急保障中心构建方案，在上海、湖北召开区域粮食应急保障中心建设座谈会，明确区域粮食应急保障中心建设的任务和要求，推动区域、省、市、县四级粮食应急保障中心建设。加快推进粮食应急保障企业体系建设，开展第一批国家级粮食应急保障企业评估工作，组织百家粮食头部企业走进湖北系列活动，搭建企业沟通平台，推介项目，加强交流，推动粮食应急保障企业效能作用发挥。截至 2024 年底，全国共有粮食应急保障企业 6.8 万家，其中粮食应急加工企业 6900 多家，粮油应急日加工能力 170 多万吨，粮食应急保障能力不断提升。

（六）深入实施粮食节约减损健康消费提升行动

印发《粮食产后节约减损 2024 年工作要点》，通过中储粮年度考核、粮食库存检查等，加大力度推进节粮减损工作落实。将节粮减损纳入耕地保护和粮食安全党政同责考核，压紧压实各地责任。聚焦重点环节，抓实储存减损，印发推动解决"地趴粮"问题的具体措施，逐步推动解决东北三省一区"地趴粮"问题。赴黑龙江参加"科技列车龙江行"活动，向同江市三村镇捐赠部分农户科学储粮装具。发布《粮食储藏　低温储粮技术规程》、《粮食储藏　玉米安全储藏技术规范》和《全谷物分类与标示要求》等国家标准和行业标准，更好发挥标准引领节粮减损作用。深入推进粮油副产物增值转化研究，研发米糠、麦麸、玉米皮等谷物加工副产物发酵技术，提高饲用价值，促进加工减损和副产物综合利用。依托国家重点研发计划，持续推进"粮食产后收储保质减损与绿色智慧仓储关键技术集成与产业化示范"等项目实施。与联合国世界粮食计划署农村发展卓越中心共同举办"2024 年粮食减损国际研讨会"、"2024 年粮食产后减损网络研修班"，推动节粮减损创新技术应用，加强国际合作，分享中国经验。

撰稿单位：国家粮食和物资储备局规划建设司、应急物资储备司、安全仓储与科技司、标准质量中心、科学研究院

撰稿人：周世东、展圣洁，李国强、郭云霏、孙裕如、金杨，李鹏飞、胡兵、施季辉、包亚妮、姚磊、王旸，夏丹萍、商博、张庆娥、尹诗文、窦幽璇，周明慧、欧阳姝虹、张竹

审稿人：唐成，金贤、邱永峰，周冠华、唐茂，肖玲、孙长坡，季振江

专栏 3

粮食和物资储备领域民营企业座谈会

为深入贯彻党中央、国务院决策部署，国家发展和改革委员会党组成员、国家粮食和物资储备局党组书记、局长刘焕鑫先后两次主持召开粮食和物资储备领域民营企业座谈会，深入了解民营企业经营情况和面临的困难，认真听取意见建议。香驰控股、禹王生态食业、梅花生物科技、汇福粮油集团、金沙河面业、新希望六和股份、海大集团、丰尚农牧装备等10余家来自粮油加工、饲料加工、粮机装备等行业和领域民营企业负责人发言，介绍了各自企业和所在行业发展情况、面临困难，提出了具体诉求和意见建议。

会议指出，习近平总书记高度重视、十分关心民营经济发展，多次发表重要讲话、作出重要指示。党中央、国务院出台一系列政策措施，有力引领和推动了民营经济发展，粮食和物资储备领域民营企业特别是骨干企业持续转型升级，发展势头稳中向好，产品开发力度大，市场开拓抓得实，为保障国家粮食安全、促进经济社会发展作出了积极贡献。会议强调，当前粮食和物资储备领域民营企业发展面临难得机遇，要准确把握形势，坚定发展信心，用好国家出台的一揽子支持政策，加大市场开拓、设备更新、技术改造力度，在服务大局中实现企业高质量发展。国家粮食和物资储备局将立足职能，认真研究梳理企业诉求，加大助企帮扶力度，针对共性问题研究对策措施，针对具体问题着力协调解决，努力为民营企业发展创造更好环境。

撰稿单位：国家粮食和物资储备局办公室（外事司）、中国粮食研究培训中心

撰稿人：王弘旭、王珊，高丹桂、张正岩

审稿人：王宏、李涛，唐成、程继伟

五、粮油棉糖进出口形势分析

（一）粮食进出口情况

2024 年，全球粮食供需较为宽松，粮食价格持续走低，小麦、玉米、大豆价格降至过去十年来的较低水平。我国粮食安全形势较好，产量再创历史新高，粮食市场供应充足，进口总体有所减少。

1. 粮食进口情况

据海关总署统计，2024 年我国粮食进口15753 万吨，较上年减少 2.4%。

大豆。2024 年我国大豆进口 10503 万吨，较上年增加 6.5%。其中，巴西大豆 7465 万吨，占比 71%；美国大豆 2213 万吨，占比21%；阿根廷大豆 410 万吨，占比 4%。

小麦。2024 年我国小麦进口 1118 万吨，较上年减少 7.6%。其中，自澳大利亚、加拿大、法国、美国和哈萨克斯坦进口分别为336 万吨、252 万吨、230 万吨、190 万吨、59 万吨，占比分别为 30%、23%、21%、17%、5%。

玉米。2024 年我国玉米进口 1364 万吨，较上年减少 50%。其中，自巴西、乌克兰、美国、缅甸、俄罗斯进口分别为 647 万吨、451 万吨、207 万吨、18 万吨、16 万吨，占比分别为 47%、33%、15%、1%、1%。

稻米。2024 年我国稻米进口 166 万吨，较上年减少 37%。其中，自缅甸、泰国、越南、巴基斯坦、柬埔寨进口分别为 56 万吨、47 万吨、28 万吨、16 万吨、9 万吨，占比分别为 34%、28%、17%、10%、5%。

2. 粮食出口情况

2024 年我国粮食出口 226 万吨，较上年减少 13.7%。其中，稻米出口 111 万吨，较上年减少 31%；小麦出口 12 万吨，较上年减少 43%；大豆出口 7 万吨，较上年减少7%。

（二）食用油进出口情况

2024 年我国食用植物油进口明显减少，全年进口 716 万吨，较上年减少 27%。其中，棕榈油进口 280 万吨，较上年减少 35%；豆油进口 28 万吨，较上年减少24%；菜籽油及芥子油进口 188 万吨，较上年减少 20%。

2024 年我国食用植物油出口基本稳定，全年出口 20 万吨，与上年基本持平。其中，豆油出口 13 万吨，较上年增长 1%；菜籽油及芥子油出口 2 万吨，较上年增长 218%；棕榈油出口 0.7 万吨，较上年减少 79%。

（三）棉花进口情况

据海关统计，2024 年全国累计进口棉花261.8 万吨，同比增长 33.8%。从进口来源国看，自巴西进口占比超四成，进口量 110.2 万吨（占 42.1%），其他主要来源国依次为美国（87.6 万吨，占 33.4%）、澳大利亚（32.9 万吨，占 12.6%）、印度（8.1 万吨，占 3.1%）、土耳其（6.6 万吨，占 2.5%）。

（四）食糖进口情况

据海关统计，2024 年全国累计进口食糖

435 万吨，同比增长 9.4%。从进口来源国看，自巴西进口占比近九成，进口量383.3万吨(占88.2%)，其他主要来源国依次为韩国（17.8 万吨，占 4.1%）、萨尔瓦多（8.2 万吨，占 1.9%）、尼加拉瓜（7.1 万吨，占 1.6%）、泰国（6.5 万吨，占 1.5%）。

粮食安全监管

一、粮食仓储管理

2024 年，粮食仓储管理持续加力、久久为功，强化政策引领，加强业务指导，深入调查研究，深化交流互鉴，推动粮食仓储工作迈上新台阶。

（一）绿色储粮取得新成效

一是召开全国粮食绿色仓储工作现场推进会，有力引领绿色仓储迈向高质量发展新征程。赴河北、江苏、湖北、四川、广州等地调研，积极推进分生态区绿色储粮技术创新系集成应用。二是调度掌握各地粮食绿色仓储提升行动情况，聚焦仓房关键性能升级改造，持续推进绿色储粮技术应用。赴黑龙江调研"自然冷源绿色粮仓项目"，实地研究自然冷源绿色储粮技术推广应用的可行性，摸清自然冷源绿色粮仓项目的研发背景、技术原理和路径，分析存在的问题，提出有针对性的意见建议。三是加强与科研机构和高校院所的交流研讨，充分挖掘各方科技成果和亮点做法，通过现场经验交流、培育示范典型等形式，强化业务指导、促进交流互鉴，推动绿色储粮技术广泛应用与创新提升。

（二）仓储管理再上新台阶

一是开展《国有粮油仓储物流设施保护办法》修订工作，为仓储物流设施保护提供制度保障。二是印发仓储管理规范化工作指南，指导地方和涉粮央企加强政策性粮食仓储管理。推动"粮食仓房分类分级"行业标准出台并实现成果转化，助力仓储提质增效。三是加强对政府储备成品粮油安全储藏技术指导，不断提高科学储粮水平和品质保障能力。组织有关专家深入研究规范散装食用植物油储存管理的具体措施。

（三）分类指导赋予新动能

一是制作完成"粮仓保温隔热技术及其应用"和"粮食仓房分类分级"储粮专家说系列微课，丰富宣传形式与内容。二是在"绿色优储 节粮减损"管理与技术培训班、政府粮食储备管理培训班上，围绕粮食仓储管理制度进行政策解读，参与联合国世界粮食计划署主办的系列培训并授课，积极传播中国粮食仓储管理经验。

撰稿单位：国家粮食和物资储备局安全仓储与科技司

撰稿人：施季辉、包亚妮

审稿人：周冠华、唐茂

二、粮食流通监管

（一）圆满完成 2024 年全国政策性粮油库存检查

会同国家发展和改革委员会、财政部、中国农业发展银行联合印发《关于开展 2024 年全国政策性粮油库存检查的通知》，督促指导各地不断突出检查重点，持续创新检查方式，全面提升检查效能，扎实开展实地检查，摸清库存家底。从检查结果看，被检查企业库存粮油账实基本相符，库贷总体挂钩，质量总体良好，储存较为安全，发现问题数量明显下降，反映出承储企业依规从业、依法经营意识显著提高。针对库存检查发现的问题，国家粮食和物资储备局狠抓整改督导，专门印发通知逐项提出处理建议，并明确整改时限，要求各地各单位对照清单严格整改。

（二）扎实开展夏秋粮收购现场检查

严格落实监管责任，在粮食收购等关键时点，加大监督检查力度，强化与市场监管等部门协作，灵活运用现场巡查、视频抽查、信息化监管等手段，严厉打击涉粮违法违规行为，切实保护种粮农民利益，保障粮油收购活动平稳有序进行。组织赴重点省份开展现场检查，指导地方粮食和储备部门把好粮食收购关，督促粮食收购企业依法合规经营，保障国家粮食收储政策不折不扣执行到位。

（三）保持粮食流通监管执法高压态势

一是严肃惩治各类涉粮违法违规行为。全力督导查办一批重大典型案件，持续释放震慑效能，2024 年各级粮食和储备部门依法作出警告以上行政处罚 2390 例，罚款并没收违法所得 3083.47 万元。二是强化行政执法情况调度通报。定期通报各级粮食和储备部门行政处罚工作开展情况，及时指出并纠正各地行政执法中存在的主要问题，规范执法行为，提升服务质量。三是适时通报行政处罚典型案例。坚持惩戒与教育相结合，适时通报粮食流通环节违法违规典型案例，充分发挥案件查办警示教育作用。

（四）创新监管方式持续强化监管穿透力

一是加强制度建设。印发《中央储备粮库存动态监管系统工作规则（试行）》《中央储备粮库存动态监管系统操作手册》《中储粮视频监控系统操作手册》，健全完善催办、延期申请、抽查、通报和责任追究等机制，定期调度各垂直管理局动态监管系统应用情况，不断提升监管效能。二是升级监管平台。优化升级全国粮食企业信用监管平台，推进企业信用信息互通共享，加强信用评价成果应用，依托企业信用等级，强化分级分类监管，不断提高监管精准性和实效性，持续提升监管效能。三是强化系统培训。举办中央储备粮监管信息化系统操作使用视频培训，切实提升信息系统应用操作水平，有效发挥信息化技术在加强中央储备粮数量、质量、储存安全和政策执行情况等方面的"穿透式"监管作用。

（五）提升 12325 监管热线服务质效

2024 年，12325 全国粮食和物资储备监管热线（以下简称热线）通过电话、微信、网站等渠道接收投诉举报线索 2280 件，受理 1953 件，办结 1750 件，帮助兑现拖欠售粮款 8036.89 万元，协调履约出库粮食 6417.69 吨，及时阻止 2857.10 吨食品安全指标不合格粮食流向口粮市场，有效保护了种粮农民合法权益，维护了粮食市场秩序，为保障国家粮食安全提供了有力支撑。一是优化热线办理。加强与工业和信息化部相关单位及三大电信运营商的沟通对接，及时按要求备案运行情况，保持热线呼叫畅通。做好系统升级和日常运维，提升投诉举报内容的统计功能，增加智能语音转录功能，拓展应用程序（APP）、微信小程序等投诉举报渠道，为线索接收、分办、分析等提供技术支撑。加强话务员考核，提高热线服务的准确性、时效性和专业性，不断提升热线服务质效。二是加强监测预警。充分发挥热线"前哨"作用，加强对热线受理线索的分析研判，提升舆情风险预警能力，及时发现反映苗头性、倾向性问题，妥善化解矛盾纠纷，为政策制定提供参考。分析举报内容反映集中的问题，及时作出答复，并做好解释说明工作。三是扩大受理范围。将安全生产相关投诉举报纳入热线受理范围。加大宣传力度，设计宣传海

报并指导各地各单位及时印制张贴，方便群众监督。四是严格线索审核。完善审核流程，坚持"严"字当头，对存在问题的核查报告，及时指导督促整改。按季度印发核查情况通报，汇总分析线索核查情况和存在的主要问题，推广借鉴好的经验做法，对多次退回整改的典型问题进行提醒。

撰稿单位：国家粮食和物资储备局执法督查局

撰稿人：刘尧、李阳、李昭、杨锦波、杨焕成、黄宇琪

审稿人：钟海涛、邓立、于涛

三、中储粮集团储备管理考核

国家粮食和物资储备局深入贯彻习近平总书记关于国家粮食安全重要论述和重要指示批示精神，全面落实党中央、国务院决策部署，积极履行部门职责，进一步完善中储粮集团储备管理考核（以下简称"中储粮考核"）机制，不断推动考核走深走实，切实发挥好"指挥棒"作用。

（一）建立分级评分考核制度体系

从部门考核责任、考核制度规定、考核评价方式入手，建立以直属库、分（子）公司、总部为序逐级向上计分，下一级考核得分以一定权重计入上一级考核得分的"三级量化评分"新机制。印发《关于做好 2023 年度中储粮考核评价准备工作的通知》，采用新的评分方式

和评分细则，对中储粮直属库、分（子）公司、集团公司逐级开展评分评价。

（二）扎实开展 2023 年度考核工作

以视频连线方式部署年度考核工作，并对新的评分机制进行解读答疑。各考核责任单位凝聚工作合力，坚持问题导向，以在地日常监管情况为依据，扎实开展考核评价，如期完成中储粮三级企业的考核评分、考核结果报告复核等工作。考核工作组认真梳理总结考核各阶段成果，加强考核工作指导纠偏，确保考核结果经得起检验，形成 2023 年度中储粮集团储备管理考核结果，供有关部门参考；通报中储粮集团公司，要求其严格落实考核奖惩，加强激励和约束力度，持续放大考核效能。

（三）深入推进中储粮考核改革

按照党中央、国务院部署，抓紧研提中储粮考核制度机制改革思路，起草国家粮食和物资储备局负责部分的考核实施办法并进一步修改完善，大幅压减考核指标。积极配合有关部门做好对中储粮集团的考核办法制定和考核组织实施工作。

撰稿单位：国家粮食和物资储备局执法督查局

撰稿人：杨乔伟、郭坚、董金美

审稿人：钟海涛、邓立

粮食质量与标准

一、总体状况

（一）粮食质量安全管理制度建设取得新进展

为深入贯彻习近平总书记"四个最严"重要指示和有关批示精神，切实做好粮食安全保障法贯彻落实工作，保障政府储备粮食质量安全，规范质量管理，修订出台《政府粮油储备质量安全管理办法》，完善政府粮油储备质量要求，明确出入库和验收环节检验要求，进一步压实企业主体责任和行政部门监管责任。

（二）粮食质量安全检验监测体系建设稳步推进

粮食质量安全检验监测事关种粮农民、粮食企业、粮食消费者等多方利益，具有专业性强、政策性强、公益性强、时效性强等特点。为进一步提升粮食质量安全检验监测能力，通过强化顶层设计、严格考核、加强培训与能力比对、加大调研力度、强化业务指导等方式，推动地方粮食和储备行政管理部门积极争取当地政府和有关部门支持，持续加强粮食质量安全检验监测体系建设，着力构建以省级为龙头、市级为骨干、县级为基础的粮食质量安全检验监测体系。粮食质量安全检验监测体系积极发挥技术支撑作用，承担粮食和储备行政管理部门委托的监测抽检等任务，加强政策性粮食出入库质量安全检验把关，开展标准制订和技术研究、咨询和培训等工作，在优化种植结构调整、维护种粮农民利益、指导粮食收购、强化库存监管等方面发挥了技术支撑和服务保障作用。

（三）粮食质量安全风险监测扎实开展

2024 年，国家粮食和物资储备局组织各地粮食和储备部门开展新收获粮食质量安全风险监测工作。从监测结果来看，全国新收获小麦整体质量较上年明显提升，为近年来较好水平；早稻整体质量较上年有所提升；中晚籼稻整体质量较好；粳稻各项指标均与上年基本持平，整体质量为近年来正常水平；玉米整体质量好于上年，处于近五年来最好水平；大豆、花生整体质量好于上年；油菜籽整体质量为近年来正常水平。

二、主要粮食品种收获质量分析

（一）早籼稻

浙江、安徽、江西、湖北、湖南、广东、广西、海南等 8 个省（区）监测结果显示，新收获早稻整体质量较上年有所提升，为近年来较好水平，平均等级为二等，三等（中等）以上比例超过九成。全部样品检验结果为：出糙率平均值 77.7%（二等），较上年增加 0.5 个百分点；一等至五等的比例分别为 26.3%、

41.3%、26.1%、4.5%、1.4%，等外品为 0.4%；中等以上占 93.7%，较上年增加 4.2 个百分点。整精米率平均值 53.4%，较上年增加 0.5 个百分点；其中整精米率不低于 44%（三等）的比例为 91.4%，不低于 50%（一等）的比例为 69.5%，较上年分别增加 1.6 个百分点和 5.4 个百分点。不完善粒平均值 4.2%，较上年减少 0.6 个百分点，主要是未熟粒、病斑粒和生芽粒。

（二）中晚籼稻

江苏、浙江、安徽、江西、河南、湖北、湖南、广东、广西、重庆、四川、贵州、云南等 13 个省（区、市）监测结果显示：中晚籼稻整体质量较好，出糙率平均值、等级比例、整精米率平均值等各项指标都处于近年来平均水平。全部样品检验结果为：出糙率平均值 77.4%，较上年增加 0.1 个百分点；一等至五等的比例分别为 22.1%、40.5%、29.2%、5.8%、1.6%，等外品为 0.8%；中等（三等，出糙率不低于 75%）以上的占 91.8%，较上年增加 1.3 个百分点。整精米率平均值 54.8%，较上年下降 0.8 个百分点，不低于 44%（三等）的比例为 92.1%，较上年下降 1.1 个百分点。不完善粒平均值 3.7%，较上年增加 0.2 个百分点。

（三）粳稻

辽宁、吉林、黑龙江、江苏、安徽、云南、宁夏等 7 个省（区）监测结果显示：粳稻各项指标均与上年基本持平，整体质量为

近年来正常水平。全部样品检验结果为：出糙率平均值80%，较上年下降0.2个百分点；一等至五等的比例分别为33.3%、41.2%、20.2%、3.9%、1%，等外品为0.4%；中等以上的占94.7%，较上年下降1.4个百分点。整精米率平均值64.8%，较上年增加0.4个百分点；其中整精米率不低于55%（三等）的比例为97.4%，不低于61%的比例为79.5%。不完善粒平均值4.4%，较上年增加0.1个百分点。

（四）小麦

河北、山西、江苏、浙江、安徽、山东、河南、湖北、四川、陕西、甘肃、宁夏、新疆等13个省（区）监测结果显示：小麦整体质量较上年明显提升，为近年来较好水平，主要表现为容重增加（平均值达到一等，中等以上占97.1%），不完善粒降至2.9%。全部样品检验结果为：容重平均值796g/L（一等），较上年增加23g/L；一等至五等的比例分别为66.3%、22.5%、8.3%、1.9%、0.7%，等外品为0.3%；中等（三等，容重不低于750g/L）以上的占97.1%，较上年增加13.6个百分点；千粒重平均值44.6g，较上年增加1g；不完善粒平均值2.9%，其中符合最低收购价要求（≤10.0%）的比例为99.5%。

（五）玉米

天津、河北、山西、内蒙古、辽宁、吉林、黑龙江、江苏、安徽、山东、河南、湖北、广西、重庆、四川、贵州、云南、陕西、

甘肃、宁夏、新疆等21个省（区、市）监测结果显示：玉米整体质量好于上年，平均容重和一等比例提高，处于近五年来最好水平。全部样品检验结果为：容重平均值732g/L（一等），较上年增加3g/L；一等至五等的比例分别为68.6%、19.9%、9.6%、1.6%、0.2%，等外品为0.1%；中等（三等）以上比例为98.1%，较上年增加0.3个百分点，一等比例较上年增加2.9个百分点。不完善粒平均值3.1%，较上年减少0.3个百分点；不超过8%（三等以上）的比例为95.4%，较上年增加1.3个百分点。

（六）大豆

内蒙古、吉林、黑龙江、安徽、山东、河南、四川等7个省（区）监测结果显示：大豆质量方面，整体好于上年，完整粒率较上年增加1.1个百分点。全部样品检验结果为：完整粒率平均值91.5%（二等），较上年增加1.1个百分点；一等至五等比例分别为28.1%、37%、26.7%、6.1%、1.6%，等外品占0.5%；三等以上比例为91.8%，较上年增加1.2个百分点；损伤粒率平均值3.5%，符合等内品（损伤粒率不高于8%）的比例为98%，较上年增加0.4个百分点。

（七）油菜籽

江苏、安徽、江西、河南、湖北、湖南、重庆、四川、贵州等9个省（市）监测结果显示，2024年新收获油菜籽整体质量与上年基本持平，为近年来正常水平。全部样品检验结

果为：含油量方面，平均含油量（标准水计）40.3%（二等），一等比例为 29.7%，中等（三等）以上（≥38.0%）比例为 76.4%，为近年来正常水平。不完善粒方面，未熟粒、生霉粒平均值与上年基本持平，生芽粒较上年有所增加。未熟粒平均值 1.3%，符合中等以上要求（≤6.0%）的比例为 96.1%，较上年下降 2.5 个百分点。生芽粒平均值 0.5%，符合标准要求（≤2.0%）的比例为 96.5%。生霉粒平均值 0.5%，达标比例为 97.9%。芥酸含量平均值 9.9%，符合低芥酸油菜籽标准（≤3.0%）的比例为 49.7%，较上年提高 10 个百分点。

（八）花生

河北、辽宁、吉林、安徽、江西、山东、河南、湖北、广东、广西、四川等 11 个省（区）监测结果显示：花生质量方面，整体好于上年，含油率超过 50% 的比例大幅增加。全部样品检验结果为：纯仁率平均值为 70.8%（二等），较上年提高 0.7 个百分点，三等以上比例为 81.8%，较上年提高 3 个百分点；含油率平均值 49.1%，较上年提高 1.3 个百分点，含油率超过 50% 的比例为 44%，较上年提高 13.5 个百分点，不完善粒平均值 4.3%，较上年增加 0.1 个百分点。

三、优质和专用粮食品种质量分析

（一）早籼稻

相关省份采集的优质品种样品份数和整精

米率、食味品质评分、直链淀粉、垩白度四项指标符合国家优质稻谷标准的样品比例（以下简称"达标率"）分别为：江西采集样品 116 份，达标率 20.7%；湖北采集样品 39 份，达标率 30.8%；湖南采集样品 154 份，达标率 11.7%；广东采集样品 93 份，达标率 67.7%；海南采集样品 35 份，达标率 42.9%。

（二）中晚籼稻

相关省份采集的优质品种样品份数和整精米率、食味品质评分、直链淀粉、垩白度四项指标符合国家优质稻谷标准的样品比例（以下简称"达标率"）分别为：江苏采集样品 41 份，达标率 22%；浙江采集样品 234 份，达标率 42.7%；安徽采集样品 189 份，达标率 39.7%；江西采集样品 220 份，达标率 72.7%；河南采集样品 74 份，达标率 85.1%；湖北采集样品 411 份，达标率 54%；湖南采集样品 356 份，达标率 81.5%；广东采集样品 101 份，达标率 98%；广西采集样品 223 份，达标率 77.1%；重庆采集样品 120 份，达标率 15%；四川采集样品 341 份，达标率 37.8%；贵州采集样品 63 份，达标率 98.4%；云南采集样品 44 份，达标率 61.4%。

（三）粳稻

相关省份采集的优质品种样品份数和整精米率、食味品质评分、直链淀粉、垩白度四项指标符合国家优质稻谷标准的样品比例（以下简称"达标率"）分别为：辽宁采集样品 140 份，达标率 60.7%；吉林采集样品 186 份，达标率 44.1%；黑龙江采集样品 420 份，达标率 91.7%；江苏采集样品 309 份，达标率 18.4%；安徽采集样品 58 份，达标率 12.1%；云南采集样品 32 份，达标率 62.5%；宁夏采集样品 230 份，达标率 70%。

（四）小麦

相关省份采集检验小麦样品份数和符合优质强筋小麦国家标准的比例（以下简称"强筋比例"）分别为：内蒙古采集样品 32 份，强筋比例 3.1%；江苏采集样品 224 份，强筋比例 7.1%；山东采集样品 452 份，强筋比例 2.7%；河南采集样品 582 份，强筋比例 0.7%；新疆采集样品 130 份，强筋比例 6.9%。

（五）玉米

天津、河北、山西、内蒙古、辽宁、吉林、黑龙江、江苏、安徽、山东、河南、湖北、广西、重庆、四川、贵州、云南、陕西、甘肃、宁夏、新疆等 21 个省（区、市）玉米内在品质指标整体属于正常水平。其中，淀粉含量平均值 70.2%，粗蛋白含量平均值 9.1%，粗脂肪含量平均值 3.8%，各项指标与上年基本持平。

（六）大豆

内蒙古、吉林、黑龙江、安徽、山东、河南、四川等 7 个省（区）大豆粗蛋白含量平均值 38.9%，较上年减少 1.2 个百分点，高蛋白大豆（粗蛋白含量 ≥ 40%）比例为 27.1%；

粗脂肪含量平均值 20.7%，较上年增加 0.3 个百分点，高油大豆（粗脂肪含量 ≥ 20%）比例为 71.4%，处于近年来最好水平。

四、粮食标准化

2024 年，国家粮食和物资储备局认真落实粮食安全保障法、反食品浪费法、国家标准化发展纲要、粮食节约行动方案等法律法规和政策规定，强化节粮减损、绿色优质等重点领域粮食标准制修订。截至 2024 年底，国家粮食和物资储备局归口管理的粮食标准共 714 项，其中国家标准 408 项、行业标准 306 项，粮食全产业链标准体系进一步完善。

（一）加强粮食标准制修订工作

一是做好强制性国家标准研制工作。按照国家标准化管理委员会关于制定《食用植物油散装运输卫生要求》强制性国家标准的有关要求，国家粮食和物资储备局组织有关单位，经起草、征求意见、技术审查、报批等程序，按时完成标准制定工作，并推动标准发布。标准规定了食用植物油散装运输容器的基本要求、清洁、维护和管理、运输作业、记录等卫生要求。二是抓好重点领域标准制修订工作。围绕节粮减损、绿色优质等重点领域，推动发布《优质小麦》、《粮食安全储存水分》等 60 项国家标准，发布《全谷物分类与标示要求》等 5 项行业标准和《小麦粉加工精度标准样品　精制粉》等 11 项粮食行业标准样品。其中，《优质小麦》标准有利于促进优质小麦品种选育，进一步提高优质小麦供给能力。《粮食安全储存水分》标准以确保粮食安全储存为目的，合理确定适宜的粮食储存水分，有利于减少粮食储存期间损失损耗。《全谷物分类与标示要求》标准的发布实施是贯彻落实《国家全谷物行动计划（2024—2035 年）》的有效举措，有利于增加全谷物制品的供给和消费，合理利用粮食资源。面向社会公开征求《专用小麦粉》等75 项粮食标准意见。三是做好粮食标准制修订计划立项工作。经面向社会公开征集、专家组评审等程序，共下达《粮食仓储及加工企业安全生产标准化管理体系建设要求》等 15 项粮食行业标准制修订和标准样品计划；组织完成《全麦粉》、《小麦粉制粉企业节能技术规范》等 18 项国家标准制修订计划立项，向国家标准化管理委员会申请 9 项推荐性国家标准制修订项目。

（二）加强粮食标准宣贯和培训工作

做好新发布强制性国家标准宣贯培训，开展《小麦》、《大豆》2 项主粮强制性国家标准解读，组织有关单位积极参加《食用植物油散装运输卫生要求》强制性国家标准解读培训，推动标准落地实施。加强节粮减损标准宣传解读，组织专家专题宣传节粮减损标准化工作；结合食品安全宣传周·粮食质量安全宣传日活动，做好《小麦粉》、《全谷物分类与标示要求》、《发芽糙米》、《留胚米》等 4 项国家标准解读工作。及时更新国家粮食和物资储备局政府网站现行粮油国家标准目录和行业标准目录，方便社会公众查阅。

（三）加强粮食标准有关政策执行管理

为进一步规范政策性粮食购销活动中非标准品粮食增扣量处理，维护种粮农民利益，联合国家发展和改革委员会、财政部、国家市场监督管理总局修订印发《关于执行粮食质量国家标准有关问题的规定》，明确适用范围，并调整水分、杂质等增扣量方式和水平。

（四）提升粮油标准化技术支撑水平

为进一步提升粮油标准研究验证测试工作能力和水平，经自愿申报、审核推荐、受理评审、结果公示等程序，确定北京市食品检验研究院、河北省粮油质量检测和信息服务中心等 35 家单位为国家粮油标准研究验证测试中心，唐山市食品药品综合检验检测中心、山西省粮油科学研究所有限公司等 23 家单位为国家粮油标准验证测试工作站，更好地服务粮油标准制修订工作，服务保障国家粮食安全。

（五）持续深化粮食标准化工作改革

为落实反食品浪费法、粮食安全保障法、粮食节约行动方案等法律政策关于推广应用粮油适度加工技术、完善适度加工标准的部署要求，面向各省、自治区、直辖市及新疆生产建设兵团粮食和物资储备局（粮食局）、中粮集团有限公司，征集粮油适度加工标准化试点企业，遴选一批试点企业。按照国家标准化管理委员会关于开展国家标准体系优化工作的有关要求，组织对粮油领域国家标准体系进行优化研究，提出新提一批、修订一批、整合一批、转化一批、废止一批、采信一批等"六个一批"标准项目清单，进一步完善粮油标准体系。

（六）持续提升粮油标准国际化水平

一是认真履行国际标准化组织谷物与豆类分委员会（ISO/TC34/SC4）秘书处职责。组织发布《谷物及其制品　水分含量的测定》等4项国际标准；管理《谷物及其制品　扦样》等20项国际标准制修订项目；加强与国际谷物科技协会的沟通，多次组织国际专家开展全谷物国际标准研讨，积极推进全谷物国际标准制定。在国际食品法典油脂委员会第28届会议前，组织召开亚洲国家协调会、亚洲—美国协调会，有效协调各方立场，为大会顺利召开奠定基础。二是推动发布《油茶籽油》和《植物油中黄曲霉毒素的测定》2项国际标准。这是我国在国际食品法典委员会（CAC）和国际标准化组织（ISO）油脂领域首次牵头制定的国际标准。推动我国牵头的《谷物和豆类　隐蔽性昆虫感染的测定》等4项国际标准项目进入询问阶段，推动《谷物及其制品　17种真菌毒素的测定》国际标准成功立项。三是加强国际标准化人才培养。在河南郑州举办粮油标准国际化工作培训班，近80人参加培训，进一步加强粮油国际标准化人才培养。四是强化粮油贸易便利化标准支撑。积极组织粮油标准外文版编译，推动发布《大豆油》等11项国家标准外文版；加强国际标准转化跟踪工作，组织开展粮油相关国际标准转化情况统计。

撰稿单位：国家粮食和物资储备局标准质量中心

撰稿人：张庆娥、杨利飞、刘卓、祁潇哲、杨卫民、魏铭、袁强、尹诗文、汪啸天、窦幽璇、郭玉婷、陈贝

审稿人：肖玲、孙长坡、张艳

五、团体标准

贯彻实施粮食安全保障法重点任务，面向粮食全产业链开展节约粮食、减少损失等领域标准征集，共征集标准项目40项，其中油料与油脂领域20项，食品领域15项，粮食储藏与流通领域5项。稳步开展团体标准过程管理和宣贯推广。推动《食用植物油低温储存技术规范》等22项团体标准完成征求意见；正式发布《油条》等8项团体标准。同时，按照标准和学术相融合的思路，组织《生湿面制品》、《大米适度加工技术规范》、《油条》等7项团体标准在专题会议平台上进行技术解读和案例分享，颁发"团体标准起草单位证书"，鼓励粮油领域创新主体继续发挥示范引领作用，促进粮食领域标准和技术迭代升级。

撰稿单位：中国粮油学会

撰稿人：于衍霞、左巍

审稿人：张成志

战略物资储备管理

一、切实加强市场研判分析

坚持季度资源安全保障形势分析、大宗商品市场跟踪等工作机制，坚持关键数据日统计和市场形势季度分析，密切跟踪战略性矿产品市场价格和供需形势，关注苗头性问题，形成矿产资源等大宗商品市场走势以及美联储货币政策走向对全球大宗商品市场影响等成果。

二、深入开展重大问题研究

围绕加快构建大国储备体系和"十五五"规划研究需要，深入开展矿产品原材料储备安全保障能力的阶段性目标、思路举措以及保障预案等 11 项重点问题研究。完成企业代储矿产品原材料储备方式的软科学课题研究，被评为具有较高学术水平和实用价值。

三、持续夯实储备管理基础

认真落实国家粮食和物资储备局党组"管业务就要同时管监管、管安全、管风险"的要求，积极适应从单一履职向综合履职转变，做到抓业务、抓监管、抓安全同步开展。一是健全制度规范管理。注重从制度上规范完善，多次听取垂直管理局、企业及有关专家意见。二

是加强交流培训提升能力。组织召开 2 次矿产品原材料储备管理工作会议，分析形势、解决问题、部署任务，进一步统一思想认识，凝聚共识行动。结合收储任务需要，组织开展天然橡胶、战略性矿产品等接收入库、储存保管、现场作业管理 4 期业务培训班，总结推广先进经验做法，帮助提升一线职工业务水平和职业技能，提高全系统战略物资储备管理水平。三是创新方式提高效率。围绕储备信息化自动化建设问题，改变原有手工登记、定期统计方式，开发国储物资储备管理信息系统，推动实现储备管理重要信息的实时更新和动态管理，提升储备管理信息化智能化水平，提高工作效率效能。四是强化法治意识观念。严格按照依法行政、依规履责，针对近年来大宗商品价格形势变化等新情况，研究提出降低国家收储合同违约风险的具体举措等，进一步提高依法行政工作能力和水平。

四、坚持强化队伍建设

一是强化理论武装。及时传达学习习近平总书记重要讲话和重要指示批示精神，持续深入学习贯彻党的二十大和二十届二中、三中全会精神，引导党员干部领会思想精髓、把握核心要义。把《求是》杂志刊登的习近平总书记重要文章作为党员大会必学内容，每月编

发《物资储备司党建和要闻学习》作为党员自学重要内容。二是加强廉政建设。认真组织开展党纪学习教育，用好发生在系统内部的典型案件开展警示教育；不断完善优化收储采购各项机制和流程，扎紧制度建设的笼子，认真落实谈心谈话制度，提醒党员干部知敬畏、明戒惧、守底线。严格执行"宁可严过头，不可触红线"的廉洁自律"八不准"更高要求，筑牢拒腐防变制度防线。三是提升履职能力。鼓励支持党员干部积极参加全局党性锻炼和业务培训，提升综合素养、专业能力，把年轻干部放到重大专项任务中经受磨炼。

撰稿单位：国家粮食和物资储备局物资储备司
撰稿人：王敏、高春旭、夏保强、潘瑶
审稿人：赵川、成信磊

应急物资储备管理

2024年，着眼闻灾而备、闻令而动，中央应急抢险救灾物资储备管理取得明显成效，首次成功举办中央应急抢险救灾物资储备管理技能比武，圆满完成各项紧急调运保障任务。

中央应急抢险救灾物资储备规模、布局和品种结构不断优化。加强相关课题研究，会同应急管理部增加前置储备库点，灾害多发地区和防灾减灾救灾薄弱地区储备实力得到显著增强。储备总价值达到机构改革前的3倍，储备品种增加到112个，储备仓库实现全国31个省（区、市）全覆盖。

中央应急抢险救灾物资储备管理水平不断增强。进一步细化采购管理办法、实施细则、廉政风险防控规定等，建立中央应急抢险救灾物资储备管理全链条管理机制。开展采购物资产品选型和技术标准论证，首次在国家粮食和物资储备局层面统一购买保险服务，提升物资采购质量，增强物资储存安全保障；建立账目核对机制，细化账目管理规程，确保物资储存数量准确；开展物资质量评估标准和建议储存年限研究工作，持续做好在库物资质量管理。落实国家粮食和物资储备局党组"大学习、大培训、大落实"要求，在四川成都组织中央应急抢险救灾物资储备管理技能比武培训和储备管理工作会议，着力提升储备管理和应急调运能力水平。

中央应急抢险救灾物资储备管理信息化水平不断提高。初步构建物资"采—储—运"一体化信息平台，通过采购管理系统跟踪调度物资生产、质检、入库情况，实物账信息系统正式上线，实现账目统计报送功能，完成储备库实时视频监控接入国家粮食和物资储备局指挥平台，初步实现物资调运车辆轨迹跟踪。中央应急抢险救灾物资应急保障能力持续提升。建立应对重大自然灾害应急保障响应机制，下发

《中央应急抢险救灾物资应急调运（模板）》，组织开展应急调运演练，持续提升储备库调运实战能力。2024 年向 22 个省份调运中央应急物资 59 批次、92.4 万件，是机构改革以来调运次数最多、总价值最大的一年，有力保障了低温雨雪冰冻、抗震救灾、抗洪抢险、抗旱减灾等救助急需。

中央应急抢险救灾物资储备管理重大问题研究持续深化。深入开展科技创新 2030 重大项目课题《应急物资物流仓储调配保障体系应对风险的弹性评估技术》、国家重点研发计划项目课题《国家战略和应急物资储备保障能力的优化》、应急管理部重点课题《中央救灾物资储备品种规模布局研究》、2024 年度国家粮食和物资储备局课题《关于提升中央应急物资运力保障能力研究》和《中央应急抢险救灾物资储备品种、规模、布局研究》等，为物资储备规划编制、储存管理、紧急调运等工作提供科学理论支撑。

撰稿单位：国家粮食和物资储备局应急物资储备司、储备安全和应急物资保障中心

撰稿人：王兵、雷阳、杨林、何若奇，张晶、蒋文超、李众一、祝婷婷、刘利娟、冯璟玥

审稿人：金贤、邱永峰，高寿峰、王旭

能源储备管理

一、能源储备"蓄水池"更加充盈

统筹推进国家原油储备年度收储任务，按期完成原油收储计划；加强成品油安全保障能力建设，圆满完成年度中央储备成品油收储轮换计划，储备实力进一步提升，多元储备格局基本形成，结构布局进一步优化。加快推进煤炭储备工作，取得实质性进展。

二、制度机制"安全网"更加坚实

研究理顺国家石油储备基地运行管理安全生产责任，持续推动形成工作合力。建立原油收储成本审核机制，开展首次原油收储成本审核工作，推动优化收储工作流程。组织修订国家储备成品油管理相关制度，储备管理制度机制进一步完善。组织开展专家座谈及调研，评估煤炭有关方案，研究支持保障政策。

三、储备管理"标准线"持续提升

逐月核实垂直管理局原油储备监管情况，并加强跟踪指导。组织开展原油储备库存抽查，并督促问题整改。完成成品油年度损耗核销和溢余处理工作。开展全系统油库管理及专

业技能培训，增强人员专业素质，提升科学管储、专业管储水平。密切关注国际形势变化，建立能源市场形势分析机制，加强能源监测预警，定期开展运行情况分析，每季度召开能源市场形势分析会。深入开展能源储备领域重大问题研究，跟踪研判重大事件影响，形成相关研究报告，为决策提供参考。加快推进能源储备管理信息化建设，制定智慧油库信息

化建设方案，进一步提高储备管理规范化、信息化水平。

撰稿单位：国家粮食和物资储备局能源储备司

撰稿人：夏立军、刘伟然、王慧敏、王亚楠、佟钰、张建国

审稿人：郭洪伟、葛连昆

法治建设

一、加快推动粮食和物资储备安全立法

一是粮食安全保障法正式施行。国家主席习近平签署第十七号主席令，公布第十四届全国人民代表大会常务委员会第七次会议通过的粮食安全保障法，自 2024 年 6 月 1 日起施行。粮食安全保障法的颁布实施，标志着粮食安全保障工作全面纳入法治化轨道，对保障国家粮食安全具有里程碑意义。二是粮食储备安全管理条例立法扎实推进。粮食储备安全管理条例列入国务院 2024 年度立法工作计划预备项目，多次召开会议研究讨论条例起草中的重点问题，对条例草案稿进一步修改完善。三是配合做好国家储备安全法立法工作，参与相关立法调研，持续推动国家储备安全法立法。四是地方粮食立法工作持续加强。2024 年，黑龙江省、福建省出台专门的粮食安全保障省级

地方性法规，吉林省出台粮食流通省级地方性法规。

二、不断提高粮食和物资储备依法行政水平

加强法治教育培训，召开粮食和物资储备系统法治建设工作推进会，围绕提升粮食和物资储备系统依法治理能力水平作出系统部署安排。梳理印发法律法规规章涉及国家粮食和物资储备局职责事项分工，夯实依法行政工作基础。修订国家粮食和物资储备局行政规范性文件和重要制度文件合法性审核工作规程，认真开展法制审核工作。加强行政规范性文件管理，开展粮食安全保障法专项清理、涉及不平等对待企业法律法规政策专项清理和行政规范性文件全面清理。开展法治机关建设年度考核评议，强化考核结果运用。依法向社会公开年

度推进法治政府建设情况，促进行政权力规范透明运行。加强公职律师管理，开展年度考核。

三、持续推进粮食和物资储备法治宣传教育

系统谋划粮食安全保障法贯彻实施，扎实开展普法宣传。借助粮食科技活动周、世界粮食日和全国粮食安全宣传周等契机，丰富宣传载体，扎实开展普法宣传。举办粮食和物资储备系统学习贯彻粮食安全保障法专题报告会、开展全系统现场培训，提高依法治理的自觉性。在《人民日报》、新华社、《经济日报》、中央电视台等主流媒体进行专题报道，面向社会大众广泛宣传解读，增强粮食安全意识，营造尊法学法守法用法的浓厚氛围。

撰稿单位：国家粮食和物资储备局法规体改司

撰稿人：张亚奇、王尧、宋凯强、许莹、齐倩

审稿人：韩继志、李洵

专栏 4

粮食安全保障法正式施行

2023 年 12 月 29 日十四届全国人大常委会第七次会议通过《中华人民共和国粮食安全保障法》，自 2024 年 6 月 1 日起施行。粮食安全保障法作为我国粮食领域第一部基础性、统领性法律，坚持总体国家安全观，深入实施国家粮食安全战略，为保障国家粮食安全提供了有力法治保障。

为宣传贯彻好粮食安全保障法，国家粮食和物资储备局举办全系统学习贯彻粮食安全保障法专题报告会，组织开展全系统现场培训，将粮食安全保障法作为"八五"普法的重要内容，会同中央电视台等主流媒体开展粮食安全保障法主题宣传，支持有关单位、企业开展粮食安全保障法专题培训。组织相关立法工作人员参与编写《中华人民共和国粮食安全保障法释义》，2024 年 5 月正式出版发行。

各地充分利用夏秋粮油收购、世界粮食日等时间节点，广泛开展普法宣传，引导广大干部群众尊法学法守法用法，营造了学习宣传粮食安全保障法的良好氛围。积极开展地方性法规规章立法，突出地方特色，落实落细粮食安全保障法规定。2024 年，黑龙江省、福建省出台专门的粮食安全保障省级地方性法规。

撰稿单位：国家粮食和物资储备局法规体改司

撰稿人：许莹、齐倩

审稿人：李洵

行业发展

一、科研发展

（一）粮食科技创新

1. 落实改革任务，推进科技兴粮兴储

一是依托科研项目突破关键技术。粮食和物资储备科技创新需求纳入"十四五"国家重点研发计划"食品制造与农产品物流科技支撑"和"食品营养与安全关键技术研发"等2个重点专项2024年度项目申报指南。向有关部门推荐粮食科研单位竞争牵头承担低镉米的营养品质分析与安全性评价、粮食收储质量提升关键技术研究、特色杂粮品质提升关键技术研发等涉粮项目。二是提出"十五五"科技研发专项动议建议。面向粮食产后领域科研机构、大专院校、部分企业征集"十五五"农业农村科技发展需求建议。经分析、汇总，形成粮食产后全链条减损增效和智能监管关键技术研发、粮油加工提效增值关键技术研究等2项"十五五"粮食产后领域科技创新专项动议建议，并提供给有关部门。三是推动粮食科技创新平台改革。推动科技创新平台清理整合工作，加强粮食产后领域创新中心、重点实验室平台序列建设。加大粮食储运国家工程研究中心等科技平台的指导力度，更好发挥各级科技创新平台在科技创新、人才集聚等方面的作用。

2. 强化宣传引导，助推科技成果转化

一是科普活动促进成果转化。5月27日，以"激发创新活力　推进兴粮兴储"为主题，在江西南昌成功举办2024年粮食和物资储备科技活动周，主要围绕科技兴粮兴储、节粮减损等重点工作开展科普宣传和成果推广。现场展示粮食和物资储备科技创新重大科技成果、高水平人才队伍和院校建设成效等。活动期间，邀请行业专家科普粮油知识，各地围绕活动主题陆续开展系列科普活动。二是交流经验凝聚创新合力。召开全国粮食和物资储备科技和人才兴粮兴储工作推进会，国家发展和改革委员会党组成员，国家粮食和物资储备局党组书记、局长刘焕鑫出席会议并讲话，对科技和人才兴粮兴储工作提出明确要求，部署科技和人才兴粮兴储任务。会上，8家单位交流科技和人才工作经验。三是推进粮食科普服务基层。9月，在"科技列车龙江行"活动期间，向黑龙江省佳木斯市同江市三村镇四村村部分农户捐赠脚手架式农户储粮仓，发放科学储粮科普知识宣传材料，邀请粮食领域专家为当地农民讲授节粮减损、安全储粮等知识。

3. 创新工作举措，全面推动科技创新

一是推进规划相关战略研究。组织开展《"十五五"时期粮食和物资储备科技创新重点方向研究》、《以科技创新促进我国粮食产业高质量发展研究》等2项课题研究，为编制"十五五"粮食和物资储备科技和信息化发展

规划奠定基础。二是加强合作推动开放创新。与中国农业科学院签署战略合作框架协议，委托其开展《科技支撑粮食安全战略研究》，推动粮食行业开放创新。三是创新思路推进科技兴储。组织垂直管理系统开展"小发明、小创造、小革新、小设计、小建议"等科技创新成果征集，激发基层创新创造活力，加大创新成果应用力度。四是选树行业创新人才。推荐第九批国家高层次人才特殊支持计划科技创新领军人才候选人3名，青年拔尖人才候选人4名。推荐的2家单位获批全国科普工作先进集体，2名科研人员获批全国科普工作先进工作者。向中国科学技术协会推荐第二十届中国青年女科学家奖候选人。推荐科研人员牵头承担2024年度"中法杰出青年科研人员交流计划"有关项目，促进粮油储运加工领域开放创新。

4. 加强政策引领，有效助力高质量发展

一是加强科技政策引导。会同国家发展和改革委员会、科学技术部、工业和信息化部等六部门联合印发《国家全谷物行动计划（2024—2035年）》，引导粮食资源高效利用和营养健康相关领域技术创新。会同交通运输部、国家铁路局、中国国家铁路集团有限公司联合修订《原粮运输减损技术指导意见》，更好指导粮食运输减损工作。二是推动解决"地趴粮"问题。印发推动解决"地趴粮"问题的具体措施，强化农户科学储粮技术指导和服务，推动降低东北三省一区"地趴粮"坏粮风险。三是助力金融政策支持企业创新。协助有关部门开展支持科技型企业融资第二批、第三批候选企业和项目审核，助力落实金融政策支持粮食产业发展。四是推动粮食机械装备升级改造。全面摸底粮食机械装备报废更新需求，积极争取将粮食机械装备升级改造需求纳入农业机械装备更新政策支持范围，深入实施优质粮食工程粮机装备提升行动。五是推动科技资源服务基层。组织专家赴江西省于都县开展"粮食科普乡村行"等活动，宣介科技成果、科普健康消费知识，受到基层普遍欢迎。邀请小麦、玉米种植专家和粮食产后领域专家组成科技服务组，赴安徽省阜南县开展现场科技服务，协助当地解决相关技术难题。

撰稿单位：国家粮食和物资储备局安全仓储与科技司

撰稿人：姚磊、王旸、夏丹萍

审稿人：周冠华、唐茂

专栏 5

2024 年全国粮食和物资储备科技活动周

2024 年 5 月 27 日，2024 年全国粮食和物资储备科技活动周启动仪式在江西南昌举行。国家发展和改革委员会党组成员，国家粮食和物资储备局党组书记、局长刘焕鑫出席活动并讲话；江西省委常委、常务副省长任珠峰，南昌市委副书记、市长万广明出席并致辞。国家粮食和物资储备局党组成员、副局长秦玉云主持启动仪式。局总工程师颜波、督查专员王宏，有关司局单位、各垂直管理局、各省（区、市）粮食和物资储备局（粮食局）负责同志；江西省有关部门单位负责同志；有关科研院所、院校和企业代表参加科技周活动。

活动周期间，集中展示粮食和物资储备科技创新重大成果、应急物资储备技术、人才队伍和院校建设成效、江西省优质粮食工程建设成果。邀请专家开展"粮食科普乡村行"、粮食和物资储备科普讲座等系列活动。编发粮食节约减损、农户科学储粮、食用油、全谷物、应急物资储备和国家科学技术相关法律法规等 6 种科普手册，强化科普宣传。印发科技成果、急需解决的技术问题、科研机构和团队等 3 种汇编材料，促进科技成果供需对接。通过采取发放科普手册、创意纪念品、线上线下同频共振等方式，利用新媒体专栏、媒体报道等方式加大科技活动周宣传力度，取得良好成效。组织开展人才供需对接活动，征集发布人才供需信息 1.1 万余条，展览展示全国粮食和物资储备教育培训基地、全国粮食和物资储备技能大师工作室、高等院校等 46 家科研单位人才培养情况。各地广泛开展粮食和物资储备科普宣传，大力弘扬科学家精神，积极营造尊重知识、尊重人才、尊重创造的浓厚氛围。

撰稿单位：国家粮食和物资储备局安全仓储与科技司、机关党委（人事司）

撰稿人：姚磊、王旸、夏丹萍，程鹏、匡广忠、王奇、宋胜利、赵卿宇

审稿人：周冠华、唐茂，廖小平、李寅铨、李涛

（二）重点课题研究

2024年，围绕深入贯彻习近平总书记重要讲话和重要指示批示精神，认真落实党中央、国务院关于保障国家粮食和物资储备安全的决策部署，聚焦守住管好"天下粮仓"和"大国储备"政治责任，针对部门职责和工作开展中的重点任务、重大项目，以及遇到的重要问题，扎实组织开展课题研究，有力支撑粮食和物资储备工作上质量、上水平、上台阶。

一是研究制定管理办法。为充分发挥课题研究的决策支撑作用，自2024年起组织开展国家粮食和物资储备局课题研究工作，定位为服务实际工作的应用性研究课题，以解决工作中的难点问题和瓶颈制约、明确工作路径和载体抓手、为规划方案制定提供支撑为主要目的。按照有关制度规定，制定印发《国家粮食和物资储备局课题管理办法（试行）》，明确管理职责、课题分类，细化课题研究计划制定、课题实施、课题验收等流程，对经费开支范围、预算定额标准、经费使用、成果管理、监督检查和绩效评价等方面的要求进行明确。二是扎实开展2024年度课题研究。围绕保障国家粮食安全、战略应急物资储备安全、强化粮食和物资储备工作支撑保障等方面，立项29个2024年度国家粮食和物资储备局课题，扎实组织推进课题开题、中期评估、结题验收、成果转化等工作。注重加强过程管理和质量控制，严格执行财务资金管理和政府采购相关规定，规范用好课题经费，提高财政资金使用效益。三是强化课题研究成果应用。

加强课题研究成果的管理和应用，积极推动研究成果以政策文件、政务信息、政策建议等多种形式向重大战略、重大规划、重大改革、重大政策、重大工程转化运用。进一步建立健全课题成果内部管理制度，强化研究成果共享，更好服务保障国家粮食和物资储备安全需要。

撰稿单位：国家粮食和物资储备局办公室（外事司）

撰稿人：张亚龙、敖晓文

审稿人：王宏、尚华

（三）软科学课题研究

国家粮食和物资储备局软科学课题紧扣职能职责，聚焦守住管好"天下粮仓"和"大国储备"，围绕耕地资源保护利用与确保国家粮食安全实现路径、国家储备保障机制、加强粮食和物资应急保障能力建设等8个研究方向，组织系统内外有关单位完成了75项软科学课题研究，形成了一批具有重要参考价值和实用价值的研究成果。

经专家评审，"全球油脂油料贸易流向演变及对我国植物油安全影响研究"等35项课题研究成果被评为具有较高学术水平和实用价值；"我国大城市群粮食应急保障能力研究"等40项课题研究成果被评为具有一定学术水平和实用价值。将具有较高参考价值的研究成果进行摘编内刊、汇编成册，报送有关领导和单位参阅，为服务政策决策、创新思路举措、推动改革发展提供有益借鉴。

撰稿单位：中国粮食研究培训中心

撰稿人：孔晶晶、王娟、张慧杰、李奕姗

审稿人：唐成、刘珊珊

（四）自然科学研究

一是促进学术交流繁荣。成功召开"生湿面产业发展及技术标准研讨会"、"爱粮节粮　科技新生活——'谷物与健康+'研讨会"、"传统油炸面食标准与技术专题研讨会"、"粮油快速检测技术创新与应用研讨会"等高水平学术交流活动；所属16个专业分会围绕绿色储粮、智慧储粮、油脂加工、饲料加工、小麦加工与主食产业等主题，举办学术年会、专业研讨会、技术论坛等活动，交流分享相关产业发展的新方向、新思路和新成果，为生湿面、谷物与健康、传统油炸面食、快速检测、花生食品、稻米加工与主食、薯类、玉米深加工等领域搭建了产学研用协作交流平台，为促进相关产业链科技水平提升、发展新质生产力提供了支撑。其中"爱粮节粮　科技新生活——'谷物与健康+'研讨会"等5项学术活动入选中国科学技术协会（以下简称"中国科协"）2024重要学术会议目录。夯实节粮减损科技支撑基础，《中国粮油学报》持续开设"节粮减损专栏"，全年刊载相关研究论文57篇，重点报道粮食储存、加工、消费全链条节粮减损的科研创新成果和实际应用，为逐步建立更高质量、更可持续的国家粮食安全保障体系提供科技支撑。

二是助力科技成果转化。通过科技奖励激励成果转化，以国家粮食和物资储备局通告的形式通报2023年度中国粮油学会科学技术奖获奖项目目录，奖项影响力进一步提升；向中国科协提名2023年度国家技术发明奖候选项目2项。组织完成2024重大科学问题、工程技术难题和产业技术问题的征集和评审工作，共向中国科协推荐前沿科学问题1项、工程技术难题4项和产业技术问题5项，其中产业技术问题"饲料原料豆粕玉米替代的产业化关键技术突破"入选中国科协十大产业技术问题。组织专家完成19项科技成果评价。召开"饲料原料豆粕玉米替代的产业化关键技术突破"产业技术问题座谈会，邀请了中国工程院邓秀新院士等4名院士及12位相关领域资深专家交流探讨，有效推动关键技术联合攻坚、促进应用推广。

三是服务创新型国家和社会建设。组织完成中国科协决策咨询重点研究课题《我国粮食产后"隐性损失"现状及对策研究》。获批成立"中国粮油学会粮食产后节粮减损决策咨询专家团队"和"食品碳水化合物与粮食深加工决策咨询专家团队"，并分别获批承担"粮食产后损失损耗常态化调查评估与监测长效机制研究"和"新质生产力助力粮油食品产业发展"2项课题研究。中国粮油学会推荐的"饲料原料豆粕玉米替代的产业化关键技术突破路线图"成功入选2024年度全国学会服务国家战略专项选题。

四是推动粮油科技学科发展。中国粮油学会组织编写的《2022—2023粮油科学技术学科发展报告》正式出版发行，系统梳理总结近五年粮油科学技术学科发展情况、科学研判未来发展趋势，包括综合报告和8个专题，共计近 20 万字，为服务粮油科技相关学科发展和高水平进步提供重要支撑。

五是夯实科技人才塔基。配合组织开展第二批全国粮食和物资储备领军人才和青年拔尖人才评审相关工作。举办人力资源和社会保障部专业技术人才知识更新工程 2024 年"节粮减损科技创新及技术转移转化服务"高级研修培训，获得参训学员一致好评。成功立项第十届中国科协青年人才托举工程项目，获批 5 个资助名额；滚动实施第五届至第九届青年人才托举工程项目，对第八届青年人才托举工程项目进行中期评估，为行业青年人才培育提供重要抓手。举荐行业科技人才参与中国青年科技奖、中国青年女科学家奖、未来女科学家计划等奖励奖项评选。举办粮新青年论坛、粮新青年沙龙，为粮油行业青年科技工作者提供了良好的交流平台。

六是开展品牌科普活动。中国粮油学会与国家粮食和物资储备局宣传教育中心合作开展"少吃油　吃好油　更健康"公益广告征集评选活动，共征集 354 个作品，经评审，最终选出 10 个优秀作品。紧扣粮油安全与健康饮食等社会热点，持续开展"爱粮节粮　从我做起"系列科普活动，宣传粮食安全法律法规，推动粮油科学知识的普及。成功举办 2 场全国粮食和物资储备科技活动周系列科普讲座、14 场全国科普日"万场报告话前沿"系列科普讲座，线上线下惠及公众 160 万人次，为公众提供了丰富、权威的粮油科技知识。聘任双奥冠军张宁为"科普宣传大使"，并发布《"爱粮节粮　从我做起"——粮油食品科技赋能生命健康，爱粮节粮携手共创美好未来》的倡议，提升科普影响力。中国粮油学会科普专家团队、科普教育基地及各分会等依托社会资源，协同举办一系列特色鲜明的科普活动，形成了强大科普合力。

七是拓展国际交流合作。中国粮油学会作为国际谷物科技协会（ICC）国家会员，保持与协会的常态联系。应邀派员赴加拿大蒙特利尔首次参加 2024 年美国油脂化学家协会年会暨展览会，拓展学会对外交流合作新渠道。组织召开"国际花生产业与科技创新大会暨 2024 年国际花生年会"，共同交流花生产业现状和成果，研判花生产业创新发展方向。借助会员单位等社会资源，与国外院校和专家开展薯类制品、马铃薯副产物加工综合利用方面的交流和合作，提升加工与应用水平。

撰稿单位：中国粮油学会

撰稿人：于衍霞、左巍

审稿人：张成志

专栏 6

国家粮食和物资储备安全政策专家咨询委员会成立

2024 年 11 月 30 日，国家粮食和物资储备安全政策专家咨询委员会成立大会暨第一次专题咨询会议在京召开。国家发展和改革委员会党组成员，国家粮食和物资储备局党组书记、局长刘焕鑫出席会议并讲话。国家粮食和物资储备局党组成员、副局长黄炜主持会议，党组成员、副局长刘小南、钱毅、秦玉云出席会议。会上，宣布了国家粮食和物资储备安全政策专家咨询委员会委员名单，审议通过了《国家粮食和物资储备安全政策专家咨询委员会章程》。

刘焕鑫在讲话中指出，落实好党中央关于保障国家粮食和物资储备安全的决策部署，守住管好"天下粮仓"和"大国储备"，需要以高水平智库力量作为有力支撑。重视听取专家意见、积极发挥专家作用，是粮食和物资储备系统的优良传统。成立国家粮食和物资储备安全政策专家咨询委员会，是提高决策科学化、民主化水平的重要举措，对于推动粮食和物资储备事业高质量发展、凝聚粮食和物资储备事业改革发展合力具有重要意义。

刘焕鑫希望专家委员深入学习贯彻习近平总书记关于粮食和物资储备工作的重要论述，准确把握党中央战略意图，紧扣大政方针，着眼粮食和物资储备发展历程，做好历史经验研究；着眼推动粮食和物资储备事业高质量发展，做好战略问题研究；着眼适应改革发展新形势新任务，做好实践问题研究，形成有分量的研究成果，提出具有前瞻性、建设性的政策建议。

成立大会后，召开了国家粮食和物资储备安全政策专家咨询委员会第一次专题咨询会议。围绕"十五五"时期我国粮食和物资储备发展规划编制主题，陈锡文、张晓强、聂振邦、苏波、邓亦武、梁彦、贾骞、朱信凯及其他与会专家委员提出了重要的咨询意见和建议，进行了深入研讨交流。

国家粮食和物资储备局总工程师颜波，督查专员王宏，各司局单位主要负责同志参加会议。

撰稿单位：中国粮食研究培训中心
撰稿人：亢霞、周竹君
审稿人：唐成、方进

二、人才发展

（一）持续推进行业专业技术人才队伍建设

组织推荐 22 名专业技术人员参加档案系列、社会科学研究系列等职称评审，1 人取得正高级职称，5 人取得副高级职称，13 人取得档案系列助理馆员职称，持续推进行业专业技术人才队伍建设。根据《"十四五"粮食和物资储备科技和人才发展规划》和《全国粮食和物资储备高水平人才选拔培养管理办法》，评选产生第二批 2 名全国粮食和物资储备领军人才、10 名青年拔尖人才，支持其聚焦粮食和物资储备重点科研领域开展科技攻关工作。1 人入选享受国务院政府特殊津贴人员。

撰稿单位：国家粮食和物资储备局机关党委（人事司）

撰稿人：程鹏、匡广忠、王奇、宋胜利、赵卿宇

审稿人：廖小平、李寅铨、李涛

（二）粮食行业技能等级认定与职业教育

1.稳步推进粮食行业技能人才等级认定工作

2024 年，指导中国粮食行业协会、中国信息协会、中国农产品流通经纪人协会等粮食行业职业技能等级认定评价机构，严格落实职业技能等级认定主体责任，在黑龙江、山东、河南、湖北、广东、四川、甘肃等省开展（粮油）仓储管理员、农产品食品检验员职业等级认定工作 41 批次，考核认定 3499 人，通过考核并获证 2902 人，合格率达 82.9%。其中，（粮油）仓储管理员职业初级工 1590 人，中级工 565 人，高级工 70 人；农产品食品检验初级工 445 人，中级工 148 人，高级工 84 人。

2.统筹推进粮食和物资储备职业教育相关工作

一是推动物资储备专业学科建设，破解物资储备系统后备人才供给难题。在广泛开展人才需求和岗位设置调研基础上，编制报送《物资储备专业设置需求报告》，获教育部批准在涉粮职业院校增设"储备物资储藏与管理专业"。组织部分垂直管理局相关负责同志、涉粮院校专业负责同志联合召开专业学科建设人才需求对接会，研究讨论专业建设规模、目标定位、人才培养需求、专业必修课程设置、师资队伍建设、开发专业教材等事宜，推进物资储备专业学科增设工作落实。

二是推动师资队伍建设，切实提高专业教师综合能力。2024 年 10 月，组织 18 所涉粮职业院校有关负责同志、专业教师在江西省南昌市举办全国粮食职业院校专业教师研修班。国家粮食和物资储备局总工程师、全国粮食职业教育教学指导委员会主任委员颜波出席开班式并讲话，传达学习习近平总书记关于教育强国建设重要讲话和全国教育大会精神，邀请有关专家围绕粮食安全保障法、粮食科技最新进展和物资储备学科建设等内容开展专题讲座。组织 9 所涉粮职业院校选派优秀专业教师，赴企业开展为期 2 个月的"教师实践锻炼活动"，

不断提高教师专业技能应用能力。

三是加快推进优质教育资源建设，提升行业职业教育专业教学能力。面向行业院校征集专业教材、专业课程、案例式教学资源，汇总全行业取得国家级、省级荣誉的骨干教师和师资团队基本情况，择优遴选出一批专业特色鲜明、学生受益面广、质量精良的教学资源，并在此基础上打造完成技能人才培训教材库、课程库、案例库、师资库"四库"建设工作，在涉粮职业院校推广运用，提升行业职业教育专业教学质量。

四是深度打造产教融合共同体，推动多方协同形成齐心育人合力。为加快推进产教融合实体化运作，推动中国储备粮管理集团有限公司联合河南工业大学、山东商务职业院校牵头组建全国粮食储备领域产教融合共同体，吸纳电子科技大学等 30 余家院校、科研院所及行业组织作为成员单位。

撰稿单位：中国粮食研究培训中心
撰稿人：王小可、唐安娜、张晋萍、杨婷婷
审稿人：唐成、程继伟

专栏 7

全国粮食和物资储备系统深入开展
"大学习、大培训、大落实"

2024 年，全国粮食和物资储备系统坚持以习近平新时代中国特色社会主义思想为指导，深入贯彻习近平总书记关于粮食和物资储备工作的重要论述，认真落实国家粮食和物资储备局党组部署要求，扎实开展"大学习、大培训、大落实"，不断提升思想认识，提高素质能力，主动担当作为，以更大力度推进粮食和物资储备事业高质量发展，各项工作取得积极成效。

一、开展大学习，不断提高政治判断力、政治领悟力、政治执行力

学懂弄通习近平新时代中国特色社会主义思想，坚持好、运用好贯穿其中的立场观点方法，才能增强科学把握形势变化、精准识别现象本质、清醒明辨行为是非、有效抵御风险挑战的能力。2024 年，全系统坚持读原著学原文悟原理，认真落实"第一议题"制度，加强集体学习研讨，组织参加习近平新时代中国特色社会主义思想和党的二十届三中全会精神专题学习，在真学真信真用、深化内化转化上持续用力，筑牢坚定拥护"两个确立"、坚决做到"两个维护"的思想根基。

认真组织开展党纪学习教育，深入学习贯彻习近平总书记关于全面加强党的纪律建设的重要论述和《中国共产党纪律处分条例》，引导党员干部进一步锤炼政治品格，增强纪律规矩意识，明是非、懂戒惧，筑牢拒腐防变的思想防线。广泛拓展各类学习渠道，编印《党员干部党的创新理论知识应知应会学习手册》，举办"粮储大讲堂"活动，邀请知名专家和领导干部为全系统党员干部职工作专题辅导报告。通过开展大学习，全系统广大干部职工理论素养进一步增强，思想观念得到更新，更加坚定了做好粮食和物资储备工作的信心和决心。

二、推进大培训，锻造守住管好"天下粮仓"和"大国储备"过硬本领

党的历史经验和现实发展都告诉我们，没有全党大学习，没有干部大培训，就没有事业大发展。当前，粮食和物资储备事业面临诸多机遇和挑战，提升粮食和物资储备治理能力现代化水平，迫切需要打造一支高素质、专业化的干部队伍。2024 年，国家粮食和物资储备局党组制定出台贯彻落实《全国

干部教育培训规划（2023—2027 年）》的实施意见、《关于在全系统开展大学习大培训大落实的工作方案》，构成系统学习培训的基本框架体系。聚焦粮食和物资储备安全核心职能，统筹各类教育培训资源，全系统共举办各类业务培训 3700 余期，12.6 万人次参训；通过岗位练兵、驻点实训等方式提升专业技能和实践能力的技能实训 700 多期（次），1.6 万人次参训，基本做到全员覆盖、应训尽训。创新开展党性教育培训，以领导干部这个"关键少数"和年轻干部这个"绝大多数"为重点，首次举办粮食和物资储备工作局长研讨班，首次分 5 期举办党性教育培训班，指导各垂直管理局结合实际举办同类班次，覆盖全局系统超 50% 的处级以上党员干部；组织全局系统近 800 名新入职人员开展以政治训练为主题的现场教学，创机构改革以来举办的线下培训人数之最。新增 5 家干部党性教育培训基地，编发《全国粮食和物资储备教育培训基地汇编》，指导各基地加强师资队伍建设、精品课程开发，聚集优质教育资源，提高教育培训质量。通过开展大培训，全系统广大干部职工素质能力短板进一步补齐，解决实际问题的能力得到提升；工作作风得到转变，工作效率进一步提高。

三、抓好大落实，确保党中央、国务院决策部署不折不扣落地见效

"一分部署，九分落实"。中央经济工作会议、中央农村工作会议对粮食和物资储备工作作出重要部署，全国粮食和物资储备工作会议对全年工作作了具体安排，要求十分明确，关键在于落实。2024 年，全国粮食和物资储备系统积极作为、攻坚克难，着力稳市场、强储备、严监管、添动能、保安全、聚合力，强化粮食产购储加销协同保障，提高能源资源安全保障能力，粮食市场保持总体稳定，储备体系不断完善，应急物资保障迅速有力。建立完善分工协作、督促指导、考核激励机制，形成集中抓重点、合力抓突破、整体抓推进的工作格局。在全系统干部职工的共同努力下，年度目标任务全面完成，为经济社会高质量发展提供了有力支撑。

撰稿单位：国家粮食和物资储备局办公室（外事司）、机关党委（人事司）

撰稿人：王凯，程鹏、匡广忠、王奇、宋胜利、赵脚宇

审稿人：王宏、尚华，廖小平、李寅铨、李涛

三、信息化建设

（一）实现政策性粮食监管信息化全覆盖

2023年以来，以粮食购销监管国家平台建设为重点，推动粮储信息化水平从全覆盖向全应用和智能化方向提升，建成覆盖全部政策性粮食的购销监管信息化系统，2024年起所有政策性粮食的购销和储备管理依托信息化系统开展，业务数据和仓房视频监控实时上传至国家平台，实现了远程对粮食从收购入库、储存到销售出库等全过程的实时动态监管。

（二）建立健全粮食行业信息化长效机制

在实现中央和地方政策性粮食购销监管信息化全覆盖基础上，建成了全国储粮统一编码系统，"数据管粮"效果不断提升。利用统一编码初步实现中央储备粮、地方储备粮、最低收购价粮的三网数据融合，准确反映粮食库存及业务管理工作全貌，形成了全国统一的储粮大数据体系。建成了粮食质量安全检验监测系统，实现新收获粮食质量安全风险监测和政府粮食储备整仓扦样检验从任务分工到现场扦样、样品传递交接、实验室检测、数据报送审核的全程无缝管理。通过联网边采边检边传，数据实时共享，规范质量检测体系流程化管理，粮食质量管理水平迈上新台阶。编制印发《关于建立健全粮食购销和储备监管信息化应用和运行长效机制指导意见》，进一步加强对监管信息化系统运用的深入研究和统筹指导。

（三）数据应用水平大幅提升

积极搭建具备数据管理功能的大数据仓库，以统一编码为基础，规范数据业务逻辑、勾稽关系、存储结构、时间序列和调用规则，实现多重条件联合检索、自助统计分析、跨时段数据比对等方面功能，形成行业数据自动汇聚、分类存储、智能校验和在线维护反馈的数据"采管用维一体化"模式，为推进监管功能的各类数据分析模型、监管模型打下坚实基础。

（四）基层储备单位信息化基础设施日趋完善

完善战略物资储备库信息化配套建设，选取不同品类、不同条件的基层储备库开展信息化建设试点。进一步优化完善储备仓库信息化规范，结合业务特点分类先试，率先使用新技术新设备，稳妥推进仓库信息化系统和生产作业系统边界分工、衔接融合，通过涉密专网逐步汇聚储备仓库储备规模、日常监管等重要数据，为拓展相关业务应用打下基础。

撰稿单位：国家粮食和物资储备局规划建设司

撰稿人：邝琼、马伯骏、袁鸿珊、史策、薛蕾、刘欣欣、赵兴宇

审稿人：于英威

四、节粮减损

（一）强化制度建设，压实减损责任

《中华人民共和国粮食安全保障法》自2024年6月1日起正式施行，对粮食全链条节约减损作出专章规制，为推进节粮减损提供法律支撑。印发粮食产后节约减损2024年工作要点，部署年度重点任务。强化督促指导，通过中储粮年度考核、粮食库存检查等，加大力度推进工作落实。细化完善耕地保护和粮食安全党政同责考核指标，优化设置考核内容，压紧压实各地责任。

（二）强化工作落实，抓实储存减损

一是优化粮食产后服务。指导各地充分发挥产后服务中心作用，为农户提供清理、干燥、储存等服务。调查显示，2023年各地粮食产后服务中心通过开展烘干服务，助农减少粮食损失超过200万吨。二是指导农户科学储粮。强化农户科学储粮技术指导和服务，印发推动解决"地趴粮"问题的具体措施，逐步推动解决东北三省一区"地趴粮"问题。赴黑龙江参加"科技列车龙江行"活动，向当地农户捐赠部分科学储粮装具。三是促进粮食储存减损。印发仓储管理规范化工作指南，指导各地不断提升仓储管理规范化水平。深入实施粮食绿色仓储提升行动，升级改造现有仓房关键性能，分生态区加强绿色储粮技术创新系统集成。四是强化考核压实责任。指导各地加强信息化建设，通过信息系统掌握政策性粮食储存损失损耗情况，并将其纳入省级党委和政府落实耕地保护和粮食安全责任制考核，推动粮食储存在减损降耗的基础上更加绿色优鲜。

（三）强化标准引领，加大科技支撑

发布《低温储粮技术规程》、《玉米安全储藏技术规范》、《粮食仓房分类分级》、《全谷物分类与标示要求》等，更好发挥标准引领作用。七部门联合印发《国家全谷物行动计划（2024—2035年）》，促进粮食资源高效利用。修订《原粮运输减损技术指导意见》，更好指导粮食运输减损工作。依托国家重点研发计划，持续推进"粮食产后收储保质减损与绿色智慧仓储关键技术集成"等项目实施。

（四）强化宣传引导，放大示范效应

策划"节粮减损·专家谈"系列主题宣传活动，大力宣传粮食节约减损经验成效。举办2024年全国粮食和物资储备科技活动周，围绕节粮减损、营养健康等开展科普讲座和"粮食科普乡村行"等活动。举办"绿色优储节粮减损"管理与技术培训班，推动进一步提升绿色储粮技术应用水平。策划并摄制"农户储粮·专家说"系列科普视频，加强农户科学储粮技术指导和宣传。

撰稿单位：国家粮食和物资储备局安全仓储与科技司

撰稿人：李鹏飞、胡兵、商博

审稿人：周冠华、唐茂

专栏 8

科技和人才兴粮兴储工作推进会

2024 年 5 月 27 日，国家粮食和物资储备局在江西省南昌市召开科技和人才兴粮兴储工作推进会，系统部署、一体推进科技和人才兴粮兴储。国家发展和改革委员会党组成员，国家粮食和物资储备局党组书记、局长刘焕鑫出席会议并讲话。局党组成员、副局长秦玉云主持会议，总工程师颜波、督查专员王宏出席会议。

刘焕鑫指出，做好科技和人才工作是立足粮食和物资储备领域积极培育和发展新质生产力的有力举措，是补齐粮食和物资储备事业发展短板和弱项的现实需要。全国粮食和物资储备系统要提高政治站位，深化思想认识，切实增强推进科技和人才兴粮兴储的责任感和使命感。要深入学习贯彻习近平总书记关于科技和人才工作的重要论述，认真落实党中央、国务院决策部署，着力推动科技和人才兴粮兴储实现新突破。一是找准主攻方向，推进关键技术研究。二是统筹各类资源，完善技术创新体系。三是面向发展急需，加强人才队伍建设。四是完善制度机制，加速释放创新活力。坚持问题导向和目标导向，切实抓好各项政策的落实，要强化组织推动，找准载体抓手，营造浓厚氛围，着力抓好粮食和物资储备领域打造科技创新平台、建立科技创新需求清单和供给清单、总结推介重大科技成果集成及转化应用典型案例、建立粮食科技服务组等重点工作落实，不断开创科技和人才兴粮兴储工作新局面。

江西、辽宁、湖北、陕西省粮食和物资储备局（粮食局），国家粮食和物资储备局科学研究院、山西局、江苏局，中粮集团有关负责同志作典型经验交流发言。国家粮食和物资储备局有关司局单位、各垂直管理局、各省（区、市）粮食和物资储备局（粮食局）负责同志，有关科研院所、院校和企业代表参加会议。

撰稿单位：国家粮食和物资储备局安全仓储与科技司、机关党委（人事司）

撰稿人：姚磊、王旸、夏丹萍，程鹏、匡广忠、王奇、宋胜利、赵卿宇

审稿人：周冠华、唐茂，廖小平、李寅铨、李涛

宣传教育

一、开展形式多样的宣传教育活动

一是开展粮储优秀传统文化案例征集。为深入贯彻党的二十大和二十届二中、三中全会精神，学习贯彻习近平文化思想，传承弘扬粮食和物资储备优秀文化和光荣传统，面向各地粮食和物资储备部门、涉粮央企、各垂直管理局及有关单位组织开展案例征集，共征集到四大类238个案例。坚持把准方向、公平公正原则认真组织评审，确定30个传承粮食和物资储备优秀传统文化典型案例并宣传推广，大力弘扬粮食和物资储备行业精神，持续发挥好典型示范作用，为推动粮食和物资储备事业高质量发展注入新动能。

二是开展"少吃油 吃好油 更健康"、"全谷物 好营养 更健康"主题宣传活动。把握"时度效"，开展"少吃油 吃好油 更健康"主题公益广告征集活动，征集作品354件，选出9件优秀作品予以发布推广。联合中国营养学会等推出3期主题微视频，在国家粮食和物资储备局政务微信、宣教中心新媒体平台等展播。会同教育部宣教中心开展网上主题知识竞赛。在《中国粮食经济》发表评论员文章，并开设"少吃油 吃好油 更健康"专栏。以"少吃油 吃好油 更健康"为主题，拍摄专家访谈视频，讲述食用油相关知识，向公众提出科学"减油"的倡议。启动"全谷物 好营养 更健康"主题宣传，在《中国粮食经济》和新媒体平台开设专栏，刊登科学研究院、中国疾病预防控制中心专家学者文章。

三是开展节粮减损宣传教育。在科技活动周期间，围绕"弘扬科学家精神"制作推出《粮科之歌》第二部"节粮减损"主题宣传片，包括《节粮减损 任重道远》等3集访谈视频。组织"粮食科普乡村行"活动。邀请中国气象局与科学研究院专家等组成工作队深入于都县田间地头，宣传惠农政策，普及气象知识，指导农户科学储粮，向种粮大户赠送50套农户科学储粮仓和绿色储粮工具包，并发放相关宣传材料。制作发布"农户储粮·专家说"系列科普短视频玉米篇。

二、把握正确导向，办好《中国粮食经济》

一是把准期刊目标定位，改版升级杂志。为牢牢把握宣教工作的正确导向，把杂志打造成全国粮食和物资储备系统的思想阵地、交流平台、精神家园，从第9期起对杂志进行全面升级改版。调整完善后杂志主要分为评论员文章、月度要情、特稿、重要专题和专栏、政策解读与市场监测、理论探索与实践创新、科技人才兴粮兴储、党建、文化等九大板块。召开《中国粮食经济》改版工作专题会并落实会议精神，就"特稿"栏目进行约稿，刊发权威文章，更好宣传政策主张和工作部署。上线《中国粮食经济》知网采编平台，不断扩大期刊平台影响力。

二是围绕中心服务大局，精心策划重大主题宣传。围绕深入学习贯彻党的二十届三中全会精神、党纪学习教育、"大学习、大培训、大落实"、全国粮食和物资储备工作会议和工作推进会议、粮食安全保障法的颁布实施、新中国成立75周年、世界粮食日、中国粮食交易大会、夏粮秋粮收购、全谷物行动计划等重点主题，通过刊发评论员文章、推出专题、专栏等多种形式做强重大主题宣传。突出评论力量。推出《进一步全面深化改革　推动粮食和物资储备高质量发展》、《持续深化"大学习、大培训、大落实"以奋发进取的状态坚决完成全年目标任务》、《坚决扛稳保障国家粮食和物资储备安全政治责任》、《全力抓好秋粮收购工作》等评论员文章，以立场鲜明的评论不断壮大粮储主流声音。打造精品栏目。开设"深入学习贯彻党的二十届三中全会精神"、"粮食安全保障法"、"大学习、大培训、大落实"、"安全生产"专栏，积极向专家教授和各地粮储部门约稿。推出《月度要情》，每月按高层指引、重要政策、部门部署、权威发布、粮食和储备要闻、地方动态等进行编报。策划重点专题。采写科技活动周、世界粮食日、中国粮食交易大会等重大活动侧记，推出全国粮食和物资储备工作会议和工作推进会议、庆祝新中国成立75周年等专题。向第十四届全国政协常委程永波，第十四届全国人大代表李成伟、丁

德芬，原农业部副部长尹成杰，清华大学法学院党委书记邓海峰等行业专家学者约稿，刊发重磅文章。出版"乡村振兴特别专刊"，在"2024BIBF精品期刊展"上展出。

三是积极履行社会责任，制作刊发主题公益广告。围绕学习贯彻党的二十届三中全会精神、党纪学习教育、"大学习、大培训、大落实"、世界粮食日、乡村振兴、安全生产、保密教育、节粮减损等主题制作刊发公益广告共28版。其中，从不同角度推出8版学习宣传粮食安全保障法系列公益广告。

三、做好新媒体主题信息发布，积极开展互动交流

及时转载推送党中央、国务院重要决策部署新闻，发布国家粮食和物资储备局重要会议、重点工作信息。设计制作推送主题海报、科普图解和短视频。推送《中国共产党纪律处分条例》学习手册短视频，设计制作《2025年粮食和物资储备工作七大重点任务》等短视频和二十四节气系列视频。其中2025年全国粮食和物资储备工作会议2期主题短视频总点击量达9.3万次。围绕反食品浪费法施行三周年、粮储安全生产、爱粮节粮、学法守法等主题组织开展网上答题活动，活动总参与人数超6万人。开展2次"粮食安全保障法"和1次"少吃油　吃好油　更健康"主题留言赠书活动。开展优质粮食区域公用品牌传播案例视频展播和网络投票工作，新媒体平台全年累计发布各类稿件约1600篇，宣教中心微信公众号关注

数同比增长 110%。

四、加强舆情监测，维护和营造良好的舆论环境

将《粮储舆情报告（旬报）》优化为《粮储舆情周报》，并按敏感舆情、重点关切、热点信息进行编报，提高舆情监测质效。做好常态化舆情监测，主动跟踪掌握舆情动态，持续跟踪重点舆情，加大对舆情信息的抓取、分析、研判、预警。全年共编发舆情报告 61 期。持续推进"网民留言专门平台"建设相关工作。

五、统筹当前长远，谋划"十五五"宣教课题研究

着眼于打造更富时代气息、更具专业水平、更有行业特色的宣传教育体系和锻炼队伍，谋划"十五五"粮食和物资储备安全宣传教育课题研究，并组织召开开题会议。

撰稿单位：国家粮食和物资储备局宣传教育中心

撰稿人：李可、刘婧怡、石磊、李雯雯、韩丽丽、马卓伟、肖赟、许晴

审稿人：陈玉中、田临、智振华

专栏 9

2024 年世界粮食日和全国粮食安全宣传周

2024 年 10 月 16 日是第 44 个世界粮食日，主题为：粮安天下，共建更好生活，共创美好未来。所在周是全国粮食安全宣传周，主题为："强法治　保供给　护粮安"。国家粮食和物资储备局、农业农村部、教育部、全国妇联及联合国粮农组织，在全国范围内组织开展了系列主题宣传活动。全国粮食安全宣传周期间，地方各级粮食和物资储备部门会同农业农村、教育、妇联等部门单位，强化协同联动、周密安排部署，精心组织开展粮食安全典型案例倡树、主题宣传等活动，取得良好社会效果。

一、认真组织举办全国粮食安全宣传周系列活动

10 月 16 日，国家有关部门单位在湖北武汉联合主办了主会场活动。国家发展和改革委员会党组成员，国家粮食和物资储备局党组书记、局长刘焕鑫，湖北省委副书记、省长王忠林，联合国粮农组织驻华代表处代理代表维诺德出席并致辞。粮食和物资储备系统干部职工代表、院校学生等 1300 余人参加。活动现场发布了"强法治　保供给　护粮安"主题宣传片，集中宣传展示我国以法治力量

护航国家粮食安全，加强产购储加销全链条协同保障，更好满足人民群众消费需求等工作成效。活动现场还分享交流了科技守护国家粮食安全，强法治守住管好"天下粮仓"，提升粮食储备和应急保障能力，深入实施优质粮食工程和践行爱粮节粮、倡导健康消费等方面经验做法，并向全社会发出粮食安全主题倡议。各地结合实际，组织开展了"粮安记者行"主题采访，"稻花香里说节粮"、"粮食安全点亮城市之光"、点亮"光盘行动"以及粮食安全主题作品征集、科普讲座、参观展览、知识竞赛，爱粮节粮进机关、进学校、进企业、进社区、进农村、进家庭、进军营等系列主题宣传教育活动，得到社会公众广泛好评。

二、深入挖掘推广保障粮食安全典型案例

宣传周期间，各地聚焦粮食安全保障的重要环节和关键方面，从"小切口"入手，深入挖掘"强法治　保供给　护粮安"的经验做法，总结形成一批依法治粮、兴粮惠农、科技支撑、国民教育、节粮减损、健康消费等维度的典型案例，并进行集中宣传推介。通过倡树

先进典型，深入挖掘一批坚持藏粮于地、藏粮于技，向科技要良种、向科技要良田、向科技要增产，以科技护粮安，端牢端好中国饭碗的生动案例；宣传一批履职担责，打造提升监管力量，守土有责，提升穿透式监管能力，以法治护粮安，守住管好"天下粮仓"的经验做法；展示一批强化科技赋能，提升绿色优储能力，扛稳责任担当，增强应急保障能力水平，以供给护粮安，牢牢守住民生供应防线的具体实践；倡树一批提升粮食供给品质，践行爱粮节粮，以人人护粮安，凝聚保障粮食安全合力的有效举措，大力营造爱粮节粮、反对浪费的良好社会风尚。

三、做强做大保障粮食安全主流舆论

宣传周期间，聚焦粮食和物资储备中心工作，强化议题设置，组织中央媒体进行全方位、多角度报道。一是刊发国家粮食和物资储备局主要负责同志署名文章、权威访谈。《人民日报》刊发刘焕鑫同志署名文章《用法治力量护航国家粮食安全——写在二〇二四年世界粮食日和全国粮食安全宣传周到来之际》。新华社刊发权威访谈《守住管好"天下粮仓" 保障国家粮食安全》。二是组织刊发系列深度报道。新华社刊发《我国将以高水平法治保障粮食安全》、《吃饭为大！端稳中国碗》等电文报道；新华每日电讯整版刊发有关情况。《光明日报》刊发《端稳"中国饭碗" 守好"大国粮仓"——写在第44个世界粮食日到来之际》。《经济日报》推出综述报道《以法治护航粮食

安全》，刊发时评《粮食何以安天下》。三是组织中央广播电视总台推出专题报道、实地报道。中央电视台《新闻联播》播发《我国粮食安全保障能力不断增强》，《朝闻天下》、《新闻直播间》、《共同关注》、《东方时空》、《正点财经》、《经济信息联播》、《三农长短说》等栏目分别报道大国粮仓"成绩单"、粮食库存充裕、秋粮收购超2000万吨、夏粮收购圆满收官、粮食安全保障能力不断增强等内容。中央人民广播电台中国之声《新闻和报纸摘要》、《新闻联播》等栏目播发《主产区累计收购秋粮超2000万吨 我国粮食保障能力不断提升》、《新时代怎样让大国粮仓更有底气？》等。此外，中国新闻社、《工人日报》、《农民日报》、《人民政协报》、《中国改革报》、《中国商报》以《国家粮食和物资储备局：充分发挥粮食储备"压舱石"作用》、《经济观察：中国全谷物产业按下"快进键"》、《我国粮食产量连续9年超过1.3万亿斤》、《科技护航大国粮仓 产销融通全链畅》、《端稳"中国饭碗" 守好"大国粮仓"——写在第44个世界粮食日到来之际》、《粮食产业有"良"方 "中国饭碗"成色足》、《粮油展会刮起"科技风" 全链条企业同台竞技》等为题，推出相关报道。四是创新方式载体扩大传播覆盖面。新华网全程直播主会场活动，在线观看人数超430万人次，创同期政务活动观看量新高。新浪微博、今日头条"第44个世界粮食日"、"2024年世界粮食日和全国粮食安全宣传周"、"强法治 保供给 护粮安"、"珍惜一粒粮 做合格干饭人"、"致敬改变中国人餐桌的他们"、"谢谢你让14亿人吃

好"等话题，累计阅读量超 1.5 亿人次。中国移动、中国联通、中国电信三大运营商，向重点省份 3 亿手机用户发送主题公益短信，大力营造保障粮食安全的浓厚氛围。

撰稿单位：国家粮食和物资储备局办公室（外事司）

撰稿人：王辉、王晶

审稿人：王宏、周辉

定点帮扶、对口支援、援藏援疆

一、做好定点帮扶安徽省阜南县工作

2024年，国家粮食和物资储备局直接投入帮扶阜南县资金515万元，主要用于产业项目建设、人才培育、乡村建设等方面；扶持龙头企业4家，招商引资3.06亿元，引进帮扶资金1.38亿元；粮食和物资储备系统购买脱贫地区农产品1183万元、帮助销售542万元；开展各类培训6300余人次；指导完善防止返贫动态监测帮扶机制，累计消除风险监测对象4312户共14840人。阜南县获评第六届安徽省文明城市、2023年度安徽省"万企兴万村"行动典型县，在国家农业现代化示范区创建中期评审中获评"好"等次，全省位列第一。

国家粮食和物资储备局党组召开乡村振兴工作领导小组专题会议，安排部署定点帮扶任务，印发年度工作计划，细化五方面20项具体举措。2024年6月，国家发展和改革委员会党组成员，国家粮食和物资储备局党组书记、局长刘焕鑫赴阜南县开展调研，主持召开现场会，推进重点帮扶工作。全局开展实地调研9次，召开专题会议13次。选派6名优秀干部赴阜南县挂职帮扶，其中挂任县委常委、副县长1名，驻村第一书记1名。

深挖阜南县粮食产业潜力，稳步走好建

立规模种植基地—推动精深加工—打造粮食产业集群"三步棋"，持续擦亮"阜南模式"金字招牌，经验推广复制到21个省份的415个县。帮助制定《2024年阜南县乡村振兴培训实施方案》，投入50万元培训6300余人次。设立"励志助学金"，投入45万元，资助10个乡镇450名家庭困难学生。邀请11名师生代表到北京开展"老手拉小手"活动。组织离退休干部开展"写春联·送祝福"活动；推出《中国粮食经济》"粮食产业高质量发展助力乡村振兴"专刊。邀请乡村建设联盟专家团队实地调研阜南县和美乡村建设，建立联动工作机制，委托开展课题研究，打造皖北村庄风貌样板。帮助曹集镇利民村、中岗镇平安村、地城镇刘楼村成功申报2024年精品示范村。以驻村第一书记所在的洪河桥镇盛郢村为试点，开办"老人餐食堂"，每餐1元，2024年用餐老人超2万人次，为1084名适龄老人购买银龄安康保险。开展农资直销、农事服务托管服务，为全村农户节约成本近70万元。盛郢村入选阜阳市村集体经济十强村。

二、做好对口支援江西省于都县工作

2024年以来，国家粮食和物资储备局

驻于都工作队深入推进优质粮食工程和农村一二三产业融合发展，进一步推动于都县粮食和物资储备工作高质量发展。筹集资金180万元，建设富硒水稻烘干厂产能提升项目，项目全部完成后，将增加富硒水稻日烘干能力60吨，烘干厂总日烘干能力将达到150吨，同时还将增加油菜籽烘干功能，大幅解决段屋及周边乡镇富硒水稻及油菜籽烘干能力不足问题；新建240吨干谷仓，实现了烘干后就地储存，避免因二次运输造成的粮食损耗。推动于都县新长征富硒产业园平台功能提升，持续推进检验检测中心项目建设，指导都夏园富硒西红柿汁、富硒脐橙汁研发投产；推动全县新增富硒产品认证14个、新入选"赣南十大硒品"产品2个，于都县获评全国首批富硒产业发展优势区。抢抓赣深对口合作东风，加快"圳品"创建步伐，持续打通"赣品"与"圳品"转化渠道，新增圳品15个、粤港澳大湾区"菜篮子"生产基地3个，成功创建省级现代农业全产业链标准化基地1个，并有序推进稻米标准化示范推进项目建设。招引培育壮大龙头企业，主动对接江南大学，积极谋划精酿啤酒项目、江南大学农产品加工中试基地落户事宜。进一步理顺硒优选系列产品展销机制，培育整合销售平台，探索打造富硒产品标准化销售展柜。

三、做好援藏援疆工作

深入贯彻习近平总书记关于做好西藏工作和新疆工作的重要讲话和重要指示批示精神，认真落实第四次对口支援西藏工作会议精神，扎实推进援藏援疆各项工作。

2024年9月2日，国家粮食和物资储备局在西藏自治区拉萨市召开全国粮食和物资储备系统对口援藏工作会议，深入学习贯彻习近平总书记关于做好西藏工作的重要讲话和第七次西藏工作座谈会精神，认真落实第四次对口支援西藏工作会议精神，总结近年来粮食和物资储备系统对口援藏工作，交流经验做法，研究部署任务，全力以赴做好对口援藏各项工作，为谱写西藏长治久安和高质量发展新篇章作出应有贡献。国家发展和改革委员会党组成员，国家粮食和物资储备局党组书记、局长刘焕鑫出席会议并讲话，西藏自治区党委常委、政府常务副主席嘎玛泽登出席会议并致辞；西藏自治区政府副主席次仁平措出席会议，国家粮食和物资储备局党组成员、副局长钱毅主持会议。

大力支持新疆发展壮大优质特色粮食产业，支持新疆参加中国粮食交易大会、全国脱贫地区优质特色粮油产品展销会，宣传推介新疆优质特色粮油产品，让更多"疆"字号产品走向疆外大市场。2023年全国粮食和物资储备系统对口援疆工作暨粮食产业对接现场会后，17个签约项目中，3个已建成投产、10个正在开展项目建设、4个在持续对接中。积极协调支持口岸加大招商引资力度，积极引进龙头企业入驻，拓展粮食进出口贸易。阿拉山口已具备100万吨粮油仓储、500万吨周转运输能力，换装线可承担中亚五国进口小麦、饲用小麦、大麦、麸皮等粮食的运输、储存、周转等服务，周转能力达 6000 吨，已实现仓储物流现代化、自动化和智能化水平，具备铁路组织、国际物流、国际贸易、保税加工、保税交易、综合服务等功能。

撰稿单位：国家粮食和物资储备局规划建设司

撰稿人：周世东、张硕

审稿人：于英威

专栏 10

第四届全国脱贫地区优质特色粮油产品展销会

2024 年 10 月 18 日至 20 日，在第六届中国粮食交易大会期间，由国家发展和改革委员会、国家粮食和物资储备局主办，国家广播电视总局支持的第四届全国脱贫地区优质特色粮油产品展销会暨中央和国家机关定点帮扶县农副产品产销对接活动在湖北武汉同步举办，来自 393 个脱贫县的 850 家企业、农民合作社等参加展销会。展销会期间，现场销售农产品 394.8 万元，签订销售和意向订单 8.76 亿元。

本次展销会通过现场展销脱贫地区优质粮油产品、宣传推介、直播带货等方式，促进脱贫地区企业、农民合作社与大型粮油加工贸易企业、连锁商超、电商平台等进行产销对接，不断推动脱贫地区发展特色产业，提高产品品质，持续巩固拓展脱贫攻坚成果，助力乡村产业振兴。一是搭建帮扶平台。统一搭建 8000 平方米消费帮扶展区，为脱贫地区优质特色产品提供"免费参展、拎包卖货"一站式服务，促进脱贫地区企业农副产品走向"大市场"，帮助畅通产销对接"最后一公里"。二是加强宣传推介。联合央广传媒，为脱贫地区打造专属推介会，积极宣传不同地域的特色农副产品和背后的故事，提高产品认知度，更好帮助脱贫地区农副产品销售。三是拓展产销渠道。在互联网企业支持下，搭建脱贫地区特色产品展销直播间，设置有奖答题、活动速递，开展多渠道推广，增强互动性，助力脱贫地区产品线上销售和品牌打造。

撰稿单位：国家粮食和物资储备局规划建设司

撰稿人：周世东、黄思思

审稿人：于英威

国际交流与合作

一、推动务实合作，共筑高水平中非命运共同体

2024 年 9 月，中非合作论坛北京峰会在北京召开，峰会通过了《关于共筑新时代全天候中非命运共同体的北京宣言》、《中非合作论坛—北京行动计划（2025—2027）》。国家粮食和物资储备局主要负责同志参加峰会开幕式，会后立即统筹部署后续落实工作，坚持以构建新时代全天候中非命运共同体为引领，贯彻落实全球发展倡议、全球安全倡议，巩固并拓展中非粮食领域伙伴关系，推动中非粮食领域务实合作，促进成果文件落实落地。

二、持续拓展粮食和物资储备多领域、多层次对外交流交往

服务高质量共建"一带一路"，积极推进与共建国家开展粮食和物资储备多领域、多层次交流合作。组织高访团组赴法国、意大利、俄罗斯、阿联酋、澳大利亚、新西兰等国执行粮食和物资储备领域交流合作任务，促进与外国政府部门、行业协会、科研机构等在粮食仓储加工、节粮减损、监管执法、质量标准、物资储备管理等方面的交流互鉴和务实合作。接待美国农业部、新加坡永续发展与环境部、法国粮食行业协会、澳大利亚谷物贸易协会、

益海嘉里集团、日本佐竹公司等相关国家政府部门、行业组织及跨国企业来访代表团，就粮食安全形势、市场供需情况、储藏技术、粮食产业高质量发展等议题进行交流，深化合作。

在部际协作机制下推动多边及区域粮食安全合作。加强部际间协调配合，积极落实全球发展倡议、全球安全倡议、中非合作论坛峰会后续事项、共建"一带一路"合作规划等涉及粮食安全合作任务，为二十国集团、上海合作组织、金砖国家合作机制、东盟与中日韩、对外援助等工作提供有力支持，推动多边粮食安全合作。

三、深入推进粮食领域南南合作，推动落实可持续发展目标

为贯彻落实习近平主席在中非合作论坛北京峰会上的重要讲话和重要指示精神，推动落实联合国 2030 年可持续发展议程目标，国家粮食和物资储备局与联合国粮农机构持续加强交流合作，深入推进粮食领域南南合作。

深入落实与联合国世界粮食计划署（WFP）签署的粮食领域南南合作谅解备忘录，与 WFP 农村发展卓越中心等单位在四川省成都市共同举办第四届中非稻米价值链合作研讨会，在湖南省长沙市共同举办粮食减损研

讨会暨南南合作政策对话会，开展南南合作政策对话，加强中非稻米价值链合作，促进粮食系统可持续发展，来自中外政府部门、科研机构、企业及社会团体、驻华使馆、国际组织等约250位代表参加会议。访问国际农业发展基金（IFAD）驻华代表处，双方在增进相互了解的基础上，就未来开展进一步交流合作的可能性进行了探讨。国家粮食和物资储备局科学研究院作为技术支持单位，配合WFP农村发展卓越中心举办粮食产后减损网络研修班，围绕"粮食产后管理经验分享"和"粮食产后减损技术与案例"两大模块，面向亚非发展中国家学员开展培训，助力全球粮食体系韧性建设。2024年10月，国家粮食和物资储备局代表团访问联合国粮农组织（FAO）总部，双方就进一步深化粮食领域南南合作，与其他发展中国家分享我国保障粮食安全和减少粮食产后损失的技术、经验和做法，实现联合国2030年可持续发展议程相关目标等进行深入交流。

四、发挥亚太经合组织（APEC）粮食安全领域引领作用，凝聚粮食领域发展合力

积极贯彻落实习近平主席在APEC领导人会议上的重要讲话精神，履行国家粮食和物资储备局作为APEC粮食安全政策伙伴关系机制（PPFS）国内牵头单位职责，密切参与2024年APEC粮食领域成果文件《APEC预防和减少粮食损失及浪费特鲁希略原则》和《第九届APEC粮食安全部长会议特鲁希略声明》

多轮线上线下磋商，引导文件制定方向和磋商进程，提升我在粮食安全多边合作领域的话语权和影响力。2024年10月，国家粮食和物资储备局科学研究院在北京举办第二届APEC粮食产业链数字化和创新技术研究与经验交流研讨会，持续发挥中方在粮食减损技术领域的优势和经验，促进APEC区域粮食安全务实合作健康发展。协调组织中国食品土畜进出口商会、中国农业机械流通协会等单位发挥各自优势，派员参与APEC-PPFS政企对话会、专业研讨会等相关活动，加强APEC工作"官、产、学"共同参与，打造持续共赢的合作关系，用好多边平台，服务粮食行业对外开放。

五、强化科技交流合作，赋能粮食和物资储备高质量发展

一是不断拓展科技交流合作关系。国家粮食和物资储备局科学研究院与法国粮食行业协会、阿尔瓦利斯植物研究院、意大利比萨大学等6家国外粮油机构签订合作协议，建立科技交流合作关系和常态化联络机制，持续扩大国际科技合作"朋友圈"。

二是举办国际科技研讨会。国家粮食和物资储备局科学研究院与辽宁省发展和改革委员会、辽宁省粮食和物资储备局、日本佐竹公司在辽宁省大连市成功举办2024年中日稻米科技研讨会。会议聚焦中日稻米绿色收储、适度加工新技术、健康产品开发等最新研究成果和学术热点问题展开讨论，进一步深化中日稻米科技合作交流，推动中国稻米产业高质量发

展。中国粮油学会组织召开国际花生产业与科技创新大会暨2024年国际花生年会，搭建花生产业国际交流平台，分享花生产业最新研究成果，研判未来花生科技创新发展趋势和方向，促进花生产业高质量发展。

三是务实开展人才培训。为不断提升粮食和物资储备人才能力素质和国际视野，高质量实施2项因公出国（境）培训项目，分别为法国粮食质量安全管理和标准培训、新西兰粮食流通政策及管理培训。粮食和物资储备系统共派出30人参加培训项目，有效促进了中法、中新粮食领域专业交流，为推动提升我国粮食标准与管理质量水平、提高粮食流通政策研究和监管能力发挥了积极作用。

四是广泛参与国际学术活动。派出管理和技术人员参加国际食品法典油脂委员会第28届会议、国际食品污染法典委员会第17届会议、第60届国际谷物理事会会议和2024届国际谷物大会、第12届国际储藏物气调与熏蒸大会、第35届国际石油储备机构年会、国际标准化组织含油种子和果实分委员会第40次会议、动植物油脂分委员会第31次会议、全球贵金属会议、国际食品法典委员会第47届大会等国际会议，跟进相关领域前沿成果和发展趋势，强化科技交流合作，提升对外交流合作能力，助力粮食和物资储备事业高质量发展。

撰稿单位：国家粮食和物资储备局办公室（外事司）

撰稿人：胡瑶庆、张怡、张雅茹

审稿人：王宏、张艳

专栏 11

中非稻米价值链合作研讨会

为贯彻落实习近平主席在中非合作论坛第八届部长级会议上的重要讲话精神以及达喀尔行动计划，推动中非粮食领域南南合作，2024年7月17日至19日，国家粮食和物资储备局办公室（外事司）与联合国世界粮食计划署（WFP）农村发展卓越中心等单位在四川省成都市共同举办第四届中非稻米价值链合作研讨会。来自中外政府部门、驻华使馆、科研机构、企业及社会团体的150多位代表参会。非洲参会国家包括：马达加斯加、几内亚、喀麦隆、冈比亚、加纳、赞比亚、塞内加尔等。

研讨会聚焦"包容性伙伴关系"与"创新金融投资"，分享非洲稻米价值链投资案例，就稻米产业政策制定、技术合作项目实施、稻米价值链合作面临的挑战等议题建言献策。在实地考察环节，与会嘉宾参观了中储粮成都储藏研究院，深入本地稻米加工企业和农业合作社，详细了解中国在稻米加工、储运和产后服务等方面的管理模式和经验。

第四届中非稻米价值链合作研讨会的成功举办，展示了中国粮食产后管理经验和技术，贡献了稻米价值链产业链发展的中国方案，为非洲稻米价值链建设注入了新的动力，对帮助非洲国家完善稻米产业发展政策，提升粮食安全水平，增强粮食系统韧性具有重要意义。

撰稿单位：国家粮食和物资储备局办公室（外事司）

撰稿人：胡瑶庆、张怡、张雅茹

审稿人：王宏、张艳

第二篇

市场形势分析与展望

国内粮油市场形势分析

一、粮食市场总体概述

据联合国粮食及农业组织数据，2024 年全球玉米、小麦产量分别为 12.17 亿吨、7.89 亿吨，同比下降 2.0%、0.06%；大米、大豆产量分别为 5.39 亿吨、4.21 亿吨，同比增加 0.9%、6.4%。国际玉米期货价格先跌后涨，全年跌幅 2.6%；小麦震荡走低，跌幅 12.3%；大豆持续下行，跌幅 22.2%。全球大米增产叠加印度放开大米出口，国际大米价格下跌 22.1%。我国粮食产量创新高，口粮完全自给，但品种结构性矛盾仍然突出。稻谷生产略增、小麦恢复性增产，口粮产大于需态势明显；玉米产量继续增加，创历史新高，饲料粮市场供应充足；国内大豆产量略减，满足食用需求后仍有结余；榨油大豆依赖进口，外采率处于高位。2024 年我国粮食进口量 15753 万吨，同比下降 2.4%。其中，大豆进口 10503 万吨，同比增加 6.5%；玉米进口 1364 万吨，同比下降 50%。国内稻谷受政策有力支撑，价格波动较小；国际大豆、玉米、小麦价格处于低位，给国内市场带来较强的利空预期，叠加国内市场丰收等因素，国内相关品种价格弱势运行。

撰稿单位：国家粮油信息中心

撰稿人：齐驰名

审稿人：李喜贵、李圣军

二、小麦市场供求形势分析

（一）小麦市场供给和需求情况

1. 小麦产量增加

2024 年国家继续在小麦主产区实行最低收购价政策，小麦（三等）最低收购价 118 元 /50 公斤，较上年提高 1 元 /50 公斤，从 2021 年开始已连续四年上调。据国家统计局统计，2024 年全国小麦播种面积 2358.7 万公顷，同比减少 4.0 万公顷，降幅 0.2%，基本保持稳定；小麦单产 5939.6 公斤 / 公顷，同比增加 158.6 公斤，增幅 2.7%。2023 年收获期小麦受严重"烂场雨"天气影响单产下降，2024 年冬小麦主产区播期土壤墒情总体适宜，基本实现适期播种，小麦单产实现恢复性增长；小麦产量 14009.9 万吨，同比增加 350.9 万吨，增幅 2.6%。

2. 小麦消费量减少

随着经济发展、收入增长，居民食物消费结构性升级，主食消费逐渐多元化，加之人口总量负增长和老龄化加剧，劳动强度下降，淀粉类主食消费减少，小麦食用消费量有所下降。随着酿酒等小麦加工行业的发展，小麦工业消费预计小幅增长。但受玉米供需格局宽松影响，小麦玉米价差较大，饲用替代优势下降，饲用小麦数量将有所下降。据测算，2024 年国内小麦总消费量 12900 万吨，同比下降 710 万吨，降幅 5.2%。其中，小麦食用消费量 9100 万吨，同比下降 100 万吨，降幅 1.1%；小麦饲用、种用和工业用消费量 3800 万吨，同比下降 610 万吨，降幅 13.8%。

3.小麦进口量仍处历史高位

2024 年我国进口小麦 1118 万吨，同比减少 92 万吨，减幅 7.6%，仍处于历史高位，主要原因是进口利润较好和国内有刚性进口需求。2024 年我国进口的小麦中，澳大利亚 336 万吨，占比 30%；加拿大 252 万吨，占比 23%；法国 230 万吨，占比 21%；美国 190 万吨，占比 17%；哈萨克斯坦 59 万吨，占比 5%；俄罗斯 45 万吨，占比 4%。

（二）小麦市场价格走势及成因

第一阶段（1 月至 2 月底）：小麦价格先跌后涨。主产区普通小麦进厂价格 1 月震荡下跌，一方面资金回笼需求下春节前持粮主体集中出货，另一方面春节对面粉消费的提振减弱。2 月中下旬北方冬麦区出现雨雪降温天气，2 月底制粉企业收购价上涨至 2850 元 / 吨。

第二阶段（3 月至 4 月底）：新粮上市前小麦价格快速下跌。3 月初普通小麦进厂价格开始下跌，4 月末跌至 2610 元 / 吨。从供给看，一是新麦上市前陈粮结转压力较大；二是新季小麦产情良好，市场预期新麦再获丰收；三是中央和地方各级储备陆续启动小麦轮换工作，市场供应粮源较为充足。从需求看，春节后面粉消费淡季更淡，制粉企业开机率低于去年

同期，叠加小麦玉米价差远高于 150 元 / 吨，小麦饲用优势消失，总体市场呈现供需宽松局面。

第三阶段（5 月至 9 月底）：政策性收购延缓麦价跌势。一方面，5 月中旬新麦上市后售粮高峰持续至 6 月底，流通粮源充足；另一方面，从 5 月起，中央和省级储备小麦陆续暂停轮出销售，小麦价格跌势逐步放缓。各级粮食部门持续加大收购粮食稳市力度，在政策支持下，7 月小麦价格小幅震荡回升；8 月中旬持粮主体心态松动，小麦价格小幅下跌；9 月临近秋粮上市，小麦集中收购期进入尾声，小麦价格整体平稳。

第四阶段（10 月至 12 月底）：小麦价格短期回升后持续弱势运行。10 月秋粮大量上市，小麦流通粮源减少，面粉企业提价促收，加之中国储备粮管理集团有限公司（简称"中储粮"）9 月 30 日仍在陆续发布新的增储库点，进一步增强市场信心，10 月底制粉企业小麦收购价格月环比上涨 30 元 / 吨。11 月初开始，小麦价格弱势运行为主。一是市场供应充足。小麦丰收，基层余粮偏多；中储粮在夏收高峰期过后重启小麦竞价销售，局部地区短时间内投放数量较多，成交价格下移。二是下游面粉需求不旺，制粉企业提价采购积极性不强。12 月底小麦价格 2390 元 / 吨。

撰稿单位：国家粮油信息中心

撰稿人：杨蒙

审稿人：李喜贵、李圣军

三、稻米市场供求形势分析

（一）稻谷市场供给和需求情况

1. 稻谷生产实现种植面积、单产、总产"三增"

据国家统计局数据，2024 年全国稻谷播种面积 2900.7 万公顷，同比增加 5.8 万公顷，增幅 0.2%；稻谷单产 7154.7 公斤 / 公顷，同比增加 17.9 公斤 / 公顷，增幅 0.3%；稻谷产量 20753.5 万吨，同比增加 93.2 万吨，增幅 0.5%。2024 年国家持续加大粮食生产政策支持力度，继续提高早籼稻最低收购价格、稳定中晚稻最低收购价格，各地压实粮食生产责任，统筹落实国家稻谷补贴、早稻集中育秧设施补助等各类政策，持续开展耕地"非粮化"整治和撂荒地复耕治理，多措并举提高农民种粮积极性，有力促进稻谷生产。

2. 2024 年我国大米进出口双减

2024 年我国进口大米 166 万吨，同比减少 97 万吨，减幅 37%。主要原因是 2024 年 1—8 月印度仍对大米出口管制，进口大米价格高于国内，大米采购商进口意愿弱。但 9 月之后印度放松大米出口限制，市场供给增加，国际竞争加剧，国际米价快速回落，我国大米进口量逐月回升。2024 年我国累计出口大米 111 万吨，同比减少 49 万吨，减幅 31%。

3. 稻谷消费需求呈下降趋势

2023/24 年度（10 月 / 9 月）国内稻谷总消费达到预计 20121 万吨，同比下降 271 万吨，减幅 1.3%。其中，国内食用消费 15800 万吨，同比下降 100 万吨，减幅 0.6%；饲用、种用及工业等消费 4321 万吨，同比下降 171 万吨，减幅 3.8%。考虑到居民主食消费多样化，人均传统主食消费呈下降趋势，结合人口下降和老龄化趋势持续加剧，劳动强度下降，稻谷食用消费下降；2024 年玉米小麦价格优势明显，加之进口碎米饲用量大幅度减少，稻谷饲料用量较上年度明显下降，工业用量基本稳定。

（二）2024 年稻米市场价格走势与成因

1. 早籼稻价格高位稳定，中晚籼稻价格普弱优强

上半年，优质圆粒早籼稻需求旺盛，价格保持在 2820—2850 元 / 吨。新稻上市后，早籼稻价格低开高走。受工业制粉需求和各级储备轮入的双重支撑，8 月底江西、湖南圆粒早籼稻收购价 2800—2840 元 / 吨，同比上涨 20—60 元 / 吨，此后维持高位运行。各主产区均未启动早籼稻最低收购价执行预案。

上半年，优质中晚籼稻阶段性偏紧，价格保持在 2800 元 / 吨以上。受生长期不利天气影响，新稻上市后质量总体不及上年，达标普通中晚籼稻价格总体围绕最低收购价 2580 元 / 吨运行，较年初回落 180—310 元 / 吨。河南、江苏和安徽陆续启动中晚稻最低收购价执行预案，进一步发挥"托底"作用。优质品种价格稳中走强，产区优普品种收购价差可达 200—600 元 / 吨，两者价差持续扩大。

2. 粳稻价格优弱普稳，市场依质论价

2023 年东北产区长粒粳稻价格持续走强，2024 年农户种植意愿明显提高，产量同比增加，供需宽松格局下长粒粳稻价格走弱。新季

长粒粳稻开秤价 2840 元 / 吨，较年初回落 520元 / 吨，12 月底价格回落至 2760 元 / 吨。圆粒粳稻供给减少、需求稳定，开秤价同比持平，11 月 6 日黑龙江启动中晚稻最低价收购价执行预案后，质量较好的圆粒粳稻收购价保持在 2620 元 / 吨以上。受高温不利天气影响，南方产区粳稻质量不及去年，开秤价收购价 2850元 / 吨，同比回落 100 元 / 吨。12 月底，江苏质量较好的普通粳稻收购价回涨至 2880 元 /吨，同比基本持平，南粳 "9108" 收购价 3200 元 /吨，同比上涨 150 元 / 吨，优质优价特征明显。

3. 国产大米价格同比回落

受中晚籼稻和粳稻价格同比回落影响，2024年主产区大米价格稳中趋弱运行。12 月底，南方普通中晚籼米出厂报价 3800—4020 元 / 吨，同比回落 10—240 元 / 吨。黑龙江普通圆粒粳米出厂报价 3640—3660 元 / 吨，同比回落 20—60 元 /吨；长粒粳米出厂报价 4100—4120 元 / 吨，同比回落 600—650 元 / 吨。江苏普通粳米主流报价3810—3830 元 / 吨，同比回落 130—160 元 / 吨。

4. 国际大米价格高位回落

随着全球大米产情好转、供求持续宽松，国际大米价格从 2024 年初高位持续回落，9月印度贸易政策调整后加速下滑。12 月底，泰国大米（5% 破碎率，下同）出口 FOB 报价 523 美元 / 吨，比 2023 年底高点回落 136美元 / 吨，降幅 20.6%；越南大米出口 FOB报价 510 美元 / 吨，回落 145 美元 / 吨，降幅22.1%；印度大米出口 FOB 报价 451 美元 / 吨，回落 99 美元 / 吨，降幅 18.0%。随着全球大米产量增加、印度出口供应充裕，预计 2025

年主要出口国之间的竞争将更为激烈，国际大米价格有进一步下滑的可能。

撰稿单位：国家粮油信息中心

撰稿人：于季菲

审稿人：周惠、胡文忠

四、玉米市场供求形势分析

（一）玉米市场供给和需求情况

1. 面积、单产、总产三增

2024 年，各地严格落实粮食安全党政同责，加强耕地保护和用途管控，推进土地综合整治，扩大复播粮食面积，充分挖掘面积潜力。尽管夏季华北地区遭遇干旱，河南局地旱涝急转，东北部分地区也出现较重涝情，但总体看，全国大部农区光温水匹配良好，气象条件有利于粮食生长发育和产量形成。各地持续推进高标准农田建设，改善农业生产条件，深入推进粮油等主要作物大面积单产提升行动，推广合理增密、水肥一体、"一喷三防"、"一喷多促" 等技术，有效提升粮食单产水平。国家统计局数据显示，2024 年玉米播种面积4474.1 万公顷，同比增加 52.2 万公顷，增幅1.2%；单产 6591.7 公斤 / 公顷，同比增加 60公斤 / 公顷，增幅 0.9%；总产量 29491.7 万吨，同比增加 607.5 万吨，增幅 2.1%。

2. 进口玉米减少

2024 年国内玉米增产，价格低位运行，进口利润下降，进口数量大幅减少。海关数据显示，2024 年我国进口玉米 1364 万吨，同比减少 1350.5 万吨，减幅 50%。其中，从巴西、乌克兰、美国进口的玉米数量分别为 647 万吨、451 万吨、207 万吨，占比分别为 47%、33%、15%。自 2023 年放开巴西玉米进口，巴西取代美国成为我国第一大玉米进口来源国。

3. 国内玉米需求减少

2024 年国内玉米总消费估计为 28413 万吨，同比减少 599 万吨，减幅 2.1%。其中，玉米饲料消费 18600 万吨，同比减少 900 万吨，减幅 4.6%，主要原因是生猪产能回调，能繁母猪和生猪存栏逐步回调下降，带动猪饲料消费量高位回落；同时，畜禽存栏规模缩减，也导致饲料需求进一步下降。玉米工业消费 7800 万吨，同比增加 300 万吨，增幅 4.0%，主要原因是 2024 年国内玉米深加工利润恢复性增长，企业开机率提高，同时，深加工产能继续增加，产业链继续延伸，工业消费量继续提高。

（二）玉米市场价格走势及成因

2024 年国内玉米价格整体呈现震荡下跌走势。

第一阶段（1 月至 4 月）：玉米价格偏弱运行。春节前基层农户售粮变现，玉米市场供应压力增加，但贸易商和下游企业看空后市，建库意愿不强，叠加节日期间购销清淡，1 月份玉米价格在阶段性供大于求压力下偏弱运行。1 月中储粮在东北增储，2 月份春节过后，在增储启动和余粮减少的双重推动下玉米价格小幅上涨，但由于下游需求不旺，玉米供大于需的格局未改，价格随后下跌。4 月 30 日，东北、华北主产区玉米深加工企业玉米（国标三等，

下同）现货平均收购价格分别为 2255 元/吨、2237 元/吨，较年初有所下跌。大连商品交易所玉米期货主力合约收盘价 2388 元/吨，较年初下跌 1.5%。

第二阶段（5 月至 6 月）：玉米价格止跌上涨。主产区农户手中余粮减少，售粮压力基本消失。叠加贸易企业存粮成本增加，挺价惜售，市场看涨氛围浓厚，用粮企业提价收购意愿增强，玉米价格涨至年内高点。6 月底，东北、华北主产区玉米深加工企业玉米现货平均收购价格分别为 2354 元/吨、2392 元/吨，较 4 月底分别上涨 4.4%、6.9%。大连商品交易所玉米期货主力合约收盘价 2509 元/吨，较 4 月底上涨 5.1%。

第三阶段（7 月至 12 月）：下半年国内玉米价格呈下跌走势。7 月新小麦集中上市后，华北地区饲料原料供应较为多元，进口替代谷物价格便宜，同时小麦丰收上市，补充饲料粮供应，玉米价格偏弱运行。9 月份新季玉米丰收预期增强，同时，传统玉米青黄不接时期并未出现原粮短缺，陈粮供应充足，主产区玉米价格经历快速下跌。新玉米上市后市场明显供大于需，供给方面，由于气温偏高，新玉米水分较大不宜存，且部分地区受生长期不利天气影响，农户销售进度偏快；需求方面，养殖端、深加工企业需求偏弱，企业采购观望情绪偏强，致使玉米价格整体走弱。为稳定国内玉米价格，有关部门打出"组合拳"。一是在主产区安排玉米收储，二是暂停进口玉米轮出销售，市场供应压力有所缓解。12 月底，东北、华北主产区玉米深加工企业玉米现货平均收

购价格分别为 1915 元 / 吨、2007 元 / 吨；大连商品交易所玉米期货主力合约收盘价 2229 元 / 吨。

撰稿单位：国家粮油信息中心
撰稿人：冯立坤
审稿人：李喜贵、李圣军

五、大豆市场供求形势分析

（一）我国大豆产量维持高位，进口量创新高，消费量增加

1. 大豆产量连续第三年超过 2000 万吨

国家统计局数据显示，2024 年我国大豆产量 2065 万吨，同比略减 0.9%，连续第三年超过 2000 万吨，总体表现为面积减、单产增。一是种植面积小幅下降，但仍连续 3 年稳定在 1000 万公顷以上。为巩固大豆扩种成果，国家在内蒙古及东北三省继续实施大豆生产者补贴政策，促进大豆产销衔接，全力稳定大豆生产，2024 年大豆播种面积 1032.5 万公顷，比上年减少 14.9 万公顷，降幅 1.4%。二是单产水平提升。2024 年大豆主产区光温水匹配良好，气象条件总体利于作物生长发育和产量形成。收获期东北地区大部气温正常，降水偏少，利于过湿农田散墒，气象条件总体利于大豆等秋收作物灌浆成熟；西北地区东南部、华北和黄淮大部气温偏高，日照总体正常，利于大豆鼓粒成熟。国家深入推进粮油等主要作物大面积单产提升行动，改善农业生产条件，推广合理增密、水肥一体等技术，有效提升单产

水平。2024 年全国大豆单产 1999.8 公斤 / 公顷，比上年增加 9.9 公斤，增长 0.5%。

2. 大豆进口量再破亿吨，创历史新高

2024 年我国进口大豆 10503 万吨，同比增加 6.5%，高于 2020 年的 10033 万吨，创历史新高。进口增加的主要原因：一是全球大豆产量屡创新高，国际大豆价格持续下行。据美国农业部数据，2023/24 年度全球大豆产量 3.95 亿吨，同比增长 4.4%；期末库存 1.124 亿吨，增长 11.0%；2024/25 年度（10 月 / 9 月）全球大豆产量预期继续增长，供需格局进一步宽松，2024 年国际大豆价格全年下跌 22.2%，有利于降低采购成本。二是国内养殖利润较好，提振豆粕消费。2024 年 4 月以来，我国生猪养殖进入盈利周期，刺激生猪存栏回升；禽类养殖利润良好，存栏处于历史高位，加之 2024 年豆粕期货价格全年下跌 18.6%，性价比优势明显，豆粕需求增加。三是进口成本大幅下降，国内油厂提高大豆库存。据海关总署数据，2024 年我国进口大豆均价 3572 元 / 吨（不含税费），同比下降 645 元 / 吨，降幅 15.3%。油厂进口大豆积极，企业商业库存增加。据监测，2024 年末国内主要油厂大豆商业库存约 656 万吨，同比增加 44 万吨，增幅为 7.2%。

3. 大豆食用消费相对稳定，饲用需求带动大豆压榨消费

我国大豆消费市场基本形成了国产大豆食用、进口大豆油用的格局。据测算，2023/24 年度（10 月 /9 月）大豆消费量 1.16 亿吨，同比增加 220 万吨，为历史次高。其中，大豆食

用消费量 1675 万吨，以国产大豆为主，少量自俄罗斯、贝宁进口非转基因大豆为辅；压榨消费量 9840 万吨，同比增加 160 万吨，几乎全部为进口大豆。国产大豆因成本高、含油率低，进入压榨消费领域数量不大，2023/24 年度国产大豆压榨量约 200 万吨，同比增加 10 万吨。压榨消费变化主要受畜禽养殖等影响，肉蛋奶消费需求增加是推动大豆压榨需求的主因。

（二）2024 年大豆市场价格走势及成因

2024 年全球大豆产量创历史新高，供需格局宽松，国际大豆价格整体延续 2023 年跌势，运行重心进一步下移；前三季度国产大豆价格弱势运行，但政策端对价格形成强有力的支撑；新季大豆收获上市后，价格走低，价格重心较上年明显下移。

1. 国际市场大豆价格走势

第一阶段：1 月至 2 月，美国大豆期货价格持续下行。1—2 月美国大豆产量上调，大豆出口销售进度缓慢，出口目标下调，期末库存上升；巴西大豆收获工作展开，收获压力逐渐显现；阿根廷、巴拉圭等国天气状况良好，丰产预期强烈；中国需求偏弱，打压芝加哥期货交易所（CBOT）大豆价格。2 月 29 日，CBOT 大豆期货主力合约收盘于 1139.5 美分 / 蒲式耳，较年初下跌 10.5%。

第二阶段：3 月至 5 月下旬，美国大豆期货价格震荡回升。巴西大豆产量下调，市场担忧美国新季大豆播种面积不及预期，叠加资金空头回补，刺激美豆价格反弹。4 月下旬，

巴西南里奥格兰德遭遇强降雨，导致大豆产量和质量受损；5 月中上旬，美国大豆主产区降雨偏多，大豆播种进度偏慢，支撑大豆价格。5 月 24 日，CBOT 大豆期货主力合约收盘于 1249.5 美分 / 蒲式耳，较 2 月底低点反弹 9.7%。

第三阶段：5 月下旬至 8 月中旬，美国大豆期货价格持续下跌。南美大豆收获结束，大豆集中出口；美国产区天气好转，大豆播种工作顺利，面积较上年增加；新年度全球大豆产量有望首次突破 4 亿吨，达 4.22 亿吨，再创历史新高，大豆供应充足，打压美豆价格走低。8 月 16 日，CBOT 大豆期货主力合约收盘于 955.25 美分 / 蒲式耳，较 5 月下旬阶段性高点下跌 23.5%，创 2020 年 9 月以来新低。

第四阶段：8 月中旬至 12 月，美国大豆期货价格在 950—1070 美分 / 蒲式耳区间弱势震荡。利多因素有巴西大豆播种缓慢，美国新季大豆销售步伐加快，美联储降息，资金空头回补，阿根廷降雨减少导致作物评级下滑等。利空因素有美国大豆集中收获上市，巴西、阿根廷大豆播种进展顺利，全球大豆供应预期大幅增加等。12 月 19 日，CBOT 大豆期货主力合约盘中一度跌破 950 美分 / 蒲式耳支撑位，随后在南美干旱支撑下反弹；12 月 31 日，CBOT 大豆期货主力合约收盘于 1010 美分 / 蒲式耳，较 8 月中旬低点上涨 5.7%，较年初下跌 22.2%。

2. 国产大豆市场价格走势

第一阶段：1 月至 9 月，国内大豆价格先跌后稳、弱势运行。1 月至 2 月，受 2023 年

国产大豆大幅增产、消费需求疲软等因素影响，价格持续走弱。春节过后，国家实施国产大豆加工奖补政策，对稳定市场价格起到托底支撑作用，价格企稳震荡。9月底，黑龙江地区大豆收购价格整体在4560—4700元/吨区间运行，较年初下跌50—100元/吨。

第二阶段：10月至12月，国产大豆价格低开低走。新季大豆集中收获上市，产量连续第三年超2000万吨，下游消费需求低迷，贸易商采购谨慎，打压豆价下跌。12月31日，黑龙江地区食用大豆收购价格集中在3700—3820元/吨，较9月底下跌900—980元/吨，较年初下降1000—1070元/吨。

撰稿单位：国家粮油信息中心

撰稿人：郑祖庭、丁艳明

审稿人：曹智、王辽卫

六、食用油市场供求形势分析

（一）食用油市场供给和需求

1. 油料油籽产量继续增长

2024年我国油料（不含大豆和棉籽）产量3979万吨，同比增加115万吨，增幅3.0%。其中，花生产量1961万吨，同比增长2.0%；油菜籽产量1687万吨，增长3.4%。其他小品种油籽大多呈增产态势，葵花籽、芝麻和胡麻籽产量分别为235万吨、47万吨和24万吨。2024年我国棉花种植面积283.8万公顷，同比增加5.0万公顷，增幅1.8%；单产2.172吨/公顷，同比增长7.8%，创历史新高；产量616.4万吨，同比增加54.6万吨，增幅9.7%。棉籽总产量约1109.5万吨，比上年增加9.7%。预计2024年我国油籽（含大豆和棉籽）总产量7154万吨，同比增加246万吨，增幅3.6%。

2. 食用油籽进口增加、食用植物油进口减少

海关数据显示，2024年我国进口食用油籽（含大豆和棉籽）1.15亿吨，同比增加690万吨，增幅6.4%。其中，进口大豆1.05亿吨，增幅6.5%；进口油菜籽639万吨，同比增加89万吨，增幅16.3%；进口其他食用油籽361万吨，同比增加33万吨。其中，芝麻118万吨，花生76万吨，亚麻籽69万吨，葵花籽15万吨，棉籽57万吨。食用植物油进口716万吨，同比减少26.8%。分品种看，进口棕榈油（不含棕榈油硬脂）280万吨，同比减少153万吨，减幅35.4%；进口豆油28万吨，同比减少8.6万吨，减幅23.6%；进口菜籽油188万吨，同比减少48万吨，减幅20.3%；进口葵花籽油109万吨，同比减少43万吨，减幅28.2%。

3. 油脂油料消费需求持平略增

2024年我国食用油消费量约4144万吨，同比增加32万吨，增幅0.8%。其中，食用消费3744万吨，同比增加66万吨，增幅1.8%；工业消费385万吨，同比下降33万吨，降幅7.9%。分品种看，豆油消费1804万吨，同比增加24万吨，增幅1.3%；菜籽油983万吨，同比增加135万吨，增幅15.9%；棕榈油445万吨，同比减少140万吨，减幅23.9%；其他油脂907万吨，同比增加13万吨，增幅1.5%。

2024 年全球大豆丰产进口成本下降，我国进口量创纪录，推动豆油产出增加，消费呈增长趋势；国际棕榈油价格大幅上涨，进口量减少，消费明显下降。

（二）国内食用油价格走势回顾及成因

第一阶段（1 月初至 4 月底）：食用油价格震荡上涨。2023 年东南亚降雨减少，市场担心 2024 年全球棕榈油产量下降，叠加 3 月份斋月期间棕榈油需求向好，国际国内棕榈油价格持续走强。巴西中北部持续干旱、南部发生洪涝灾害，大豆产量不及预期，提振国际国内豆油价格。4 月底华东地区一级豆油价格 7900 元 / 吨，沿海地区三级菜籽油价格 8456 元 / 吨，华南地区 24 度棕榈油价格 7981 元 / 吨，分别比年初上涨 50 元 / 吨、360 元 / 吨和 830 元 / 吨。

第二阶段（5 月初至 7 月底）：食用油价格宽幅震荡。一是南美大豆整体丰产，巴西大豆出口迅速增加，我国进口大豆数量增加、成本下降，阶段性打压国内豆油价格；二是马来西亚棕榈油增产，库存逐步升高，制约棕榈油价格涨幅；三是我国进口油菜籽、菜籽油数量较大，长江沿线菜籽油供给充裕，制约国内菜籽油价格涨幅。7 月底华东地区一级豆油价格 7830 元 / 吨，沿海地区三级菜籽油价格 8510 元 / 吨；华南地区 24 度棕榈油价格 7950 元 / 吨，分别比 5 月初约下跌 70 元 / 吨、上涨 50 元 / 吨和下跌 30 元 / 吨。

第三阶段（8 月初至 12 月底）：食用油价格震荡上涨。2024 年印尼棕榈油增产但不及

预期，且计划于 2025 年实施生物柴油 B40 政策增加消费需求，市场预期棕榈油供给紧张，提振国际价格大幅上涨。由于长期进口亏损，我国棕榈油库存大幅下降、供应紧张，价格跟随国际持续上涨。欧盟油菜籽遭遇干旱和冻害，全球油菜籽产量不及预期，提振国际菜籽油价格，叠加 9 月份我国对原产于加拿大的进口油菜籽进行反倾销立案调查，市场担忧后续国内菜籽油供给短缺。12 月底华东地区一级豆油价格 8150 元 / 吨，沿海地区三级菜籽油价格 9200 元 / 吨，华南地区 24 度棕榈油价格 9850 元 / 吨，分别比 8 月初上涨 300 元 / 吨、700 元 / 吨、1900 元 / 吨。

撰稿单位：国家粮油信息中心
撰稿人：王辽卫、孙恒
审稿人：曹智

七、棉花和食糖市场运行情况分析

（一）棉花市场运行情况

一是棉花产量明显增长。根据国家统计局数据，2024 年全国棉花播种面积 283.8 万公顷，同比增长 1.8%。其中，新疆地区播种面积 244.8 万公顷，同比增长 3.3%，占全国棉花播种面积的比重上升至 86%；其他地区棉花播种面积 39 万公顷，同比下降 6.8%。2024 年全国棉花产量 616.4 万吨，同比增长 9.7%。其中，新疆棉花产量 568.6 万吨，同比增长 11.2%，占全国总产量的比重升至 92%；其他地区棉花产量 47.8 万吨，同比下

降 5.5%。

二是棉花消费逐步恢复。据国家棉花市场监测系统预计，2023/2024 年度（9 月 /8 月）全国棉花消费量 790 万吨，同比增加 20 万吨；2024/2025 年度全国消费量将进一步增长至 800 万吨。

三是棉花价格总体下行。一季度国内棉花价格震荡上行，期货价格从年初 15600 元 / 吨涨至 16200 元 / 吨，现货价格从 16500 元 / 吨涨至 17200 元 / 吨左右。二季度以后，国内棉价逐步下行，8 月期现货价格分别跌至 13300 元 / 吨、14700 元 / 吨左右。9 月国内棉价一度反弹，后期又逐步回落，年底期现货价格分别在 13500 元 / 吨、14700 元 / 吨左右。

（二）食糖市场运行情况

一是糖料种植面积略有下降、收购价格有所提高。根据中国糖业协会数据，2023/2024 年度（10 月 /9 月）全国糖料种植面积 1893.2 万亩，比上年度下降 1.7%。其中，甘蔗种植面积 109.5 万公顷，同比下降 0.6%；甜菜 16.7 万公顷，同比下降 8.4%。糖料收购价格较上年度有所提升，其中甘蔗平均收购价 547 元 / 吨、甜菜 598 元 / 吨，分别较上年度提高 35 元 / 吨、43 元 / 吨，糖农收入 461 亿元，增加 90 亿元。

二是食糖产量和消费量增加。根据中国糖业协会数据，2023/2024 年度全国食糖产量 996 万吨，同比增长 11%。其中，甘蔗糖 882 万吨，增长 11.8%；甜菜糖 114 万吨，增长 5.4%。全国食糖消费量 1550 万吨，同比增长 1%。消费结构基本稳定，民用消费占比 45.2%，工业消费占比 54.8%。

三是食糖价格上涨。根据中国糖业协会数据，2023/2024 年度全国制糖工业企业成品白糖累计平均销售价 6493 元 / 吨，较上年度上涨 223 元 / 吨，涨幅 3.6%。受益于食糖价格上涨，制糖企业普遍盈利，全国制糖行业销售收入（含综合利用产品销售收入）754 亿元，盈利 37.5 亿元。

国际粮油市场回顾与展望

根据联合国粮食及农业组织 2025 年 2 月份数据，预计 2024/25 年度全球谷物产量 28.41 亿吨，同比减少 1646 万吨，减幅 0.6%，连续 4 年超过 28 亿吨，是历史次高。其中，玉米和小麦产量同比下降，大米产量增加。预计全球谷物消费量 28.69 亿吨，同比增加 2448 万吨和 0.9%，创历史纪录。预计全球谷物贸易量 4.84 亿吨，同比减少 2867 万吨和 5.6%。预计全球谷物期末库存 8.67 亿吨，同比减少 1928 万吨和 2.2%，是历史第三高。其中，玉米和小麦库存同比降幅较大，大米库存同比增加。根据消费量与库存量预报数，2024/25 年度全球谷物库存消费比为 29.8%，同比下降 1.1 个百分点，比过去 5 年平均水平下降 0.7 个百分点，比过去 10 年平均水平下降 0.8 个百分点。

一、小麦

预计 2024/25 年度全球小麦产量 7.89 亿吨，同比减少 45 万吨，减幅不足 0.1%，连续 2 年小幅减少。澳大利亚、哈萨克斯坦、美国和加拿大等国产量同比增加，欧盟和俄罗斯产量下降，乌克兰产量变化不大。预计全球小麦消费量 7.97 亿吨，同比减少 4 万吨。小麦食用消费量同比增长，饲用消费下降。预计全球小麦贸易量 1.97 亿吨，同比减少 1288 万吨和 6.1%。我国小麦进口速度低于预期，且饲用小麦需求减少，进口预测数降至 2019/20 年度以来最低；欧盟和俄罗斯出口速度预计放缓（其中俄罗斯 2025 年 2 月中旬至 6 月底的出口配额创近 5 年来最低）。预计全球小麦期末库存 3.08 亿吨，同比减少 917 万吨和 2.9%。俄

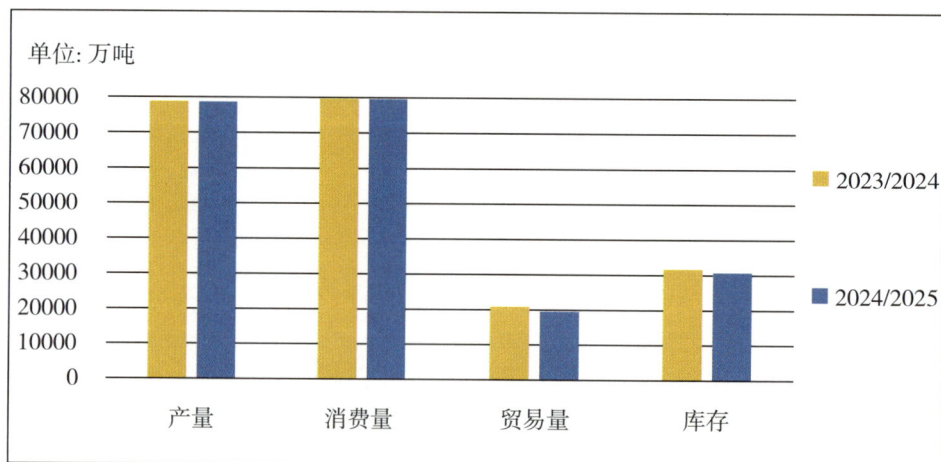

图 2—1　全球小麦供求及贸易情况

罗斯和欧盟库存同比降幅较大。

2024年国际市场小麦价格振荡下降，芝加哥期货市场小麦价格全年跌幅12.4%，连续2年下降。总体来看，国际市场小麦价格运行分为4个阶段：1月—3月中旬，小麦价格下降。该阶段美国等主产国天气条件较好，美国农业部农业展望论坛测算，2024年美国小麦产量增加4.9%。俄罗斯小麦库存较多，出口报价处于全球低位。贸易需求相对疲软，我国厂商取消了约50万吨美国软红冬小麦订单。3月中旬—5月底，价格自底部明显反弹。该阶段俄罗斯出口至埃及的小麦船货因植物检疫证书原因出现延误，且其小麦产区出现霜冻天气；因天气条件差，欧盟委员会测算欧盟小麦产量将降至2020年以来最低；美国农业参赞报告测算印度将成为小麦净进口国。6月初—7月底，小麦价格重新降至3月中旬的低点。此阶段北半球冬小麦收获，季节性压力显现。土耳其暂停小麦进口，市场预计此举将减少数百万吨小麦进口需求。8月初—12月底，小麦价格在2024年以来的底部区间波动。中东局势紧张，主要进口国埃及加大采购力度；俄罗斯卢布汇率大幅贬值，出口价格继续处于全球低位。受不利天气影响，俄罗斯冬小麦播种延迟，且作物长势较差。南半球小麦收获，澳大利亚和阿根廷增产。

二、粗粮

预计2024/25年度全球粗粮产量15.13亿吨，同比减少2061万吨和1.3%。其中玉米和大麦产量下降，但高粱产量增加。俄罗斯、乌克兰和加拿大大麦减产，澳大利亚大麦增产；美国高粱增产，澳大利亚高粱减产。预计玉米产量12.17亿吨，同比减少2430万吨和2.0%。美国、乌克兰、俄罗斯等北半球主要生产国产量减少。预计全球粗粮消费量15.35亿吨，同比增加1469万吨和1.0%。预计玉米消费量12.36亿吨，同比增加1710万吨和1.4%。玉米饲用需求增加，是拉动消费量同比增长的主要动力。预计全球粗粮贸易量2.28亿吨，同比减少1651万吨和6.8%。预计玉米贸易量1.85亿吨，同比减少1320万吨和6.7%。乌克兰出口量减少，我国进口量下降。预计全球粗粮库存3.54亿吨，同比减少1411万吨和3.8%。预计玉米库存2.93亿吨，同比减少1320万吨和4.3%。乌克兰、美国和欧盟库存量同比降幅较大。

2024年国际市场玉米价格先抑后扬，年底价格低于年初，芝加哥期货市场玉米价格全年跌幅2.6%。总体来看，国际市场玉米价格运行分为两个阶段：1月—8月底，玉米价格下降。上年度充足的供应继续对价格形成压制。墨西哥政府表示将执行转基因玉米禁令，对美国玉米出口前景形成不利预期。美国玉米产区天气较好，播种进展顺利，实播面积高于美国农业部最初预期，且单产预期将处于历史高位。美国农户积极出售陈季库存为秋粮腾库，美国玉米出口价格低于南美货源，需求较好，偏高的库存逐步得到消化。9月初—12月底，玉米价格自年初以来的底部回升。此阶段北半球玉米产量确定，美国、欧盟、乌克兰产量均同比下降，北半球主要出口国供应偏紧，南半球产量虽预期增加，但因可能出现拉尼娜现象，产量存在较大不确定性。全球玉米产量低于预期，而消费高于预期，美国农业部不断下调全球玉米期末库存，供应由偏松转向偏紧。

单位: 万吨

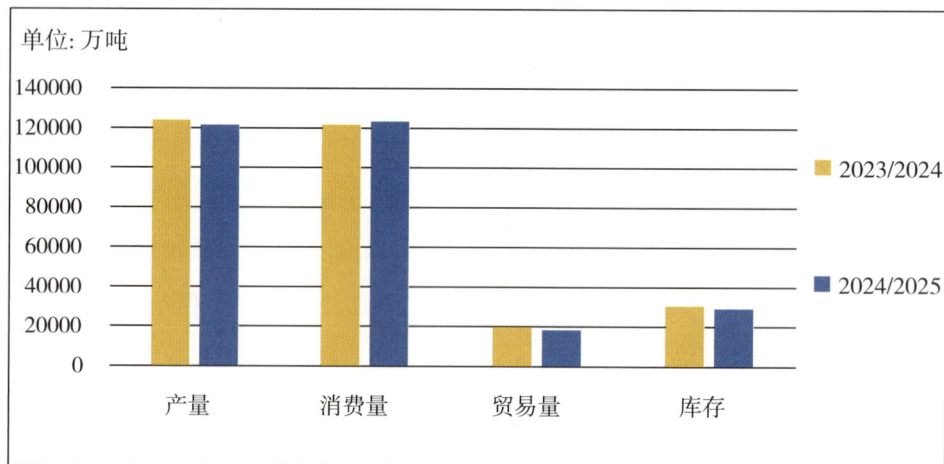

图 2—2　全球玉米供求及贸易情况

三、大米

预计 2024/25 年度全球大米产量 5.39 亿吨，同比增加 459 万吨和 0.9%，创历史新高。稻米生产收益较高，刺激水稻播种面积增加，是大米产量创历史新高的主要动力。印度、越南、巴勒斯坦和泰国产量增加，其中印度播种面积增加，产区天气条件较好，稻米产量达到创纪录水平。预计全球大米消费量 5.37 亿吨，同比增加 984 万吨和 1.9%，创历史新高。大米消费同比增长主要受食用消费增长的拉动。联合国粮食及农业组织称，全球人均大米食用量为 53 公斤左右。预计大米贸易量 5908 万吨，同比增加 72 万吨和 1.2%。印度、巴西、缅甸和乌拉圭出口量与亚洲近东地区和非洲国家进口量同比增加。预计全球大米期末库存 2.04 亿吨，同比增加 401 万吨和 2.0%，创历史新高。大米主要出口国总库存水平充足。

2024 年国际市场大米价格自历史高位持续回落，其中泰国大米价格全年跌幅 20.6%，越南大米跌幅 22.1%。全球大米产量创历史新高及印度出口政策的调整是压制价格下降的主要原因。受播种面积增加及产区天气条件较好双重因素影响，印度、泰国、越南和巴基斯坦等主要出口国增产，其中印度稻谷产量创历史新高，大米库存升至创纪录高位。印度政府取消大米出口限制政策，叠加货币贬值，该国大米大量涌入国际市场，泰国和越南大米受到冲击，出口疲软。菲律宾和印度尼西亚等进口国大米库存充足，进口需求下降。印度尼西亚表示，可能在 2025 年停止进口白米。泰国政府称，因出口竞争加剧，预计 2025 年泰国大米出口量为 750 万吨，低于 2024 年的 995 万吨。

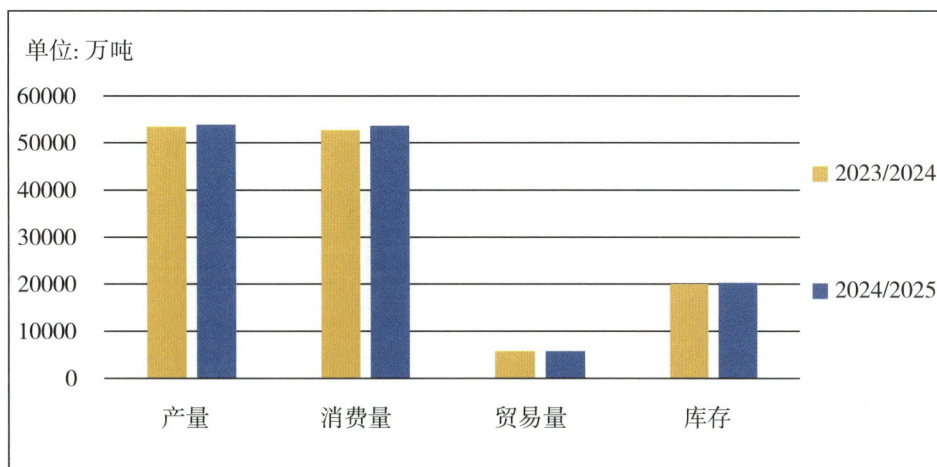

图 2—3　全球大米供求及贸易情况

四、大豆

预计 2024/25 年度全球大豆产量 4.21 亿吨，同比增加 2520 万吨和 6.4％，创历史新高。美国、巴西和阿根廷产量均同比增加。预计全球大豆消费量 4.13 亿吨，同比增加 2280 万吨和 5.9％。主要生产国生物柴油需求较好，油厂榨油收益处于偏高水平，对大豆消费形成拉动作用。预计全球大豆贸易量 1.79 亿吨，同比减少 10 万吨，减幅不足 0.1％。我国大豆进口速度有所放慢，阿根廷国内压榨需求旺盛，出口同比减少。预计全球大豆期末库存 7130 万吨，同比增加 650 万吨和 10.0％，创历史新高。美国、巴西和阿根廷等主要出口国库存增加。

2024 年国际市场大豆价格连续第 2 年下降，芝加哥期货市场大豆价格全年跌幅

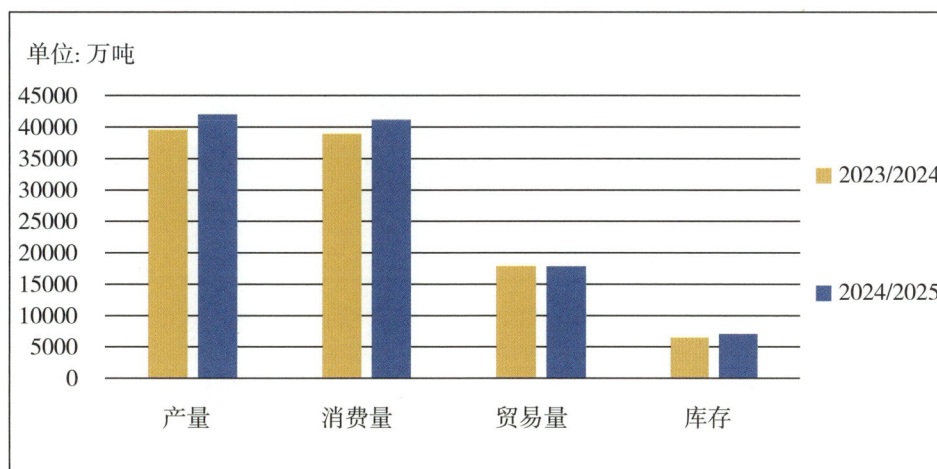

图 2—4　全球大豆供求及贸易情况

22.2%。总体来看，国际市场大豆价格呈单边下降走势。一季度巴西大豆开始收获，产量是历史次高。截至 3 月 1 日的美国农场大豆库存同比增加 24%。3 月底美国农业部发布种植意向报告，测算 2024 年美国大豆播种面积同比增加 3%。叠加春播条件总体良好，大豆生产前景乐观。5 月美国农业部首次预测 2024/25 年度全球大豆产量将连续第 2 年刷新历史纪录，且同比增幅较大，期末库存达到创纪录水平。投机基金在芝加哥期货市场大举抛售空单，7 月大豆净空单达到历史最高。1—8 月巴西货币雷亚尔兑美元汇率贬值约 12%，大豆出口竞争力增强，对美国大豆形成压制。9 月我国对加拿大油菜籽展开反倾销调查，叠加巴西大豆播种初期天气条件偏差，国际市场大豆价格止跌，此后至年底的价格呈底部波动走势。

撰稿单位：国家粮油信息中心

撰稿人：李云峰

审稿人：曹智、王辽卫

大宗商品市场回顾与展望

一、2024 年矿产品市场走势

（一）2024 年全球经济延续疫情后的弱复苏态势

根据国际货币基金组织（IMF）、经济合作与发展组织（OECD）等国际机构预测，全年经济增速约为 3.2%。总需求有所回落，居民消费增速出现回落，私人投资和政府支出温和增长。总供给逐步改善，制造业和服务业表现良好。在经济低速运行背景下，通胀压力有所缓解。尽管受到乌克兰危机、新一轮巴以冲突等影响，国际贸易逐渐回暖。宏观政策方面，全球财政政策整体向正常化路径前进，全球货币政策宽松与紧缩并存，其中欧美等主要经济体货币政策步入降息周期，货币市场利率下行，澳大利亚、日本则进行货币紧缩。全球汇率波动性显著上升，主权债务风险累积，资本市场震荡加剧，大宗商品价格中枢下移。从国别来看，美国经济增长动能减弱，欧洲经济缓慢复苏，日本经济复苏不及预期，印度经济增速放缓。2024 年，中国经济总体平稳运行，整体呈现"前高、中低、后扬"的态势。2024 年我国经济增长对全球经济贡献接近 30%，成为全球经济增长中的最大稳定器。

（二）矿产品市场呈分化态势

2024 年，受国内外各方因素影响，矿产品市场呈分化态势。黑色金属方面，"料强材弱"特征明显，其中，铁矿石、铬矿价格小幅下跌，但跌幅小于钢材、铬铁价格跌幅；锰矿价格大幅上涨 10% 以上，硅锰价格则出现下跌。有色金属方面，铜、铝、锌、锡的价格同比上涨 5%—10%，铅的价格同比小幅下跌，镍、电解钴价格下跌 20% 以上，碳酸锂价格跌幅则在 60% 以上。稀有金属方面，钨、锑、铟价格均大幅上涨，钼的价格出现一定回落。展望 2025 年，关键矿产品市场仍将呈现分化态势，多数矿产品价格仍将在较高位置运行，镍、电解钴、碳酸锂等新能源相关矿产品价格则将继续磨底。

二、2025 年影响矿产品市场的主要因素

（一）宏观经济形势的不确定性将加剧金属矿业市场波动

2025 年，全球宏观经济依然充满不确定性，金属商品价格波动或将进一步加大，甚至不排除特殊事件刺激下出现急涨急跌。一方面，全球经济增速放缓且发展不均衡性加剧，尽管国际货币基金组织预测 2025 年全球经济增速为 3.2%，与 2024 年持平，但仍低于过去 20 年 3.6% 的平均水平；另一方面，主要经济体经济政策及经济发展充满不确定性，对全球

金属商品市场带来巨大不确定性。特别是美国特朗普新一届政府上台将进一步恶化全球经贸环境，其扶持国内制造业发展的产业政策、以保护主义为主导的贸易政策、支持化石能源的能源政策等将对全球金属商品供需、价格产生重大的影响。比如，若美国对我国对美出口商品加征关税，众多含铜产品出口或面临市场调整压力。此外，在强势美元延续的背景下，人民币汇率或持续承压，关键矿产进口将需要支付相对更高成本，对于国内冶炼企业而言，或面临更大经营压力。

（二）世界动荡将对关键矿产品市场带来很多不可控因素

2025 年，地缘政治风险对大宗商品市场的潜在冲击仍不容忽视。发达国家内部经济社会矛盾外溢，增加了世界秩序与全球治理的不稳定性和不确定性，地缘政治和安全风险可能引发全球市场重塑，此外各国债务风险增大容易导致全球金融市场动荡，都将对全球关键矿产品市场带来较大冲击。特别是在地缘方面，乌克兰危机陷入僵局、巴以冲突外溢带来的中东乱局仍未平息，将继续对全球关键矿产供应链带来巨大干扰，也对金属矿业企业的业务运营和市场风险管理提出了更高的要求。

（三）全球主要经济体围绕关键矿产的争夺将进一步加剧

大国博弈升级将干扰全球范围的矿产资源投资与合作。随着大国博弈从政治领域向经济领域不断延伸，在金属矿业领域的竞争和博弈也不断升级，美西方国家将进一步推进构建独立于中国的关键矿产产业链供应链，并恶意炒作中国关键矿产产业，干扰我国在海外矿产资源投资和产业合作。比如，美西方国家将继续借国家安全名义强化对中国矿业投资的限制甚至禁止，包括扩大投资审查范围、降低审查金额门槛、加强针对中资投资审计以及限制特定领域投资活动等。此外，资源民族主义与贸易保护主义也将威胁正常矿业经贸合作，特别是随着关键矿产越来越被关注，刚果（金）、印度尼西亚、智利、秘鲁、俄罗斯等资源国将更加重视本国资源，采用限制投资比例、限制矿产直接出口、要求延长产业链等措施，试图从中获得更多收益。

（四）进口依赖、政策调整等导致金属矿业行业面临压力

一方面，由于国内黑色金属冶炼产能高位运行，有色金属冶炼产能扩张，资源端的结构性短缺导致冶炼企业面临较大经营压力。比如，铁矿石、铬矿等进口持续保持高位，原料价格弹性远小于国内钢材价格弹性，在原料价格保持高位运行背景下，国内钢铁企业面临亏损压力；又如，随着国内铜、锌冶炼等产能持续扩张，国内冶炼企业对铜精矿、锌精矿等进口原料议价能力不足，冶炼加工费处于历史低位，普遍面临亏损压力。另一方面，在随着氧化锑等产品出口政策调整的背景下，国内相关产品价格短期快速回落，相关企业既面临盈利下行压力，也因海外锑精矿价格上涨而面临进

口成本增加、进口难度增大的压力。此外，锑品价格内跌外涨或将刺激国外锑矿开发、冶炼产能建设，加速形成独立于中国的锑产业链，长期不利于我国锑产业链。

三、2025 年战略性矿产品市场走势预测

（一）黑色金属

1. 铁矿石：价格中枢下移，维持宽幅震荡

2024 年，铁矿石价格呈现震荡下行的趋势。普氏指数均值 109.5 美元 / 吨，同比下降 8.5%，铁矿石价格处于 2008 年普氏指数问世以来的历史中位，总体呈现供给宽松而需求偏弱。展望 2025 年，预计铁矿石价格中枢将继续下移。预计普氏指数较 2024 年小幅下降，运行在 90—120 美元 / 吨区间，全年均价 100 美元 / 吨。

2. 铬：不锈钢产量保持增长，铬矿价格或在相对高位震荡

2024 年，中国进口铬矿（南非，42 ％ min）价格"前高后低"，整体高位运行。年均价格 309 美元 / 吨，同比下降 1.5%。高碳铬铁价格全年平均为 8570 元 / 吨，同比下降 3.5%。整体上，全年铬铁供应都处于供应充足或供应过剩状态。展望 2025 年，国内不锈钢产量将继续保持增长，铬矿价格及铬铁价格将高位震荡。预计铬矿价格或将在 220—320 美元 / 吨的相对高位区间震荡，年均价格或达到 270 美元 / 吨；而高碳铬铁价格或在 6800—8000 元 / 吨区间波动。

3. 锰：需求仍有一定支撑，锰矿及硅锰价格或窄幅震荡

2024 年，锰矿及硅锰价格均呈倒"V"字运行，"料强材弱"特征显著。锰矿全年平均价格为 37.2 元 / 吨度，同比增长 13.7%。以宁夏硅锰 6517# 为例，全年平均价格为 6330 元 / 吨，同比下跌 6.17%，目前价格处于近五年来相对低位。尽管国内硅锰产量下降，但由于需求偏弱，硅锰市场呈现高供应、高库存、低需求局面。展望 2025 年，锰矿减产及国内钢铁产量仍将对锰矿及硅锰价格形成一定支撑。预计锰矿价格将在 32—36 元 / 吨度区间震荡，年均价格为 34 元 / 吨度；硅锰合金价格在 5900—6600 元 / 吨区间窄幅震荡。

（二）有色金属

1. 铜：宏观影响显著，铜价将在较高位置宽幅震荡

2024 年，铜价呈现冲高后震荡回落走势，年内一度创历史新高。伦敦金属交易所（LME）3 个月铜价（期货收盘价，电子盘）平均价格为 9266 美元 / 吨，同比上涨 8.72%。宏观方面，年内市场交易重心逐渐由美联储的货币政策转向美国大选，其间伴随着市场对美国经济增长的预期变化，铜价亦出现大幅波动。供应方面，铜矿整体供应仍偏紧。这也导致 2024 年铜精矿现货加工费一度急速下滑至负值并维持低位徘徊。需求方面，受电力投资及国补政策推动，下半年尤其四季度国内家电、汽车消费明显改善，海外需求好转，以及因对未来加征关税的担忧，企业抢出口订单亦

带动电力设备、家电等行业出口呈现高速增长；房地产及相关下游行业消费仍偏弱，是铜消费的最大拖累项。展望 2025 年，尽管宏观方面面临一定干扰，供需因素仍将对铜价形成一定支撑。宏观方面，市场关注重点将从美联储货币政策转移至特朗普政府关税政策与中国宏观政策，铜价将随政策效果而震荡。尽管铜精矿产量将保持增长，但因全球冶炼产能扩张过快，预计未来两年铜精矿市场会延续结构性短缺。铜价将在 8000—11000 美元 / 吨的较高区间宽幅震荡，全年均价 9500 美元 / 吨。

2. 铝：供需维持紧平衡，价格将高位震荡

2024 年，LME 3 个月铝全年均价 2457 美元 / 吨，较去年 2288 美元 / 吨同比上涨 7.4%。供应方面，国内电解铝建成产能达 4500 万吨天花板，运行产能 4377 万吨，整体来看全球供给稳中有增，但后续供给增长空间有限。需求方面，全球铝消费整体呈现增长态势，增量主要集中在光伏、基建和交运领域，国内传统消费领域弱稳，但电网投资建设对冲房地产投资拖累；此外，新能源领域消费强劲，边际贡献举足轻重。展望 2025 年，尽管受宏观等因素影响，但供应偏紧格局将对价格形成较强支撑。供应方面，国内外供应增量相对确定且有限，支持铝价在较高位置。需求方面，全球低利率环境将对终端需求形成刺激，国内电网、新能源汽车、白色家电与光伏装机高速增长仍将带来一定增量需求，地产投资持续形成拖累。预计全球及国内供需维持紧平衡，铝价将在 2200—2700 美元 / 吨区间高位震荡，年均价 2450 美元 / 吨。

3. 铅：过剩局面依然存在，价格将延续震荡运行态势

2024 年，铅价呈现窄幅震荡态势。LME 3 个月铅价（期货收盘价，电子盘）平均价格为 2105 美元 / 吨，同比下降 1.09%。锌矿的减产导致铅矿供应紧张，欧美国家受到经济增速放缓影响，精铅消费偏弱；而国内汽车产量高于预期，电动自行车用铅酸蓄电池受到政策扶持，锂代铅暂时受阻，国内精铅消费表现偏强。展望 2025 年，尽管供需均将有所增长，但小幅过剩仍然存在。预计铅价仍将以震荡为主，运行在 1850—2250 美元 / 吨的区间，中枢将略低于 2024 年，全年均价 2050 美元 / 吨。

4. 锌：价格保持宽幅振荡态势，可能为"前高后低"

2024 年，锌价呈现震荡上涨走势，重心不断上移。LME 3 个月锌价（期货收盘价，电子盘）平均价格 2812 美元 / 吨，同比上涨 6.1%。供应方面，2024 年全球锌矿市场非常紧张，锌矿产量连续第 3 年负增长，导致锌矿现货加工费创"断崖式"下跌。需求方面，国内外锌消费增速都出现负增长，其中国内锌消费量下降 2% 至 709 万吨，中国之外的锌消费量下降 0.3% 至 659 万吨。展望 2025 年，预计锌市场基本面将呈现矿端紧平衡、精锌小幅过剩的局面，对锌价的支撑有所弱化。锌价将呈现宽幅震荡格局，在 2400—3200 美元 / 吨区间运行，年均价约 2700 美元 / 吨。

5. 镍：供给过剩延续，价格将继续磨底

2024 年，镍价呈现宽幅震荡态势。LME 3 个月镍价（期货收盘价，电子盘）平均价格

17077 美元 / 吨，同比下降 21.3%。镍基本面整体仍处于过剩局面，特别是电积镍不断爬产，国内与印度尼西亚合计的电积镍产能已达到 55 万吨 / 年，远大于市场需求，导致一级镍过剩幅度进一步扩大。展望 2025 年，镍市场的基本面将延续 2024 年的格局。预计镍价仍将继续磨底，波动幅度有所收窄，预计 LME 镍价运行区间 13500—19000 美元 / 吨，全年均价 16500 美元 / 吨。

6. 电解钴：价格将保持在历史底部震荡运行

2024 年，钴价格呈现阶梯式下行态势。国内电解钴价格（≥99.8%，上海有色现货均价）收于 17.05 万元 / 吨，相比年初的 22.25 万元 / 吨累计同比下跌 23.4%。钴矿属于铜钴矿和镍钴矿伴生产物，在铜价表现强劲的背景下，刚果（金）、印度尼西亚等主要铜钴矿 / 镍钴项目扩产明显，带动钴矿供应超预期扩张、过剩加剧。钴的终端消费领域仍然集中在电池领域，但三元电池作为钴的最大需求端，装机占比持续走低，打压钴消费。展望 2025 年，预计钴价将继续在历史价格底部位置震荡。预计国内电解钴价格（≥99.8%，上海有色现货均价）将保持相对低位，全年均价为 17.5 万元 / 吨；MB 钴价全年均价 10.4 美元 / 磅（2.3 万美元 / 吨）。

7. 锡：原料供应存增量预期，价格中枢上移有阻力

2024 年，锡价重心出现明显上移。LME 3 个月锡价（期货收盘价，电子盘）平均价格 30318 美元 / 吨，同比上涨 16.9%。2024 年全球锡矿产量稳步上升，全球锡矿产量现阶段已达到历史最高位，精炼锡供应整体维持稳定增长。消费增量得益于半导体行业延续上升周期，且新能源车延续高景气度，镀锡板、锡化工铅酸蓄电池有明显改善，虽然光伏增长不及预期，但均对锡需求形成正向拉动。展望 2025 年，预计锡价将呈现震荡走势，供给增量将对价格上行形成阻力。预计 LME 锡价将在 26000—32000 美元 / 吨区间运行，全年均价 29000 美元 / 吨。

8. 碳酸锂：碳酸锂供大于需格局延续，价格将持续磨底

2024 年，碳酸锂价格总体呈现低位震荡回落态势。碳酸锂价格（99.5%电池级，国产，上海有色现货均价）全年平均价格为 9.05 万元 / 吨，相比去年同期的 25.88 万元 / 吨下跌 68%；国内碳酸锂期货收盘价（活跃合约）全年平均为 7.71 万元 / 吨。前期扩张的锂资源进入放量期，2024 年全球锂资源总体供应过剩局面进一步加剧，国内终端需求保持稳定增长。展望 2025 年，锂资源供需仍将保持宽松状态。供应方面，全球仍处于锂资源放量高峰期，主要增量来自中国、非洲、南美锂三角等锂盐新增项目投产，推动锂资源供给持续增加，但同时高成本矿端也陆续出清。需求方面，整体将保持增长，其中我国对新能源产业的支持政策将支持新能源汽车消费，欧洲也有可能有所恢复，美国则面临政策调整带来的不确定性。预计碳酸锂价格将继续磨底，或在 6 万元 / 吨—10 万元 / 吨区间运行，全年均价 8 万元 / 吨。

（三）稀有金属

1. 钨：原料供应仍然偏紧，钨品价格将在较高位置震荡运行

2024年，国内钨品价格保持高位运行。国内黑钨精矿平均价格13.65万元/吨，同比上涨14.09%。当前国内钨品价格处于近年来较高位置。展望2025年，在钨精矿供应偏紧的背景下，国内钨品价格仍有较强支撑。国内钨矿山企业由于持续面临环保、人力等成本上涨压力，且没有新矿山，后续增产动力及提产空间不大。国内钨品价格将继续保持高位运行，黑钨精矿（≥65%，国产）全年平均价格为13.8万元/吨。

2. 钼：价格仍将保持震荡运行，但波动幅度有可能放大

2024年，钼精矿市场表现较为稳健，上半年震荡上涨，下半年窄幅波动。钼精矿（45%—50%）全年平均价格为3593元/吨度，同比下降7.2%。市场整体仍处于供需紧平衡的状态。展望2025年，钼市场供应量和需求量都将有所增长。预计钼精矿价格重心有望在3000—4000元/吨度之间震荡，全年平均价格为3650元/吨度。

3. 锑：价格仍然保持偏强运行，但受出口管制政策影响大

2024年，锑价呈现先扬后抑的态势。全年锑精矿平均价格11.01万元/金属吨，同比上涨59.79%；锑锭平均价格13.12万元/吨，同比上涨61.05%；氧化锑平均价格接近11.59万元/吨，同比上涨61.85%。国内锑精矿整体保持紧平衡，尽管在高价格支撑之下锑精矿产量有所增长，但由于近年来国内生态环保政策趋严，加之锑资源品位在长期高强度开采后品位已有所下降、选矿成本提高，国内主要锑矿山供应进入平台期，下游应用领域发展形势总体良好。展望2025年，锑品供需及价格将继续对出口管制政策进行适应性调整。预计国内锑锭（99.65%）全年平均价格为13万元/吨。

4. 铟：价格先扬后抑保持强势，市场规模逐步扩大

2024年，精铟价格前高后低，整体表现强势。全年平均价格为2612元/千克，同比上涨48.3%。展望2025年，铟市场基本面整体良好，铟价将维持高位。供应方面，主要取决于矿山生产和企业开工情况；需求方面，则主要看显示面板等行业复苏情况以及新兴领域的应用拓展。预计精铟价格将维持高位，全年平均价格为2400元/千克。

撰稿单位：国家粮食和物资储备局物资储备司

撰稿人：王敏、高春旭、夏保强、潘瑶

审稿人：赵川、成信磊

基本金属市场回顾及未来走势研判

2024年，全球货币政策转向宽松，经济下行压力有所缓解，制造业景气度有所恢复。基本金属矿端原料供应持续紧张，需求新旧动能转换略有改善。在宏观面改善与基本面偏紧共同作用下，基本金属价格宽幅震荡、重心上移。展望2025年，全球进入货币宽松周期，经济有持续向好趋势，但地缘政治局势不稳、大国博弈竞争激烈、贸易保护主义盛行等风险仍存，特别是美国新政府政策调整带来巨大的不确定性，预计基本金属价格整体将偏震荡运行，波动幅度或进一步加大，不同品种受供需基本面影响走势将分化。铜、铝供应偏紧价格将易涨难跌，锌供应转向宽松价格将持续下跌。

一、2024年基本金属市场回顾

（一）价格运行情况

2024年，基本金属价格冲高回落，在宽幅震荡中价格重心上移。从年均价看，伦敦金属交易所（LME）铜、铝、锌主力期货合约年度均价分别为9265.5美元/吨、2455.7美元/吨、2810.4美元/吨，较2023年均价分别上涨11.7%、10.3%、9%。受汇率等因素影响，内盘走势与外盘基本一致，但强于外盘。上海期货交易所（上期所）铜、铝、锌主力期货合约年度均价分别为75173元/吨、19995.7元/吨、23185.6元/吨，较2023年均价分别上涨18.3%、15.4%、16.4%。

图2—5　2024年伦铜沪铜价格走势图

数据来源：万得资讯。

从价格走势来看，可分为如下几个阶段：

1—2月，美国通胀有所反弹，美联储降息预期降温，叠加消费淡季下游需求偏弱，库存出现季节性累库，基本金属价格低位震荡。LME铜、铝、锌主力合约价格分别在8200—8600美元/吨、2100—2300美元/吨、2300—2600美元/吨区间内震荡，上期所铜、铝、锌主力合约价格分别在67600—69400元/吨、18600—19700元/吨、20100—21600元/吨区间内震荡。

3—5月，美联储降息预期升温、中美制造业超预期回暖以及基本金属矿端原料紧缺问题不断加剧，宏观面与基本面共振，加之美英制裁俄金属、海外铜期货逼空等超预期事件冲击，基本金属价格出现趋势性上涨。其中，LME铜主力合约价格突破11000美元/吨，创历史新高，LME铝、锌主力合约价格分别涨至2794美元/吨、3135美元/吨，创年内新高。

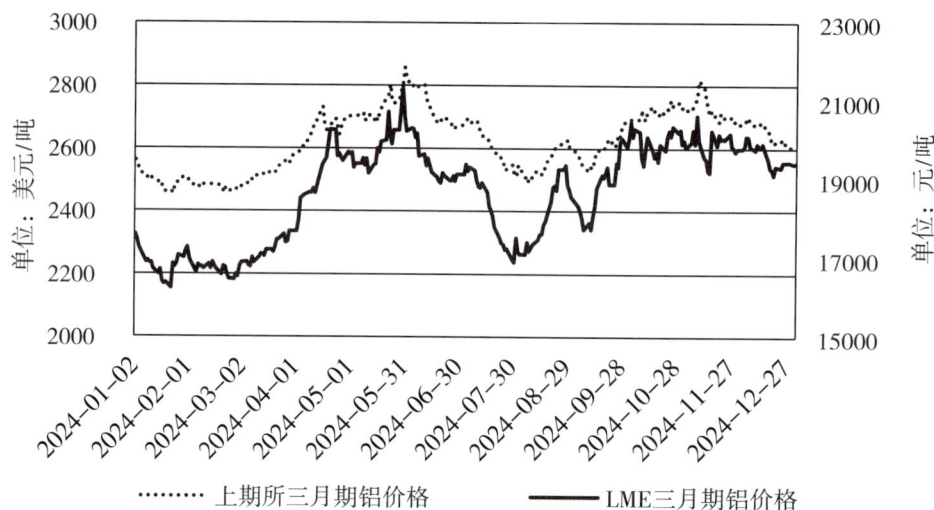

图 2—6　2024 年伦铝沪铝价格走势图

数据来源：万得资讯。

6—8月，中美经济数据大幅走弱，市场交易衰退预期，基本金属价格大幅下跌。LME铜、铝、锌主力合约价格最低分别跌至8750.5美元/吨、2238美元/吨、2563美元/吨，较5月高点分别下跌20.5%、19.9%、18.3%。

9—10月，美联储开启降息周期，我国"一揽子"增量政策紧随其后，宏观预期再次回暖，基本金属价格再次走强，LME铜、铝、锌主力合约价格分别涨至10103美元/吨、2684美元/吨、3195美元/吨。

11—12月，特朗普交易开启，美元指数不断走高，基本金属价格震荡回落。LME铜、铝、锌主力合约价格分别在8700—9700美元/吨、2500—2700美元/吨、2900—3200美元/吨区间内震荡。

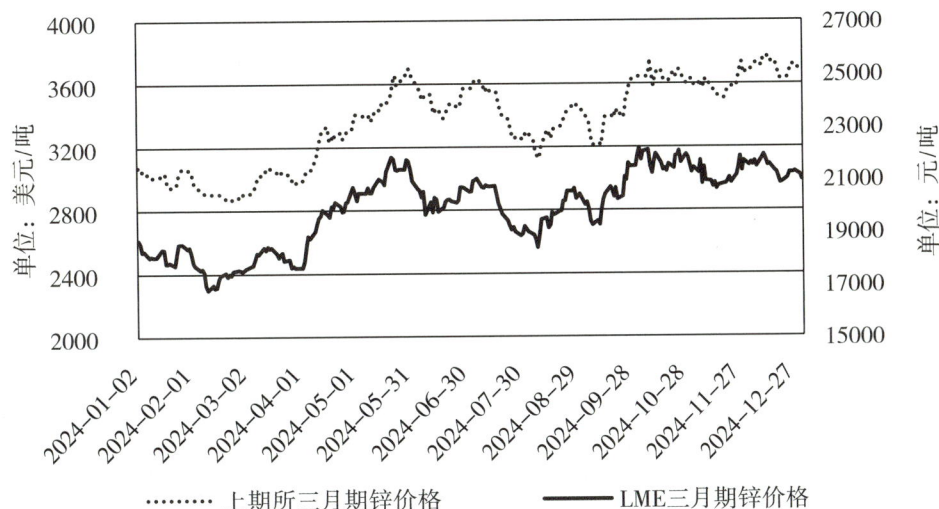

图 2—7　2024 年伦锌沪锌价格走势图

数据来源：万得资讯。

（二）供需情况

2024 年，基本金属矿端供应增长乏力，冶炼端有收缩预期，全球能源转型推动需求稳步增长，供需总体偏紧。铜方面，供应端，2024 年，全球铜精矿产量 2364.4 万吨（折金属量，下文除特别标注外均为金属量），同比增长 1.03%，增幅低于预期。我国铜精矿产量 173 万吨，同比增长 1.3%。全球精炼铜产量约 2627 万吨，同比增长 2.1%。我国精炼铜产量约 1354 万吨，同比增长 3.6%，占全球总产量的 51.5%。由于矿端原料紧缺叠加铜价阶段性上涨刺激，2024 年我国废铜利用量 341.5 万吨，同比增长 9.8%，且进口增长强劲。海关总署数据显示，我国废铜进口量约 225 万吨，同比增长 34.5%。需求端，2024 年，全球铜消费量约 2601 万吨，同比增长 2.1%，与供应增速保持同步。我国 2024 年精铜消费量达 1495 万吨，同比增长 2.8%，占全球总

消费量的 57.5%，较上年提高约 0.4 个百分点。海外需求从 2023 年的负增长中恢复，同比增长 1.1%。铝方面，供应端，2024 年，全球铝土矿产量 5.9 亿吨（实物量），同比增长 2.2%。受矿石品位下降以及环保和安全政策收紧等因素影响，我国铝土矿产量 5808 万吨（实物量），同比下跌 11.4%，成为导致全球铝土矿供应紧张的主要原因。2024 年，全球电解铝产量约 7296 万吨，同比增长 3.5%。我国电解铝产量 4346 万吨，同比增长 4.3%，占全球总产量的 59.6%。需求端，2024 年，全球货币政策转向宽松，经济下行压力有所缓解，铝消费有所回暖。全球消费电解铝约 7258 万吨，我国消费 4518 万吨，同比增长 5.5%，占全球总消费量的 62.3%。锌方面，供应端，2024 年，全球锌精矿产量约 1264.7 万吨，同比下降 1.7%，连续 4 年下降。我国锌精矿产量 400 万吨，同比下跌 1.5%，创近 10 年来

新低。2024 年，全球精炼锌产量约 1376 万吨，同比下降 2.2%。我国精炼锌产量约 662 万吨，同比下降 3.4%，占全球总产量的 48.1%。需求端，2024 年全球锌消费呈现区域分化，欧美地区消费下滑，新兴市场国家消费有所回升。

（三）影响价格走势和产业发展的重大事件

3 月 13 日，中国有色金属工业协会召开"铜冶炼企业座谈会"，探讨行业自律与产能治理问题，国内 19 家铜冶炼企业主要负责人、国家相关部委负责同志参会。与会企业在调整冶炼生产节奏、严控铜冶炼产能扩张等方面达成共识，冶炼端减产预期增强，成为推动铜价上涨的标志性事件。

4 月 12 日晚，英国和美国相继宣布新一轮对俄制裁措施，禁止 4 月 13 日及之后俄罗斯生产的铜、铝、镍在伦敦金属交易所和芝加哥商品交易所（CME）交易。受此消息影响，国际市场铜、铝、镍等有色金属价格大涨。

5 月中旬，受英美对俄金属制裁等因素影响，纽约商品交易所（COMEX）铜库存触及历史低位，引发多头逼仓行情，COMEX 铜期货主力合约最高价达 11305.3 美元 / 吨，创历史新高。

10 月 16 日，几内亚海关宣布暂停阿联酋环球铝业子公司铝土矿出口，加剧了市场对于铝土矿供应紧缺的担忧，进一步推动铝价上涨。

10 月 24 日，生态环境部、海关总署等六部门联合发布《关于规范再生铜及铜合金原料、再生铝及铝合金原料进口管理有关事项的公告》，指出部分再生铜铝原料不属于固体废物，可自由进口，有助于缓解我国铜、铝原料供应紧张问题。

11 月 15 日，财政部、国家税务总局发布调整出口退税政策的公告，自 2024 年 12 月 1 日起取消铝材、铜材等产品出口退税，我国铜材、铝材出口面临下行压力。

二、2024 年基本金属市场运行特征

2024 年，全球货币政策转向宽松，经济下行压力有所缓解，美国基本实现经济"软着陆"，我国经济平稳运行，GDP 增长 5% 的任务目标顺利实现。中国物流与采购联合会公布，2024 年全球制造业采购经理指数（PMI）均值为 49.3%，较 2023 年上升 0.8 个百分点，制造业景气度有所恢复，但仍总体处于荣枯线下，显示经济内生增长动力还不强，有效需求仍然偏弱。在此背景下，基本金属市场呈现出以下特征。

（一）基本金属市场频繁出现"强预期"遇到"弱现实"

当前，全球经济正处于复苏阶段，市场预期反复多变，往往倾向于过早交易复苏预期，但需求尚未出现趋势性回暖，"强预期"常遇到"弱现实"。基本金属金融属性较强，价格走势对宏观因素较敏感，市场宏观预期在"强

预期"与"弱现实"之间反复切换。3—5月，美联储降息预期升温、中美经济数据同步回暖，市场对经济复苏预期强烈，基本金属价格出现趋势性上涨。6月，全球宏观经济同步转弱，经济复苏预期被证伪，基本金属价格大幅下跌。9月，美联储超预期降息和我国宏观政策力度加大，市场乐观预期卷土重来，基本金属价格企稳反弹，但随后中美GDP、制造业PMI数据低迷，"强预期"再次遇到"弱现实"，基本金属价格又开始回调。

（二）我国基本金属"矿冶"矛盾突出

2024年，我国基本金属冶炼产能快速扩张，且速度高于矿石供应增速，矿石供不应求，冶炼产能过剩。以铜为例，根据安泰科数据，2024年，我国铜精矿供应量约1000万吨，同比增长不足1.3%。我国精炼铜产量约1354万吨，同比增长3.6%，精炼铜年产能更是达到1482万吨，精炼铜产量增速明显大于铜精矿产量增速，矿端供应不足与冶炼产能过剩矛盾凸显。受此影响，我国铜、锌冶炼厂矿石加工费大幅下跌至历史低位。如2024年上半年，铜精矿加工费断崖式下跌，从2023年80多美元/吨一度下跌至负值，下半年虽小幅反弹，但仍徘徊在个位。

（三）人民币汇率走低是国内外基本金属价差拉大的主因

2024年，美元全年强势运行，人民币贬值压力较大，相对偏弱运行。基本金属作为国际市场重要的大宗商品，价格主要由美元定价

和计价，汇率的差异造成了国内外市场基本金属价格存在明显差异。剔除人民币汇率波动后，海外和国内市场走势基本相同。

三、2025年基本金属价格走势研判

从宏观层面看，2025年，美国经济有望由"软着陆"切换至弱复苏，我国宏观政策力度有望加大，随着政策加快落地见效，经济运行积极因素增多，国内有效需求有望进一步释放。但美国新政府政策调整可能对经济发展带来负面影响。总体来看，宏观经济有利因素多于不利因素，全球经济发展或延续弱复苏态势。国际货币基金组织（IMF）、经合组织（OECD）等权威机构预测，2025年全球经济增长率预计在3.2%至3.3%之间，与2024年基本持平。

从市场流动性看，2025年，美联储或放慢降息步伐，但货币政策方向不会改变，仍将处于降息周期。其他发达国家的通胀水平将陆续回落，货币政策将进一步放松。我国近14年来首次提出要实施适度宽松的货币政策，进一步降准降息的可能性较大。海内外货币政策"同向而行"走向宽松，全球流动性整体转向宽裕，为经济增长创造良好的金融环境。

从供应端看，铜、铝矿端供应瓶颈短期难以突破，或将延续矿端供应紧张、冶炼产能过剩的格局。锌精矿供应预计有较大幅度增长，或有效缓解供应紧张。铜方面，2025年，预计全球铜精矿产量小幅增长，增量主要来自海

外矿山。巴拿马科布雷铜矿有望复产，紫金矿业朱诺铜矿、力拓旗下 OT 铜矿等项目产量预计增长，有望抵消老矿山产量下滑的影响。预计全球铜精矿增量在 64 万吨左右。但全球铜冶炼产能仍有较大幅度扩张，预计国内新增铜冶炼产能约 117 万吨，海外新增产能约 87 万吨，总计超过 300 万吨。2025 年，预计全球铜精矿供应仍然紧缺，精炼铜可能会出现小幅过剩。缺乏原料可能导致冶炼厂减产，废铜供应有望增加。铝方面，国内山西、河南等铝土矿主产区受环保、安全政策收紧等因素影响产量预计下降。几内亚等海外铝土矿有增产预期，但仍存在供应扰动风险，预计铝土矿供应

仍紧张。截至 2024 年底，我国电解铝建成产能已接近 4500 万吨产能天花板，新建产能规模明显收缩，产量增长将显著放缓，且西南地区电解铝主产地电力供应紧张问题仍未解决，预计将制约我国电解铝产量提升。海外受电力供应等多种因素制约，电解铝新建产能进度缓慢，产量增速较低。预计 2025 年电解铝供应增速放缓。锌方面，2024 年锌精矿供应短缺导致价格持续上涨，刺激锌矿产能快速提升。2025 年，随着老矿山复产和新矿山投产，锌精矿供应可能有较大幅度增长，矿端供应与冶炼产能错配矛盾或有明显缓解，锌精矿和精炼锌供应都可能由紧张转向宽松。

表 2—1　2022—2025 年全球铜精矿、精炼铜供需平衡表

单位：万吨金属量

年份 项目	2022 年	2023 年	2024 年（测算）	2025 年（预测）
铜矿产量	1816	1882	1904	1973
铜矿消费量	1814	1877	1923	1995
供需平衡	2	5	-19	-22
精铜产量	2488	2573	2627	2705
精铜消费量	2499	2548	2601	2670
供需平衡	-11	25	26	35

数据来源：北京安泰科。

从需求端看，新能源等新需求占比提升有望缓解传统需求下滑的压力。随着我国"两新"政策持续发力以及电网投资加快将提振消费。铜方面：一方面，新能源、人工智能等新需求占比继续提升将对冲地产等传统需求下降的影响。据中金公司研究部测算，2025 年，铜的新能源需求占比将超过建筑需求。另一方面，

预计我国"两新"政策将持续发力，同时电网建设保持较高增长速度，2025 年铜需求量将有一定幅度的增长。铝方面：随着我国风光电基地陆续落地，下游特高压输电等电网建设也有望迎来新一轮高峰，对需求有较大支撑。据中金公司研究部测算，2025 年，铝的新能源需求占比已与建筑需求基本一致。但我国铝材

出口面临国内政策调整和国际贸易摩擦的压力，相关需求可能转弱，2025 年铝需求量小幅增长，幅度或小于铜。锌方面：锌需求主要集中在建筑、家装、汽车等传统制造业领域。2025 年，我国经济有望在政策推动下加速复苏，房地产市场有望止跌回稳，基建和制造业需求或小幅增长，预计锌需求微增。

从供需平衡看，2025 年，铜、铝市场供需基本面依然偏紧，对价格形成较强支撑。锌精矿供应紧张问题将逐步缓解，市场供需格局也将由紧张转为小幅过剩，对价格支撑作用下降。

总体来看，全球进入货币宽松周期，经济有持续向好趋势，但地缘政治局势不稳、大国博弈竞争激烈、贸易保护主义盛行等风险仍存，大宗商品市场面临价格大幅波动的风险。特别是美国新政府政策调整带来巨大的不确定性，全球新一轮贸易战、关税战风险上升，可能全方位影响宏观经济走势和大宗商品市场供需；俄乌冲突、中东地区冲突呈现长期化趋势，几内亚、刚果（金）等资源国政治局势不稳，冲突升级或者风险外溢都将导致全球产业链、供应链稳定性下降。预计基本金属价格整体将偏震荡运行，难现明显趋势性行情，波动幅度或进一步加大，不同品种受供需基本面影响走势将分化。铜、铝矿端供应增长受限，供需偏紧，价格将易涨难跌。预计 2025 年铜均价不低于 9200 美元 / 吨，铝均价不低于 2400 美元 / 吨。锌供应转向宽松，需求增长不及铜、铝，预计价格将持续下跌，年均价不高于 2700 美元 / 吨。

四、基本金属市场面临的风险和挑战

（一）宏观经济不确定性增加或加剧市场波动

2025 年，全球宏观经济依然充满不确定性，基本金属价格波动或将进一步加大，甚至出现暴涨暴跌。一方面，全球经济增速放缓且发展不均衡性加剧，尽管 IMF 预测 2025 年全球经济增速为 3.2%，与 2024 年持平，但仍低于过去 20 年 3.6% 的平均水平；另一方面，全球主要经济体经济政策及经济发展充满不确定性，特别是特朗普政府上台将进一步恶化全球经贸环境，其再工业化的产业政策、以保护主义为主导的贸易政策、支持化石能源的能源政策等都将对全球大宗商品供需、价格产生重大的影响。此外，在强势美元延续的背景下，人民币汇率或持续承压，战略性矿产进口将需要支付相对更高的成本，我国制造业将面临更大的经营压力。

（二）地缘冲突升级给我国资源安全带来风险

一方面，已有地缘冲突有升级外溢风险。俄乌冲突、中东地区冲突呈现长期化趋势，冲突升级或者风险外溢都将导致全球产业链、供应链稳定性下降，大宗商品市场面临价格大幅波动的风险。另一方面，新的地缘政治冲突可能在 2025 年爆发。中、美、欧之间贸易摩擦可能进一步升级，几内亚、刚果（金）等资源国政治局势不稳都将给世界经济发展和全球产业链供应链安全稳定带来重大威胁，一旦爆发将对市场造成巨大冲击。

（三）基本金属原料对进口依赖加深

受我国资源禀赋限制，我国基本金属资源储量不足，难以满足国内需求，必须通过进口来补充供应缺口。近年来，随着国内矿山高强度开采以及环保、安全政策收紧，我国基本金属矿石产量持续下降。据安泰科统计，2024 年，我国铜精矿产量 173 万吨，同比增长 1.3%，增速放缓；我国铝土矿产量 5808 万吨（实物量），同比下降 11.4%；我国锌精矿产量 400 万吨，同比下降 1.5%。另外，我国基本金属冶炼产能持续扩大，导致矿石供需缺口持续扩大，进口持续增加，基本金属对外依存度也进一步上升。

五、对策建议

（一）夯实国内矿产资源基础

加大国内找矿力度，强化勘查资金保障，实施新一轮找矿突破战略行动，努力增加资源储量，夯实资源保障基础。改善国内矿业投资环境，加快矿山改造升级，打造绿色勘查、绿色开发矿业产业链条，实现高质量发展。加快建立再生资源回收利用体系，强化二次资源回收基础设施建设，加强政策引导，推动循环利用技术创新，提高国内二次资源供应能力。

（二）提升海外资源获取能力

加大海外矿产资源投资开发力度，鼓励有实力的企业以股权投资、产能投资和贸易协议等多种方式，建立稳定可控的海外资源供应渠道。发挥"一带一路"、中非合作论坛等对外合作平台作用，统筹协调政府、国企、民企投资开发海外资源，形成更大合力。强化相关行业联合会的牵头协调作用，统筹协调国内冶炼厂与海外矿山谈判，提高议价能力。

（三）增强国家储备实力

抢抓时机全力以赴落实矿产品原材料储备收储任务，不断增强储备实力，提高防范和化解风险挑战的能力和水平，以储备的确定性来应对经济社会发展面临的不确定性和不稳定性。

（四）加强对市场监测分析

2025 年，世界政治经济秩序动荡变革，地缘政治经济冲突延续，特别是美国新政府政策调整带来巨大的不确定性。需有针对性的做好市场监测分析和风险预警，密切关注国际政治经济形势变化，加强对突发事件的跟踪分析，强化风险识别，定期评估对我国资源安全以及产业链供应链稳定的影响，做好应对美国政策调整、地缘局势变化等新情境下保障战略性矿产资源供应的预案。

撰稿单位：国家物资储备调节中心
撰稿人：常大华
审稿人：郭景平

能源市场回顾与展望

2024 年，世界经济继续缓慢复苏，但通胀压力依然存在，能源市场保持宽松态势。全球能源市场需求低于预期，国际原油、天然气、煤炭价格均有所下降。我国经济运行总体保持回升向好态势，原油、天然气、煤炭产量同比均提高，天然气、煤炭进口量较快增长。展望 2025 年，预计全球原油供需更趋宽松，天然气供需呈平衡态势，布伦特原油均价将在 65—75 美元 / 桶区间，欧亚气价持稳，美国气价上涨。国内成品油需求负增长，市场供需宽松程度不断提高，预计汽柴油价格或现较大降幅；煤炭供应保持高位，需求增长有限，市场供需将呈平衡略显宽松格局。

一、2024 年全球能源市场供需格局及价格走势

（一）国际原油市场基本面趋于宽松，国际油价整体呈下降趋势

供需方面，全球原油市场供给逐渐宽松。受巴以冲突和俄乌冲突等地缘政治风险影响，石油输出国组织及其合作伙伴（OPEC+）产量下降，2024 年上半年国际原油供应一度偏紧，随着地缘冲突影响逐渐消退、美国等非 OPEC+ 产油国产量增长，国际原油供应进入宽松状态，OPEC+ 推迟增产计划也难以扭转基本面宽松局面。受主要经济体经济增速下降、能源

利用效率提高和电动汽车销售大幅度增加等影响，全球原油需求增长明显放缓。美国能源信息署（EIA）数据显示，预计 2024 年全球原油需求量为 10303 万桶 / 日，较 2023 年仅增长 88 万桶 / 日，增量远低于 2023 年的 220 万桶 / 日和 2022 年的 233 万桶 / 日。需求疲弱给国际原油市场带来持续压力，成为 2024 年国际原油价格下行的主要原因之一。价格方面，国际油价整体震荡下行。2024 年上半年，国际油价呈"倒 V 型"走势，整体超预期走高，4 月中旬布伦特原油期货价格达到 93 美元 / 桶的年内高点；三季度，地缘冲突有所缓和，全球经济衰退氛围浓厚，国际原油价格震荡下行，9 月中上旬一度跌破 70 美元 / 桶的关键整数关口；四季度，受地缘政治风险溢价带动，国际原油价格短暂冲高，但此后价格再度回落。布伦特原油期货全年均价为 79.9 美元 / 桶，同比下跌 2.8%。

（二）全球天然气市场延续宽松态势，国际气价进一步下跌

供需方面，全球天然气供应充足，据中石油经济研究院测算，预计 2024 年产量为 4.39 万亿立方米，同比增长 2.8%。在能源转型和部分地区夏季持续极端高温的双重影响下，全球天然气需求实现较快增长，全年消费量 4.09 万亿立方米，同比增长 2%，回升至 2021 年水平。价格方面，全球天然气市场延续宽松态

势，国际气价进一步下跌，欧美亚区域价格联动性持续增强。欧洲天然气基准荷兰天然气交易中心（TTF）现货全年均价 10.9 美元 / 百万英热单位，同比下跌 15.1%；美国天然气基准亨利中心（HH）现货全年均价 2.2 美元 / 百万英热单位，同比下跌 14%；标普东北亚天然气基准价格（JKM）现货全年均价 11.8 美元 / 百万英热单位，同比下跌 26.6%。

（三）全球煤炭市场供需整体充裕，价格稳中下调

供需方面，据国际能源署（IEA）测算，在印度、印度尼西亚和我国煤炭产量增长的拉动下，2024 年全球煤炭总产量达到 90 亿吨左右，增长约 3%。2024 年全球煤炭消费量达 87.7 亿吨，增长约 1%，消费总量不及预期，供需整体充裕。中国以及印度、印度尼西亚等新兴经济体的煤炭需求不断增长，而欧盟和美国煤炭消费量则分别下降 12% 和 5%，一定程度上缓解了供需紧张局面。价格方面，2024 年国际煤炭贸易价格呈下降趋势，主要煤炭品种价格中枢下降，进口煤炭到我国（沿海）的成本价格较国内低 30—100 元 / 吨不等；印度尼西亚、澳大利亚煤炭离岸价格均值同比分别下降 15.7% 和 13.9%。

二、2024 年国内能源市场供需格局及价格走势

（一）我国原油产量保持增长，外采率有所下降

2024 年，我国持续加大增储上产力度，原油产量继续保持增长态势。国家统计局数据显示，全年规模以上工业原油产量 2.1 亿吨，较上年增长 1.8%，连续 3 年稳定在 2 亿吨以上。其中，海洋石油产量约 6550 万吨，同比增长约 330 万吨，占全国石油增产量的 80% 以上，连续 6 年贡献全国增产量的 60% 以上。海关总署数据显示，2024 年我国原油进口量 5.53 亿吨，同比减少 1057 万吨、下降 1.9%。根据中石油经济研究院发布的《2024 年国内外油气行业发展报告》，2024 年我国原油外采率约 71.9%，同比下降 0.5 个百分点。

（二）天然气生产及进口继续双增长，消费需求保持较快增长

供应方面，国家统计局数据显示，2024 年国内规模以上工业天然气产量 2464 亿立方米，同比增长 6.2%，连续 8 年增产超 100 亿立方米。根据海关总署数据，全年进口天然气 1821.6 亿立方米，同比增长 9.9%。其中，液化天然气（LNG）进口 1057.8 亿立方米，同比增长 7.7%；管道天然气（PNG）进口 759.6 亿立方米，增长 13.1%。全国新增温州华港等 10 座 LNG 接收站投产（含扩建），合计 LNG 接收能力为 362.9 亿立方米 / 年，新增接收能力较上年翻倍、创历史新高。截至 2024 年底，全国 LNG 总接收能力达 2014.8 亿立方米 / 年，同比增长 21.9%。需求方面，国内天然气消费快速增长，全国天然气表观消费量 4260.5 亿立方米，同比增长 315 亿立方米，增幅 8%。增长主要靠两大因素拉动：一是宏观

经济呈总体平稳态势，支撑用气需求。工业生产持续扩张，商服与工业用气需求增长。二是国内 LNG 价格下降，天然气经济性改善。等热值 LNG 与柴油价格比达近 4 年低位，车用 LNG 经济性优势明显，LNG 汽车销量同比增长 13%，交通用气快速增长。

（三）成品油总体产大于需，价格波动下降

供应方面，国内成品油供应总体呈现下降态势。2024 年，成品油产量 4.25 亿吨，同比下降 4.2%，其中汽油产量 1.70 亿吨，同比下降 3.4%；柴油产量 1.98 亿吨，同比下降 9.4%；航煤产量 5852 万吨，同比增长 15.6%。需求方面，成品油市场需求总体呈下降趋势。2024 年，成品油消费 3.94 亿吨，同比下降 1.3%，其中汽油消费 1.6 亿吨，同比下降 2.8%；柴油消费 1.97 亿吨，同比下降 2.6%；煤油消费 3925 万吨，同比增长 13%。价格方面，受国际油价变化影响，2024 年国内成品油零售价格调整累计开启 25 轮调价窗口，呈现"九涨九跌七搁浅"格局，国内主营炼厂汽油、柴油批发均价分别为 8748 元 / 吨、7448 元 / 吨，同比分别下降 3.6%、6.1%，均大于布伦特原油期货价格全年均价 2.8% 的降幅。

（四）煤炭兜底保障作用充分发挥，价格稳中有降

供应方面，根据国家统计局数据，2024 年全国规模以上原煤产量 47.6 亿吨，创历史新高，比上年增长 1.3%。海关总署数据显示，煤炭进口量 5.4 亿吨，同比增长 14.4%，创历史新高。需求方面，煤炭消费同比基本持平。预计 2024 年火力发电量 5.74 万亿千瓦时，同比增长 5%，带动电煤消费小幅增长；煤化工行业综合利润较好，持续保持较高运转率，化工煤需求保持增长。库存方面，主要环节存煤水平进一步提高。截至 2024 年底，全国统调电厂存煤超过 2.2 亿吨，可用 28 天；主要港口存煤 7050 万吨，较年初增加 0.13%。价格方面，国内煤炭市场价格稳中有降，电煤中长期合同（5500 大卡北方港下水煤）价格稳中略降，秦皇岛港 5500 大卡下水动力煤平仓长协均价 701.2 元 / 吨，同比下降 12.6 元 / 吨，降幅 1.8%；同等质量市场煤价格年内均值约为 862 元 / 吨，同比下降 101 元 / 吨，降幅 11.2%。

三、2025 年能源市场走势研判

（一）全球原油市场供需更趋宽松，价格中枢震荡下行

2025 年世界经济形势依然不容乐观，全球能源需求增长持续放缓，地缘政治风险不确定性仍存，特朗普上台后美国能源政策对原油市场影响偏空，预计 2025 年国际油价或维持宽幅震荡，运行中枢可能下降。供应方面，OPEC+ 将自愿减产计划延迟到 3 月底，这将在一定程度上延缓石油供应增长。但随着其产量逐步恢复，加上美国、加拿大、巴西等非 OPEC+ 产油国稳步增产，国际石油市场过

剩状态将进一步加剧。据中石油经济研究院预计，2025 年全球供应增长 180 万桶 / 日，至 1.046 亿桶 / 日。需求方面，受全球经济形势和能源转型的持续打压，原油需求下降趋势难以逆转，预计全球石油需求仅增 80 万桶 / 日，至 1.037 亿桶 / 日。全球将进入累库周期。价格方面，全球原油市场供需基本面宽松，原油价格或将在多空力量影响下震荡下行。据中石油经济研究院预计，基准情景下 2025 年布伦特原油期货均价为 65—75 美元 / 桶，较 2024 年均价下行 10 美元 / 桶左右。

（二）全球天然气需求增速放缓，供需呈平衡态势

据中石油经济研究院分析，供应方面，预计全球天然气产量约为 4.49 万亿立方米，同比增长 2.3%，北美和中东是产量增长的主要地区。需求方面，全球天然气市场需求增速将放缓，贸易格局持续深度调整，供需呈平衡态势。预计全球天然气消费量 4.15 万亿立方米，同比增加 1.5%。亚洲市场将是重要支撑。欧洲天然气需求稳中有升，受俄罗斯过境乌克兰输气合同到期影响，欧洲 LNG 进口需求将增加。价格方面，预计全球 LNG 市场供需总体平衡，欧亚气价持稳，美国气价上涨。其中，欧洲 TTF 现货均价约 10.5—12 美元 / 百万英热单位，东北亚 JKM 现货均价约 11.5—13 美元 / 百万英热单位，美国 HH 现货均价约 2.7—3.5 美元 / 百万英热单位。考虑地缘冲突、极端天气等风险影响，不排除出现国际气价超预期波动的可能。

（三）国内成品油需求持续负增长，市场呈现宽松格局

据中石油经济研究院分析，供应方面，2025 年，裕龙石化、镇海炼化二期将正式投产，大连石化进行搬迁改造，炼油能力略有回落，但考虑到宏观经济政策支撑石油消费有所回暖，预计全年原油加工量 7.34 亿吨，同比增长 2.5%；随着"减油增化"持续推进，成品油收率不断下降，预计全年成品油产量 4.28 亿吨，较 2024 年下降 0.7%。需求方面，预计国内成品油需求 3.88 亿吨，同比下降 1.6%。伴随汽车保有量结构加速转变，全年新能源汽车保有率有望超过 10%，替代汽油消费量升至 3500 万吨以上，预计全年汽油消费量 1.54 亿吨，同比下降 2.5%；柴油消费量 1.91 亿吨，同比下降 3.0%；煤油消费量 4280 万吨，同比增长 9.0%。价格方面，国际油价预计走低，国内成品油价格成本维持相对低位，加之成品油需求仍为负增长，市场供需宽松程度不断加大，预计汽柴油价格可能出现较大降幅。

（四）国内煤炭供应保持高位，需求增长有限

供应方面，煤炭供应继续保持增长态势。山西地区产量整体保持平稳，随着黑龙江煤炭产量的逐步恢复，以及内蒙古、新疆优质产能的持续释放，中国煤炭经济研究会预计 2025 年规模以上煤炭企业煤炭产量稳中有增，总量将接近 48 亿吨，但煤种结构性矛盾依然存在，高卡煤相对紧张。在总需求增长有限、国

内外价差缩小的背景下，预计2025年煤炭进口数量在5亿吨左右，同比小幅下降，但仍处于高位。需求方面，煤炭消费增长有限。近年全社会用电增速持续快于经济增速，虽然新能源发电规模增幅扩大，一定程度上减缓了煤电的压力，但顶峰调峰能力需要强化，预计煤电发电量增加500亿—1000亿千瓦时，同比增长1%—2%左右，电煤消费需求将保持一定增量。非电行业中，预计建材、钢铁行业煤炭消费稳中略降，化工行业仍将是煤炭消费增长的主要来源。价格方面，当前全社会煤炭库存已处高位，考虑到煤炭产量还有一定增长空间，消费增幅有限，预计煤炭市场供需将呈现平衡略显宽松的运行态势，市场价格将进一步回落。但需关注国际能源市场和贸易环境对煤炭进口量的影响，以及经济复苏节奏和极端天气变化对煤炭需求带来的不确定性。

撰稿单位：国家粮食和物资储备局能源储备司

撰稿人：樊婧、刘伟然、王慧敏、王亚楠

审稿人：郭洪伟、葛连昆

石油市场回顾及未来走势研判

一、全球石油供应过剩，OPEC+减产效果有限

2024 年全球石油供应 1.0 亿桶 / 日，较上年增长 60 万桶 / 日，主要因为非欧佩克国家石油产量大幅增长。OPEC+ 为平衡市场多次退出增产计划，2024 年欧佩克石油供应为 3270 万桶 / 日，2022 年底开始数次实施减产计划，一系列减产措施导致欧佩克剩余产能达到近 600 万桶 / 日高位。2024 年 6 月，"OPEC+"决定将 220 万桶 / 日的自愿减产措施延长至 9 月底，之后将视市场情况逐步回撤这部分减产力度，但由于市场预期供应趋于过剩，国际油价下跌，OPEC+ 在 9 月和 11 月被迫推迟增产计划。

二、全球原油需求疲软，增长低于预期

2024 年全球石油需求增长显著放缓，国际能源署和美国能源信息署预测，全年石油需求增量不足 100 万桶 / 日，远低于 2023 年的 200 多万桶 / 日。其中，中国石油消费增长疲软，全年原油加工量和进口量均较 2023 年下降，新能源汽车的推广和液化天然气（LNG）重卡销量保持高位等因素挤占成品油需求，全年汽柴油消费量同比有所下降。

三、2024 年全球原油价格冲高回落

2024 年，在地缘政治风险、全球经济放缓和欧佩克减产政策等多重因素影响下，国际油价整体呈现"倒 V 型"走势，全年布伦特原油均价为 79.9 美元 / 桶，同比下跌 2.8%。年初，受地缘政治紧张局势和 OPEC+ 减产政策的影响，布伦特原油价格在 4 月达到年内高点。随着全球经济复苏乏力、需求增长疲软以及非欧佩克国家（美国、巴西等）增产，油价从年中开始震荡下行，9 月跌破 70 美元 / 桶，为 2021 年 12 月以来的最低水平。

四、预计 2025 年全球原油价格震荡下行

2025 年，供需基本面、宏观经济和地缘政治三大因素将共同影响原油市场和油价波动趋势。全球石油供应充足，需求增长放缓，油价宽幅震荡。经中石化经济技术研究院预测，2025 年全球石油供应增长 190 万桶 / 日，其中，非欧佩克石油产量增产约 160 万桶 / 日，主要来自美洲，其中美国石油产量增幅 50 万桶 / 日。OPEC+ 持续减产可能性较大，若伊朗因美国制裁收紧出现产量下降，则部分 OPEC+ 存在一定增产空间。受节能和替代加速等因素影响，预计 2025 年

全球石油需求增长 100 万桶 / 日，发达国家需求达峰，中国、印度、中东地区为增量主体，占需求增量 70% 以上。全球石油供应宽松，在地缘冲突、金融风险、产量政策、中美关系等因素影响下，预计全球油价在 65—75 美元 / 桶震荡。

撰稿单位：国家能源储备中心

撰稿人：沈洁、宋弘午、孙诗瑶

审稿人：隋守鑫

第三篇

粮食和物资储备安全研究

2024 年是中华人民共和国成立 75 周年，是实现"十四五"规划目标任务的关键一年。在国家粮食和物资储备局党组的正确领导下，中国粮食研究培训中心坚持以习近平新时代中国特色社会主义思想为指导，深入贯彻落实习近平总书记关于粮食和物资储备安全的重要论述精神和党中央、国务院决策部署，聚焦国家粮食和物资储备安全核心职能，围绕粮食和物资储备改革发展重点难点问题，深入开展储备基础理论和中外储备比较研究，形成了"推动我国大豆食品加工产

业发展 破解国产大豆产销矛盾"、"加入世贸组织 20 年来我国玉米进口状况"等研究报告。

紧扣职能职责，聚焦守住管好"天下粮仓"和"大国储备"，围绕耕地资源保护利用与确保国家粮食安全实现路径、国家储备保障机制、加强粮食和物资应急保障能力建设等 8 个研究方向，组织系统内外有关单位完成了 75 项软科学课题研究，形成了一批具有重要参考价值和实用价值的研究成果。

现刊载部分研究成果，供借鉴参考。

推动我国大豆食品加工产业发展
破解国产大豆产销矛盾研究

我国是世界最大的非转基因大豆生产国和消费国，国产大豆主要用于大豆食品加工，但当前大豆扩种背景下以食用为主的国产大豆出现供给过剩、产销矛盾，同时由于国产大豆出油率低、用豆成本高等原因，难以满足榨油需求，每年仍需大量进口补充，存在产需错位问题。调研发现，当前我国大豆食品加工产业还存在企业加工需求和生产供给有效衔接不畅、精深加工技术和水平不高、大豆食用消费市场需求拓展不够、产业发展支持力度不足等短板制约。建议坚持供给侧结构性改革与需求侧管理双管齐下，从提升大豆生产和企业加工有机融合水平、推进大豆加工技术转型升级、拓宽大豆食用消费空间、实施大豆食品加工相关优

惠政策等，多措并举推动我国大豆食品加工产业可持续发展。

一、国产大豆食品加工产业发展现状

（一）大豆食品加工产业整体呈现稳步发展态势

国产大豆主要用于大豆食品加工，总体处于供大于需状态。从供给看，2023 年，我国大豆产量 2084 万吨；进口大豆 9941 万吨，其中转基因大豆 9771 万吨，非转基因大豆 170 万吨。从需求看，中国食品工业协会豆制品专业委员会统计数据显示，2023 年，我国非转

基因大豆消费量约 1890 万吨，其中，食品加工领域的大豆用量约 1590 万吨，非转压榨及其他约 150 万吨，种子及芽豆约 150 万吨（见图 3—1）。

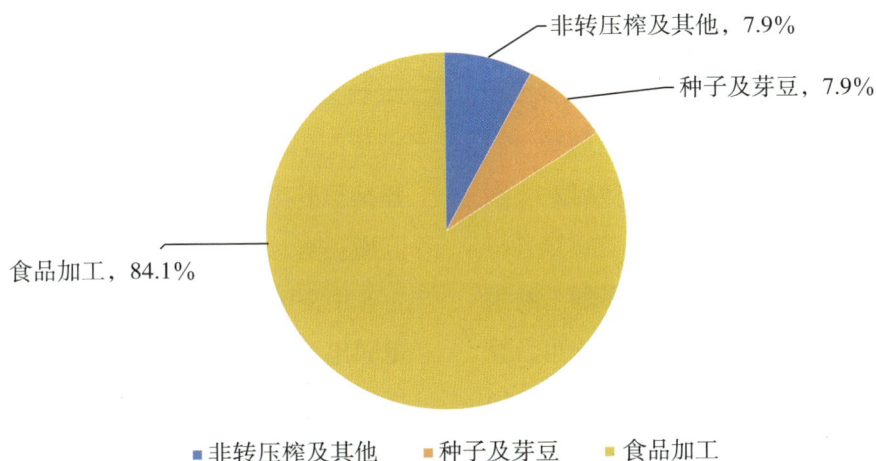

非转压榨及其他，7.9%

种子及芽豆，7.9%

食品加工，84.1%

■ 非转压榨及其他 ■ 种子及芽豆 ■ 食品加工

图 3—1 国产大豆主要加工用途情况

大豆食品加工领域方面，直接用于豆制品加工的用量约 1010 万吨，占比 63.5%；用于加工大豆蛋白的用量约 250 万吨，占比 15.7%；用于酱油生产的用量约 100 万吨，占比 6.3%；直接食用大豆约 230 万吨，占比 14.5%（见图 3—2）。从全国规模企业情况看，我国大豆食品加工产业整体呈现稳步发展态势。2021—2023 年，大豆食品加工行业前 50 强规模企业销售额和投豆量稳定增长。2023 年，销售额 368.2 亿元，同比增长 5.7%；投豆量 192.0 万吨，同比增长 3.6%（见表 3—1）。

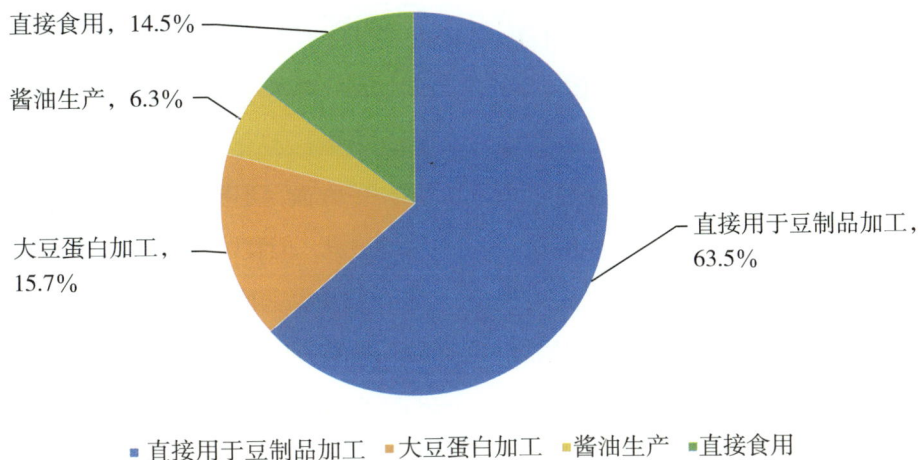

直接食用，14.5%

酱油生产，6.3%

大豆蛋白加工，15.7%

直接用于豆制品加工，63.5%

■ 直接用于豆制品加工 ■ 大豆蛋白加工 ■ 酱油生产 ■ 直接食用

图 3—2 国产大豆食品加工领域主要用途情况

表 3—1　2021—2023 年大豆食品加工行业前 50 强规模企业销售额及投豆量

年份	销售额（亿元）	同比增幅（％）	投豆量（万吨）	同比增幅（％）
2021	327.3	12.7	185.1	2.7
2022	348.5	6.5	185.3	0.1
2023	368.2	5.7	192.0	3.6

数据来源：中国食品工业协会豆制品专业委员会统计数据。

（二）大豆食品初加工产业发展起步早、规模大

大豆食品初加工是当前大豆食品加工的主要方向，企业多而分散，在全国均有分布，总体看以人口数量较多的华东地区和川渝地区较为集中。主要产品有生鲜豆制品、豆浆类产品、休闲豆制品、腐竹／腐皮以及腐乳、豆豉等发酵类产品等。其中，豆腐、豆花等生鲜豆制品是大豆传统食品的重要品类，投豆量最高；豆浆类产品随着"植物基食品"浪潮迅速突起，投豆量增长明显，投豆量排第二；豆腐干等休闲豆制品的投豆量排第三，在轻食、代餐等消费趋势下，未来增量空间较大。2023年，豆制品行业前 50 强规模企业用于豆腐等生鲜类豆制品的投豆量达 73.2 万吨，同比增长 7.8%；用于豆浆类产品的投豆量为 50.1 万吨，同比增长 9.2%；用于豆腐干等休闲豆制品的投豆量为 41.7 万吨，同比增长 5.6%。

（三）大豆食品深加工产业发展迅速、规模不断增长

1.大豆蛋白制品产业。近年来，在健康饮食和植物蛋白替代动物蛋白的观念影响下，以大豆蛋白为原料的植物性仿肉制品兴起，激发了大豆蛋白市场需求，加之速冻食品、预制菜开始受消费青睐，未来有望成为大豆蛋白消费的增长点。2023 年，豆制品行业前 50 强规模企业中，国内大豆蛋白制品（植物肉）的消费量同比增长 11.5%。

2.保健食品产业。大豆肽、氨基酸、磷脂、大豆低聚糖等是以大豆为原料精深加工制成的保健品。2023 年，国家市场监督管理总局发布公告，将大豆分离蛋白列入保健食品原料，明确规定了相关标准和技术要求，加速了大豆蛋白产品在营养保健品行业的应用进程。我国大豆在保健食品领域的用量不高，据有关专家测算，大豆保健品领域年产量约 1 万—2 万吨。

二、国产大豆食品加工产业面临的短板制约

（一）企业加工需求和生产供给有效衔接不畅

一方面，不同大豆制品对原料的品质要求有所差异，但我国大豆品种多而杂，专用品种在实际生产中未形成规模，市场供给的大豆在品种、品质方面还无法满足加工企业对专用原料的需求，大豆加工企业很难收购到专用大豆品种。另一方面，目前还未形成以加工企业市场化需求为导向的专用大豆生产体系，企业加工需求

和大豆生产供给缺乏有效衔接和有机融合，国内大豆原料加工品质适用性的指标、评价方法等尚未形成参考标准，无法为加工企业提供指导。

（二）精深加工技术和水平不高

目前我国大豆食品加工主要集中于初加工，低技术含量产品多，高附加值产品少，精深加工水平不高。国外从 20 世纪六七十年代起就开始涉足大豆蛋白加工，技术已相对成熟，我国虽然发展速度较快，但由于起步晚，与国际相比还有一定差距。如具有较高附加值的大豆肽、氨基酸等创新产品的开发利用还较为薄弱，蛋白保健品还处于研发阶段。禹王集团研制的大豆胰蛋白酶抑制剂可作为口服胰岛素的关键辅料，但目前仅为临床试验阶段，正在申请上市，还未形成生产线。

（三）大豆食用消费市场需求拓展不够

我国大豆食品加工企业的主营产品趋于同质化，特别是精深加工产品方面，如大豆蛋白制品主要是作为肉制品、饮料等食品制作的添加剂使用，产品应用功能和消费场景还有待进一步拓展；大豆冰淇淋、能量棒等大豆蛋白产品虽已有成熟技术，但消费市场未拓展；植物肉等新型蛋白产品目前在国内尚未形成产业化

发展。调研了解到，目前植物肉价格较高，在国内现有消费习惯下，对植物肉的接受度还不高，消费者观念转变还需要一定时间。

（四）产业发展支持力度不足

一方面，我国豆制品加工与进口大豆榨油、乳制品加工、肉类加工等竞争性行业增值税征税标准不同，且生鲜类豆制品未纳入"菜篮子"工程，无法享受"菜篮子"重点产品在物流环节的"绿色通道"政策，影响行业有序发展。目前豆制品企业增值税税率除个别城市是 9% 外，大部分是 13%，比其他"菜篮子"行业企业 9% 的税率高 4 个百分点。由于税制差异问题，部分豆制品企业为享受小微企业纳税优惠政策，不愿扩大规模。另一方面，我国大豆制品出口的市场主要是日本、韩国、越南、荷兰等，出口总量在 100 万—150 万吨之间，但近年来大豆蛋白产品领域的竞争愈发激烈，我国出口优势有所下降。近年来，美国、巴西等全球主要大豆生产国开始扩建大豆蛋白生产项目，同时，印度开始大量出口豆粕，并通过出口退税优惠政策提升价格优势，而我国自 2018 年取消豆粕出口退税后，目前仅对出口蛋白产品实行出口退税，豆粕出口量总体呈现下降趋势（见表 3—2），未来还将面临印度出口产品的竞争压力。

表 3—2 2018—2023 年我国主要大豆制品出口情况

年份	合计 / 万吨	豆粕 / 万吨	大豆蛋白 / 万吨
2018	148.8	113.4	35.3
2019	134.2	98.8	35.4
2020	136.3	96.7	39.6

续表

年份	合计 / 万吨	豆粕 / 万吨	大豆蛋白 / 万吨
2021	132.4	89.4	43.0
2022	83.4	43.0	40.4
2023	130.6	88.9	41.7

数据来源：海关总署。

三、措施建议

总体来看，随着经济社会发展和消费结构转型升级，未来豆浆类制品、休闲豆制品以及高附加值的大豆蛋白制品等还有一定增长潜力。为此，破解国产大豆产销矛盾问题，要坚持供给侧结构性改革和需求侧管理双管齐下，从提升大豆生产和企业加工有机融合水平、推进大豆加工技术转型升级、拓宽大豆食用消费空间、实施大豆食品加工相关优惠政策等，多措并举推动大豆食品加工产业发展。

（一）提升大豆生产和企业加工有机融合水平

一是优化国产大豆供应结构。加快标准化、机械化、规模化大豆栽培体系和管理技术的推广，综合提升大豆单产水平和生产效益。考虑到国内市场消化能力和未来发展潜力，未来大豆增产重点应在于推广高油高产大豆，降低大豆外采率。二是建立可满足企业个性化需求的原料品质标准体系。提升国产大豆专种、专收、专储、专加等专用化水平，保障专用大豆稳定供应，根据企业加工产品对专用大豆品质和数量的需求，建立可供查询的数据库。参照日本对大豆品种管理方法，通过发布大豆品

种品质评价结果报告，对每个大豆品种的栽培特性、主要用途、加工适用性等方面进行综合评测和具体说明，方便加工企业有针对性地进行大豆品种选择和采购。我国也可以通过每年定期发布国产大豆品质报告，指导加工企业进行品种选购，通过市场化选择引导大豆育种和种植向符合市场需求的方向发展。

（二）推进大豆加工技术转型升级

一是补足科技短板。强化产学研合作，以企业和市场需求为导向，依托科研院所、高等院校等研究力量，充分发挥新质生产力引领作用，推进大豆加工技术转型升级，特别是加快大豆在保健品、医药领域的技术研发和产品创新推广应用，提高产品附加值。二是加大资金支持力度。加大大豆加工技术攻关的资金投入力度，推进大豆深加工产品产业化发展，重点加大对企业开展产品宣传推广、搭建营销渠道的专项支持力度，鼓励企业积极开拓市场，拓宽消费需求。

（三）拓宽大豆食用消费空间

一是拓宽大豆制品消费场景和应用功能。重点从豆浆类制品、休闲豆制品、大豆蛋白制品等品类挖掘消费潜力，针对不同消费场景拓

宽新的消费和应用功能。如豆浆类产品方面，可针对不同人群开发不同品类的制品；休闲豆制品方面，可利用豆制品自身工艺优势开发味道好、健康营养、方便食用的产品；大豆蛋白制品方面，可通过将大豆蛋白粉作为配料添加至面粉中，开发营养面包、营养馒头、营养面条等；研发和推广豆制品预制菜、开发豆制品运动减肥餐、轻食餐等多样化、个性化产品。二是加大国产大豆制品宣传力度。依托"健康中国"战略，通过设置活动日、专项行动、公益宣传等，强化对国产大豆营养价值、健康膳食理念的科普宣传和消费引导。同时，倡导"动物蛋白＋植物蛋白"双蛋白均衡饮食理念。

（四）实施大豆食品加工相关优惠政策

一是实施生鲜类豆制品运输优惠政策。将生鲜类豆制品纳入"菜篮子"工程，享受相关运输"绿色通道"政策。二是给予国产大豆食品加工业增值税税率优惠政策。可考虑与大豆油脂加工实行同等税率，按照9%的标准征收，提升国产大豆食品加工在国内行业内的竞争力。三是实施出口退税政策。继续实施大豆蛋白产品出口退税政策，出台豆粕出口退税政策，增强大豆蛋白产品出口竞争力，撬动加工企业用豆需求，形成我国进口榨油用豆，出口高附加值非转基因大豆食品的新供给格局。

加入世贸组织 20 年来我国玉米进口状况研究

玉米作为三大主要粮食作物之一，在国家粮食安全和农产品贸易中的地位突出。近年来，随着玉米市场化改革的顺利推进和饲料粮需求的刚性增长，我国玉米供需形势发生逆转，从阶段性过剩转为供不应求。在供求总体偏紧和国内外价差等因素的驱动下，玉米进口量持续增加。通过对近 20 年我国玉米进口贸易形势分析发现，我国玉米进口总量整体增加、来源相对集中、替代品进口强势。建议从健全进口调控机制，构建持续、稳定、高效的进口供应链，延伸产业链促进高附加值产品落地等方面综合施策，在更高层次上保障国家粮食安全。

一、近 20 年我国玉米进口特征

（一）进口总量螺旋式增加

我国于 2001 年加入 WTO。根据入世协议，我国对玉米进口设置了关税配额。但当时，我国玉米仍为供过于求，每年都有一定数量玉米出口。例如 2003 年，出口达 1638.9 万吨。2004 年以来，随着玉米临时收储政策的实施和国内玉米种植成本的上涨，国内外价差被拉大，玉米出口逐渐萎缩，进口增速明显。到 2010 年，我国从玉米净出口国转变为净进口国，玉米进口量跃增至 157.3 万吨。2011—2015 年，玉米进口快速增长。该期间，受国内外价差扩大刺激，玉米年均进口量增至 351.2 万吨，2012 年更是突破了 500 万吨。2016 年，随着玉米临时收储政策被停止，玉米价格开始与国际市场逐步衔接。2016—2018 年，玉米年均进口量回落到 317.3 万吨。2019 年以来，玉米进口量显著攀升。受国际政治经济形势变化、居民膳食结构升级以及养殖业发展需求上升等因素叠加影响，玉米进口量高位激增。2020 年，进口量首次超过 720 万吨的进口配额；2021 年，进口量达到 2835 万吨，创历史新高；2023 年，进口量达 2713 万吨，为历史第二高位。2024 年 1—2 月我国累计进口玉米 619 万吨，同比增长 16.2%，继续保持上升态势。20 年来，我国玉米进口量变化趋势见图 3—3。

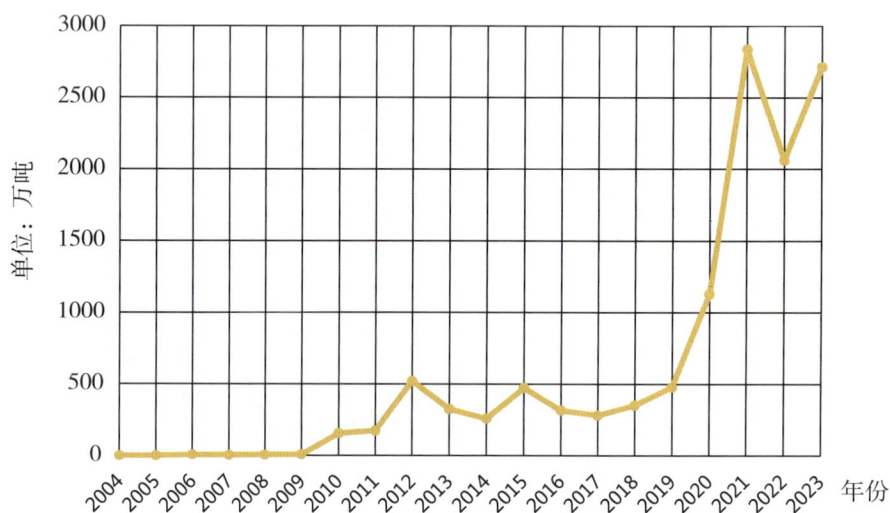

图 3—3　近 20 年我国玉米进口量变化趋势

（二）进口来源由相对集中向多元化格局转变

我国玉米进口来源主要集中于美国和乌克兰，近 20 年自两国进口的玉米量约占玉米进口总量的 90%。2010—2013 年，美国为我国玉米进口第一大来源国，进口比例在 90% 以上。2014 年，受美国自身消费需求和贸易限制等影响，我国加大了对乌克兰的玉米进口，形成乌克兰与美国平分秋色的进口格局。2015—2020 年，乌克兰取代美国成为我国玉米第一大进口国。2015—2019 年，进口乌克兰玉米年均占比超过了 68%。2020 年，中美经贸关系有所缓和，自美进口玉米占比达到 38.4%，仍比乌克兰低 17.3 个百分点。2021—2022 年，美国再次成为我国玉米进口第一大来源国。2021 年，我自美进口玉米 1984 万吨，同比增长 357%，占比近 70%。2022 年乌克兰危机爆发，美国玉米在进口市场中再次赢得主动。2023 年以来，玉米多元化进口格局正加速形成。在美国玉米减产和运力削减等因素影响下，为稳定国内玉米供给，我国加大了对巴西玉米的进口，占玉米进口总量的 47.2%，超过美国和乌克兰进口之和。

（三）替代品进口保持强势

20年来，在玉米进口总量增加的同时，玉米替代品进口也大规模增长（见图3—4），主要包括大麦、高粱、玉米干酒糟及其可溶物（DDGS）等。一是大麦进口快速增长。2014—2023年的10年间，大麦年均进口量高达804万吨，是前10年的4.29倍。据国家粮油信息中心预测，2023/24年度我国大麦饲用消费量为620万吨，占大麦消费总量的59.9%，若将其转化为玉米，需增加558万吨玉米进口量。二是高粱进口增长强劲。2014—2023年的10年间，高粱年均进口量622.5万吨，是前10年的47.8倍。若将其转化为玉米，相当于年增加玉米进口600.7万吨。此外，2004—2023年的20年间，DDGS年均进口量达到285.9万吨，相当于年进口玉米114.4万吨。

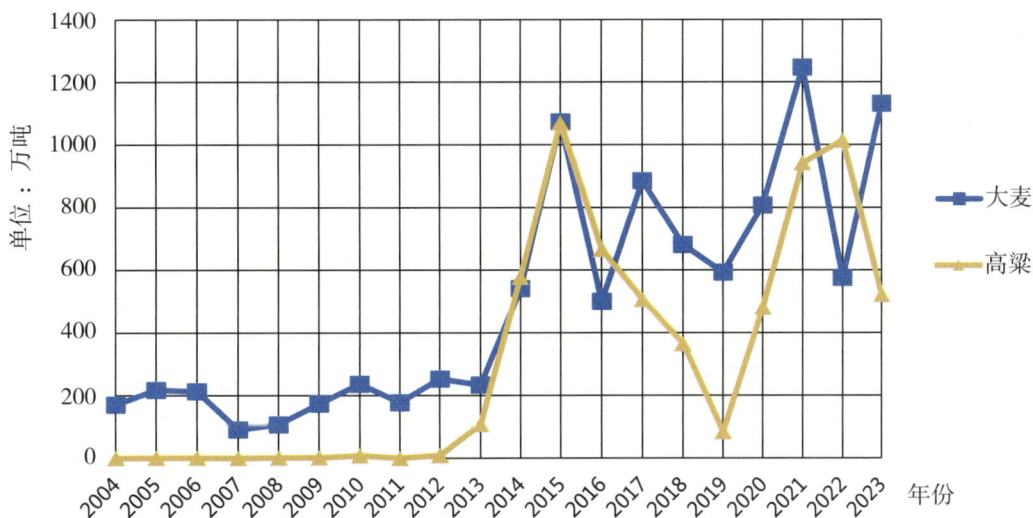

图3—4　近20年我国玉米替代品进口量变化趋势

二、20年来我国玉米及其替代品进口趋增的原因

（一）国内玉米消费需求持续增长

在玉米消费结构中，饲用消费占绝对主导地位，而饲用消费与畜禽产能的关联性紧密且以生猪产能为主。国家统计局数据显示，在2019年非洲猪瘟引致生猪产能短缺而诱使养猪产生超额利润的情况下，生猪产能连年提升。2022年，生猪存栏量达到45256万头，比2019年增长45.8%。生猪产能的扩大促进了玉米饲用消费高阶输出。根据国家粮油信息中心《世界粮油市场月报》统计数据计算，2015/16年度至2022/23年度，我国玉米饲用消费从16500万吨增加到21800万吨，增幅为30.56%，饲用消费占总消费量的71.34%。汇易网数据显示，2023年全国玉米饲用消费达到17950万吨，总消费量突破28500万吨。

（二）国内外价差产生驱动效应

2004—2022 年，我国玉米种植成本高位运行，并呈上升态势。玉米亩均种植成本由 375.70 元增至 1256.84 元，增长 2.35 倍；同期美国玉米种植成本仅增长 95.9%。近 10 年数据显示，我国玉米每亩种植成本比美国高 324.04 元。2021 年，两国种植成本差达到历史最高（406.17 元 / 亩）。另外，2020 年以来，受新冠疫情、生猪产能恢复以及玉米政策性去库存接续完成等因素影响，国内玉米价格处于稳步抬升期。Wind 数据显示，2020 年 1 月—2022 年 12 月，玉米现货价格由 1917.03 元 / 吨升至 2970.54 元 / 吨，约增长 55 个百分点。而受世界经济复苏放缓、原油价格下行、生物能源发展减速、世界粮食供求关系逐渐宽松等因素影响，国际玉米价格出现阶段性下跌，为国内外玉米价差提供了扩大空间。2020 年上半年、2021 年下半年及 2022 年末，国际玉米价格皆处于下跌期，价差诱使国内玉米进口商大肆进口低价玉米，导致国内玉米供应过剩。

三、对策建议

面对我国粮食生产成本较高和饲用粮需求刚性增长的客观事实，在农产品贸易高度开放背景下，统筹利用国内外两个市场、两种资源来保障粮食稳定供给是必然发展趋势。但我们必须认清当前国内市场出现了玉米供应过剩的苗头，需客观对待，理性处理，从健全机制、稳定渠道、延伸产业链条等方面综合施策，既保障国内玉米供应稳定，又保障农民收益不减。

（一）健全玉米进口调控机制

一是强化监测预警。建议在综合考虑政策冲击、人口数量、城镇化率、居民收入、技术进步等因素的基础上，健全完善新型粮食监测预警体系，对玉米供需储情况进行科学预测，把控玉米进口需求规模和时间节奏。二是完善玉米及其替代品进口管理。坚持玉米进口配额管理制度，但对配额给予合理性评估并辅以适度调整；将高粱、大麦、DDGS 等替代品进口统筹纳入玉米自给率控制范畴。

（二）构建持续、稳定、高效的进口供应链

坚持玉米进口来源国多元化战略，保持各来源国进口比例均衡；稳固从阿根廷、巴西等南美国家进口数量；深度参与全球农业贸易与投资规则的改革和完善，推动期现货市场融合发展，持续提升"中国价格"国际影响力。

（三）延伸产业链条推动高附加值产品落地

国家粮油信息中心预测数据显示，2023/24 年度，玉米供需结余超过 1400 万吨。建议通过适度发展玉米深加工业，实现贸易转型升级消化过剩供给。一是推动玉米产业链延伸。依托补贴政策等手段，鼓励玉米生产业态与模式创新，支持企业生产加工设备升级与工艺优化，以"吃干榨净"的方式发展玉米淀粉、氨基酸、燃料乙醇等加工生产线，串起一条"黄金产业链"。二是推动贸易转型升级。深挖国

内外市场对玉米深加工产品的多元化需求，在维系韩国、日本、东南亚等国常态化出口渠道的同时，积极拓宽欧洲市场，提升高附加值玉米产品出口量级。

全球油脂油料贸易流向演变对我国植物油安全影响研究

近年来受全球耕地开发利用、气候变化、地缘政治冲突、生物柴油产业发展等影响，全球油脂油料贸易流向不断变化，总体表现出"总量增加、重心转移、新兴市场崛起"等特点。我国消费的大豆80%以上、植物油70%左右依靠进口，全球油脂油料贸易流向的变化，将对我国供应安全带来深刻影响。一方面，有利于保障我国油脂油料进口供应、推动进口多元化、优化进口品种结构；另一方面，油脂油料供应高度依赖进口的格局没有改变，海运节点的掌控不足，供应链安全仍未得到根本保障，棕榈油作为植物油进口第一道防线的功能有所减弱。面对新形势新挑战，应充分挖掘国内油脂油料增产潜力，统筹用好国际国内两个市场、两种资源，推动多元进口，加强监测预警，密切跟踪市场最新动向，保障国家油脂油料供应安全。

一、全球油脂油料贸易格局演变现状

（一）全球油脂油料连年丰产，贸易量持续增加

随着垦田面积扩大以及生产技术不断改进，近年来，全球油脂油料产量、贸易量持续增长。据美国农业部数据，2023/24年度全球7种主要油料（包括大豆、油菜籽、葵花籽、花生、棉籽、棕榈仁和椰子仁）产量6.86亿吨，比2000/01年度增长108.4%，年增长率3.2%；贸易量2.01亿吨，比2000/01年度增长201.8%，年增长率4.9%。其中，大豆产量3.95亿吨，占总产量的60.2%，比2000/01年度提高5.2个百分点；贸易量1.75亿吨，占总贸易量的86.9%，比2000/01年度提高7.3个百分点。油菜籽、葵花籽和花生产量分别为8876万吨、5514万吨和5153万吨，分别占总产量的13.5%、8.4%和7.5%；贸易量分别为1710万吨、289万吨和474万吨，分别占总贸易量的8.5%、1.4%和2.4%。全球9种主要植物油（包括棕榈油、豆油、菜籽油、葵花籽油、棕榈仁油、花生油、橄榄油、棉籽油、椰子油）产量2.24亿吨，比2000/01年度增长148.1%，年增长率4.0%；贸易量8738万吨，比2000/01年度增长182.2%，年增长率4.6%。其中，棕榈油、豆油、菜籽油和葵花籽油是最主要的植物油品种，产量分别为7953万吨、6224

万吨、3409 万吨和 2188 万吨，分别占总产量的 35.5%、27.8%、15.2% 和 9.8%；贸易量分别为 4764 万吨、1100 万吨、773 万吨和 1445 万吨，分别占总贸易量的 54.5%、12.6%、8.8% 和 16.5%。大豆和棕榈油在全球油脂油料市场中占主导地位，是推动油脂油料产量和贸易量增长的最大来源。

（二）全球大豆生产出口转向南美，美国影响逐渐减弱

全球大豆生产集中度非常高，主要集中在美洲地区，巴西、美国和阿根廷是前三大生产国，三国产量占全球的比重在 80% 左右，贸易量占比近 90%。近几年美国大豆播种面积增长基本停滞，产量增幅明显放缓；同时随着生物柴油产业发展，豆油需求增加拉动美国国内大豆压榨消费增长，出口已不再是美国大豆的主要销路。2023/24 年度美国大豆出口量 4627 万吨，占全球出口量的 26.4%，比 2000/01 年度大幅下降 24.1 个百分点。巴西在全球大豆供给中的地位显著增强，分别于 2012/13 年度和 2019/20 年度超越美国，成为全球第一大出口和生产国。2023/24 年度南美大豆出口量 1.18 亿吨，占全球总出口量的 67.6%，比 2000/01 年度增加 19.3 个百分点。其中巴西大豆出口量 1.03 亿吨，占全球总出口量的 58.8%，比 2000/01 年度增加 30 个百分点。阿根廷大豆主要用于国内压榨，以出口豆油和豆粕为主，2023/24 年度大豆出口量 560 万吨，占全球出口量的 3.2%，比 2000/01 年度减少 10.5 个百分点。近几年，巴拉圭和

乌拉圭大豆出口量也有较快增长，2023/24 年度大豆出口量分别为 685 万吨和 280 万吨，分别占全球总出口量的 3.9% 和 1.6%。总体来看，2000 年以来，全球大豆生产和出口均向南美集中，巴西在大豆市场扮演的角色越来越重要，美国的影响力逐渐减弱，且未来这一趋势将延续。

（三）葵花籽油成为第二大贸易品种，影响力逐步增强

21 世纪以来，全球葵花籽产量显著增长，带动葵花籽油产量大幅增加。全球葵花籽贸易量不大，生产国主要通过国内压榨，以葵花籽油的形式开展国际贸易，出口量增长明显。2018/19 年度全球葵花籽油出口量首次超越豆油，跃居第二。2023/24 年度全球葵花籽油出口量 1445 万吨，较 2000/01 年度大幅增长 546.3%，年增长率 8.5%，是增长最快的品种。俄罗斯、乌克兰葵花籽产量增长最为明显，是最主要的葵花籽油出口国，占全球总出口量的 70% 以上。2023/24 年度乌克兰葵籽油出口量 580 万吨，比 2000/01 年度增长 9.5 倍，年增长率 10.8%；俄罗斯出口量 440 万吨，比 2000/01 年度增长 32.8 倍，年增长率 16.5%。乌克兰、俄罗斯地处全球三大黑土地带，土壤肥沃，耕地面积广阔，其农产品生产为出口导向型，未来两国葵花籽产量均有继续增长空间，在葵花籽油国际贸易市场中的地位将进一步巩固。但乌克兰危机仍在持续，或将影响乌克兰农业生产，未来乌克兰葵花籽、葵花籽油生产贸易存在一定不确定性。

（四）菜籽油贸易流分化，俄罗斯、加拿大分别供应中美

油菜籽产量和贸易量在全球油料市场中均位居第二，菜籽油产量和贸易量在全球油脂市场中分居第三和第四。加拿大、欧盟、中国、印度、澳大利亚、乌克兰和俄罗斯是全球主要油菜籽生产国，2023/24 年度合计产量 8137 万吨，占全球总产量的 90% 以上。2023/24 年度加拿大、澳大利亚、乌克兰和俄罗斯油菜籽出口量合计 1630 万吨，占全球出口总量的 92.6%。其中，加拿大和俄罗斯也是全球最主要的菜籽油出口国，2023/24 年度出口量分别为 375 万吨和 138 万吨，分别占全球出口总量的 48.5% 和 17.8%。21 世纪以来，加拿大菜籽油出口供应持续增长，美国和中国是主要买家。近几年，受政策等因素影响，加拿大菜籽油对中国出口波动较大，出口量显著下滑。美国生物柴油产业快速发展，拉动植物油需求增长，加拿大紧邻美国，具有运输优势，对我国出口减少的份额基本转向美国，2022 年和 2023 年加拿大菜籽油对美国出口量分别为 203.6 万吨和 285.5 万吨，近 10 年累计增长 84%。2005 年开始俄罗斯菜籽油才有少量出口，2019 年以来出口增长明显，近两年跃升至 130 万吨以上，成为全球第二大出口国，中国是其最大买家，2023 年对中国出口 133.8 万吨。

（五）棕榈油产量和贸易量增速放缓，欧盟减少进口，亚洲增加

20 世纪 80 年代以来，全球棕榈油产量快速增长，21 世纪初超越豆油成为全球第一大植物油品种，但近年来增速明显放缓。2023/24 年度全球棕榈油产量 7953 万吨，比 2000/01 年度增长 227.2%，年均增幅 5.3%，但近 5 年增幅仅 1.4%；贸易量 4764 万吨，累计增长 187.0%，年均增幅 4.9%，近几年增速放缓。棕榈油生产和出口高度集中，印度尼西亚和马来西亚两国产量占全球的 85% 左右，出口量占比近 90%。由于印度尼西亚拥有更多的土地和更丰富的劳动力，过去 20 多年棕榈油产量和出口量增速均显著高于马来西亚。2023/24 年度印尼棕榈油产量和出口量分别比 2000/01 年度增长 466.3%、444.4%，同期马来西亚增幅分别为 61.3%、49.4%。全球棕榈油进口国相对分散，印度、中国、欧盟和巴基斯坦是主要进口国（地区），2023/24 年度合计进口量 2240 万吨，占全球总进口量的 49.1%。印度和巴基斯坦人口众多且快速增长，推升植物油消费需求，近两年印度棕榈油进口量在 1000 万吨左右，巴基斯坦进口量接近 400 万吨。欧盟认为棕榈油扩张破坏热带雨林，不符合环保要求，近几年棕榈油进口持续减少，从 2019/20 年度近 800 万吨的最高值下降至 400 多万吨。全球棕榈油供应充足且相对廉价，得到人口数量多、经济发展水平偏低的国家青睐。2023/24 年度亚洲国家棕榈油进口量达 2900 万吨，远高于 21 世纪初的 900 万吨，贡献了同期全球棕榈油贸易增量的 64.4%，近几年孟加拉国、越南等国进口增长较为明显。

二、全球油脂油料贸易格局演变的主要影响因素

（一）天气影响主产国油脂油料供应和出口

粮食生产靠天吃饭，干旱、洪涝、台风、高温、低温、早霜等天气因素影响粮食单产和品质。全球气候变暖趋势加剧，极端天气频发、广发、强发、并发，影响粮食生产和贸易。厄尔尼诺与拉尼娜作为典型的气候现象，对全球油脂油料生产和贸易影响显著。其中，厄尔尼诺现象通常有利于大豆、油菜籽等油籽生产，但对棕榈油生产不利；拉尼娜现象通常不利于全球油籽特别是大豆生产，但对棕榈油生产有利。全球油脂油料出口规模取决于主要出口国的产量，通常产量增长部分大多直接转化为出口。受拉尼娜事件影响，2022/23 年度全球棕榈油大幅增产至 7796 万吨，出口量跟随产量大幅增长至 4952 万吨，同比增幅 12.8%；南美阿根廷大豆产量大幅下降，2022/23 年度产量仅 2500 万吨，远低于常年 5000 万吨左右水平，产量骤减使得阿根廷由大豆净出口国转为净进口国。此外，洪涝、干旱、台风和暴雪等灾害性天气都可能影响全球油脂油料贸易节奏，如干旱导致美国密西西比河、阿根廷巴拉那河水位下降，强降雨冲毁连接巴西大豆产区和港口的公路，均影响大豆出口装运。

（二）地缘政治问题迫使油脂油料贸易格局改变

当前国际环境异常复杂，地缘政治冲突加剧，贸易保护主义抬头，使得全球油脂油料贸易格局发生改变。如中美经贸摩擦和乌克兰危机等。中美经贸摩擦使得我国进口大豆转向南美，巴西借此机会，大幅提升大豆产量，抢占全球大豆出口市场尤其是对中国份额。巴西大豆出口量由 2018/19 年度的 7500 万吨跃升至 2023/24 年度的 1.03 亿吨，同期美国大豆出口量降至 4600 万吨，远低于贸易摩擦前近 6000 万吨的出口规模。2022 年 2 月，乌克兰危机爆发，乌克兰农产品出口受阻，影响全球油脂油料贸易格局。据统计，危机爆发前乌克兰葵花籽年产量近 1800 万吨，葵花籽油出口量近 700 万吨，约占全球葵花籽油贸易总量的一半。危机爆发后乌克兰葵花籽油出口大幅下降，全球葵花籽油出口转向俄罗斯。

（三）主产国政策变动影响油脂油料贸易流向

全球油脂油料生产和贸易高度集中，主产国的政策变动影响全球油脂油料的贸易规模及流向。近年来，印度尼西亚频繁调整棕榈油出口政策，对全球棕榈油贸易格局产生重大影响。2022 年 1 月，印度尼西亚实施国内市场义务（DMO）政策，要求食用油出口商必须在国内以一定的价格销售一定数量的食用油后，才能获得相应比例的出口许可，制约棕榈油出口。2021 年 7 月至今，俄罗斯对非欧亚经济联盟成员国葵花籽出口关税从 30% 提高至 50%，限制原料出口，保障国内需求、平抑物价、促进油籽压榨行业发展。

（四）生物柴油产业发展冲击油脂油料消费格局

为应对全球气候变暖，近年来各国纷纷出台政策，鼓励生产使用清洁能源，推动生物柴油产业快速发展。据《油世界》数据，2023年全球生物柴油产量达到5803万吨，同比增长10.4%，比2015年的2964万吨增长近一倍。全球生物柴油生产原料植物油占比高达80%，2023年生物柴油生产消耗棕榈油2030万吨，占全球总产量的26%；豆油1280万吨（折大豆6750万吨），占比17%；菜油899万吨（折菜籽2150万吨），占比24%。近年来，美国、印度尼西亚、巴西等国出台相关政策，大力支持生物柴油产业发展。此外，随着生物柴油生产技术不断升级，产品更新换代加快，环保重视程度提高，吸引更多国家推广使用。未来全球生物柴油产业规模将继续扩张，植物油用于生物柴油的消费量预期继续增长，进而挤占食用消费需求，甚至可能出现"人车争油"现象，将对全球油脂油料消费格局产生较大冲击。

三、全球油脂油料贸易流向演变对我国的影响

受耕地和淡水资源制约，我国油料产不足需，需通过大量进口补充，油脂油料外采率高。受主产国供需格局、贸易政策以及地缘政治、天气等因素影响，全球油脂油料贸易格局不断变化，贸易流向演变对我国影响不断加深。

（一）全球油脂油料贸易流向演变对我国的有利方面

一是贸易规模扩大有利于保障我国进口需求。2023/24年度全球油脂油料贸易量达2.88亿吨，近10年增加8775万吨，同期我国油脂油料进口快速上升。据海关数据，2023年我国进口食用油籽10875万吨，近10年增加4090万吨；进口食用植物油1025万吨，近10年增加103万吨。随着进口增多，我国植物油人均食用消费量不断提高，2023年达到26公斤/年，肉蛋奶人均消费量也居于全球前列，进口来源充足为我国居民消费实现"吃得饱"向"吃得好"转变提供了坚实基础。

二是贸易品种增多有利于优化我国植物油的进口结构。随着全球葵花籽油、菜籽油贸易量快速增加，我国油脂油料进口结构不断优化，2023年菜籽油进口量194万吨，创历史新高；葵花籽油进口量152万吨，创历史次高。此外，亚麻籽、花生等油料进口也快速增加，2023年我国进口亚麻籽和花生122万吨、89.2万吨，分别较2018年增加2倍和3.1倍，带动了国内相关品种压榨量的快速增加，一定程度缓解了大豆进口压力。

三是新兴市场贸易量增多有利于我国进口多元化。近年来，俄罗斯、印度尼西亚等新兴市场油脂油料出口量持续增长，2023/24年度俄罗斯、印度尼西亚的植物油出口量分别较2000/01年度增长49.2倍、4.8倍，而全球平均增长1.8倍。我国自俄罗斯等新兴市场进口油脂油料的数量逐年增加，2023年我国一半以上的菜籽油、葵花油、亚麻油进口来自俄罗

斯，近八成花生进口来自苏丹、塞内加尔和埃塞俄比亚等非洲国家，近六成芝麻进口来自尼日尔、坦桑尼亚等非洲国家。油脂油料进口来源地更趋多元，有利于降低进口集中度，提升供应链的安全性和稳定性。

（二）全球油脂油料贸易流向演变对我国的风险挑战

当今世界正经历百年未有之大变局，国际环境不确定因素增多，以美国为首的西方国家屡屡在粮食市场上"做文章"，传统与非传统因素交织多变，油脂油料进口形势日趋复杂，全球贸易流向演变也给我国带来新的风险挑战。

一是对巴西大豆的依赖更甚于之前的美国。我国自巴西进口大豆逐年增长，尤其是 2018 年中美发生经贸摩擦后，增长更为明显。2018 年我国进口巴西大豆数量占进口总量的比重达到 75.1%，创历史最高，2023 年仍处于 70.4% 高位，进口来源高度集中增加了供应风险。一方面，巴西、阿根廷等国大豆生产容易受到极端天气影响，若未来巴西大豆因天气因素大幅减产，将直接影响国内供应稳定；另一方面，巴西大豆种子几乎都是来自孟山都等美国公司，若中美关系恶化，美国采取"长臂管辖"，限制美国种子生产的大豆向我国出口，将极大影响进口来源。

二是棕榈油作为我国油脂进口第一道防线的功能或将减弱。从供给看，全球棕榈油贸易量已经连续 5 年停滞不前，一方面是因为印度尼西亚、马来西亚政府在政策上限制油棕种植面积扩张；另一方面是因为主产国油棕树翻种

不及时、老龄化严重，棕榈油单产上升乏力。从需求看，印度尼西亚大力发展生物柴油产业，国内棕榈油需求增加，进一步压缩出口潜力。印度、孟加拉国等消费国竞争进口市场，稳定我国棕榈油进口来源或将面临一定挑战。

三是物流供应链安全仍未得到根本保障。我国进口油脂油料海运占比超过 95%，船只多途经海上咽喉要道，美国为了控制全球经济，通过军事布局和战略投资，对巴拿马运河、马六甲海峡、苏伊士运河、好望角等战略要道和重要港口加强控制。一旦重点物流节点出现堵塞或中断，将引发运输延误、粮食腐化、成本增加等问题，甚至被切断进口供应链，造成国内粮食安全风险。

四、保障我国植物油安全的政策建议

（一）提升产能潜力，提高我国植物油自给率

立足我国"人口多，耕地少"的基本国情，提高耕地利用效率，提高植物油自给率。大力开发冬闲田扩种油菜，因地制宜推广"稻油轮作"，推广大豆玉米带状复合种植，积极推广花生种植，积极推进油茶、核桃、油橄榄等木本油料生产；开发和推广新品种，提升机械化水平，提高生产效率。

（二）推动多元进口，构建供应链安全体系

巩固巴西大豆、东南亚棕榈油进口渠道，

稳住基本盘。积极增加乌拉圭、俄罗斯、乌克兰等国家大豆进口，并持续拓展加强与"一带一路"共建国家经贸合作关系，积极推进其他品种油脂油料进口多元化。结合国外农业生产特点和我国需要，重点考虑东南亚、中亚和俄罗斯等我国周边区域，以及非洲、中东欧、南美等地区，促进我国的资金、技术、人力资源优势与国外的土地优势结合互补，鼓励企业"走出去"，布局全球粮仓，掌握国际粮源，建立多元、长期、稳定的海外粮源供应体系。

（三）加强监测预警，密切跟踪国际市场新动向

密切监测全球油脂油料主要生产国产情、出口国贸易政策变化、生物柴油生产国政策调整、大宗商品市场周期波动等情况，特别是要关注极端天气对生产的潜在影响，贸易政策的变化引起的连锁反应，以及生物柴油产业发展对植物油市场的影响。密切关注全球油脂油料可持续发展新趋势、新动能，及时评估国际油脂油料市场发展的长期趋势及对我国市场的影响。

我国古代粮食储备规模标准的历史演进及其启示

一、我国古代粮食储备规模标准的历史演进

自先秦以来至明清时期，中央事权粮食储备规模标准通常遵循"耕三余一"要求，但随着政权疆域的扩大与多民族国家的日益巩固，又融入了粮食绝对数量储备的要求。

（一）先秦社会粮食储备规模标准的基本规定

中国古人在对粮食储备等问题的思考过程中，很早就有了制度化的探索与成果。据《礼记·王制》记载："三年耕，必有一年之食；九年耕，必有三年之食。"这就是著名的"耕三余一"观点。"耕三余一"，系"耕种三年，

余一年粮"的简称，这是先秦社会有关粮食储备规模的标准，即粮食储备规模按照年度计算，年末官府和民间的粮食库存量要相当于当年粮食总产量的三分之一。接着，《礼记·王制》继续记载："国无九年之蓄曰不足，无六年之蓄曰急，无三年之蓄曰国非其国也。"每耕种三年的粮食库存量相当于一年的粮食产量，是否达到该标准作为执政者居安思危的参考。《盐铁论·力耕》的解释更为直接明确，即"三年耕而余一年之蓄，九年耕有三年之蓄"。唐代房玄龄等称赞"九年躬稼，而有三年之蓄"是商周兴旺的正道。"耕三余一"的主张还引起各国执政者的高度重视。据《战国策》记载，齐国"地方二千里，带甲数十万，粟积为丘山"。秦、齐、燕、赵、楚等强国都

很重视粮食储备,在它们最鼎盛的时候,粮仓里的粮食都够本国几年之用。

(二)秦至隋唐粮食储备规模标准的继承发展

秦汉至隋唐时期出现以其他时间作为库存标准,比如东晋的王鉴就曾以"仓库无旬月之储"来说明东晋遭遇的荒年情况。但主流仍继续以"耕三余一"作为认定粮食储备规模的主要标准。

汉代有关文献表明"耕三余一"是国之大计。比如,汉人刘向在《淮南子·主术训》中即认可"耕三余一"观点。汉文帝接纳贾谊在《论积贮疏》中的建议,认可"积贮者,天下之大命也"观点,在全国范围内抑制商业活动,鼓励恢复农业生产,加强粮食储备。东汉大臣郎颛在上书汉顺帝劝其"早宣德泽,以应天功"时提到"十年"的粮食库存量:"昔尧遭九年之水,人有十载之蓄者,简税防灾,为其方也。"

魏晋南北朝时期的大臣奏疏反映出此时仍以"耕三余一"作为粮食储备规模的标准。比如曹魏大司农司马芝在奏请魏明帝曹叡"专以农桑为务"时,仍引用"王制:'无三年之储,国非其国也。'管子区言以积谷为急"作为依据。西晋时期的傅玄建议"若干人为农,三年足有一年之储"。在南朝,梁武帝"溺情内教,朝政纵弛",大臣郭祖深劝其"贱金贵粟"的重要理由即是:"人为国本,食为人命,故《礼》曰,国无六年之储,谓非其国也。"

隋唐时期的文献反映仍以"耕三余一"

作为粮食储备规模的主要标准。隋代工部尚书长孙平奏设的"义仓"即来源于"耕三余一"思想。国家有关粮食储备规模"耕三余一"的标准在唐代法律文献中有所反映。比如,唐玄宗即位之初,鉴于"三年之蓄"难以实现,即退而求其次,要求百姓存储一年之粮。开元二十七年,唐玄宗下令各地政府用加价收籴的办法充实粮仓以达到"三年之蓄"的标准。

(三)宋元明清粮食储备规模标准的演进丰富

宋元明清时期的常平仓、社仓等粮食储备制度普遍开始施行,粮食储备规模标准呈现多样化发展趋势。

宋代政权仍继续坚守"耕三余一"的粮食储备规模标准并有所变化。开宝三年秋,京都粮食供给发生危机,"仓储月给止及明年二月",宋太祖责备"三司"没有未雨绸缪时就提到,"国无九年之蓄曰不足"。宋哲宗即位以后,司马光上书主张"罢免役钱,诸色役人,并如旧制定差",提出"所有见在役钱,拨充州县常平本钱,以户口为率,存三年之蓄,有余则归转运司"。那么,一年之蓄到底是多少呢?《宋史·李椿传》曾记载"力请岁储二百万斛为一年之蓄"。可见,"耕三余一"的思想在宋代不仅有重要影响,而且还对粮食库存的具体数量有一定要求。

辽金等少数民族政权受到"耕三余一"思想的影响并有所发展。随着与农耕民族政权交往增多,辽、金等少数民族政权逐渐重视和发展"耕三余一"思想。大定三年，"旧拟备户口三月之粮"，金世宗"恐数多致损"，于是"改令户二万以上备三万石，一万以上备二万石，一万以下、五千以上备万五千石，五千户以下备五千石"。应该说，按照辖区内人口数量来确定粮食储备规模，是金世宗对"耕三余一"思想的突出发展。辽政权在有关粮食储备规模的记载，体现为粮食的具体库存数量。比如据《辽史·耶律唐古传》记载，耶律唐古"移屯镇州，凡十四稔，积粟数十万斛，斗米数钱"。

明清时期以"耕三余一"和库存具体数量作为粮食储备规模的认定标准。弘治三年，明孝宗下令，要求全国各地必须储备一定数量的粮食，实行州县定额积谷之制，规定"州县十里以下积万五千石，二十里积二万石；卫千户所万五千石，百户所三百石"，并"稽其多寡以为殿最"。如果积谷不到定额的三分之一，则剥夺俸禄；如果积谷不到三分之二，将对官员进行降职处理。嘉靖皇帝即位以后，改革弘治时期的定额积谷的弊端，令"有司设法多积米谷，仍仿古常平法，春振贫民，秋成还官，不取其息"，规定"府积万石，州四五千石，县二三千石为率"。随后，明朝政府继续调整粮食储备规模。到万历皇帝在位时，"上州郡至三千石止，而小邑或仅百石"。与此同时，明代还继续保留了"耕三余一"的储备标准。据《明史·张孟男传》记载："孟男受事，粟仅支二年，不再岁遂有七年之蓄。"经历过清朝统治以后，"耕三余一"思想被赋予了更为深刻的内涵。

二、我国古代粮食储备规模标准的当代启示

"耕三余一"是中国智慧的结晶，它不仅体现了古人对"六岁穰，六岁旱，十二岁一大饥"规律的科学认识，而且对科学认识粮食储备规模标准与合理界定具有重要意义。

（一）确定粮食储备规模标准出发点是"唯在百姓苦乐"

中国古代政权几乎都支持和践行"耕三余一"主张，但从动用粮食储备角度来看有不同的历史结果。第一种情况是，粮食储备充足而百姓因官员不肯赈救而被饿死；第二种情况是，粮食储备充足而官员冒着丢官获罪的风险而开仓救济；第三种情况是，官员守职不动用粮食储备而以己力救助他人。针对上述不同的历史现象，唐初马周上疏唐太宗总结了"隋家贮洛口仓，而李密因之；东都积布帛，而世充据之"等隋亡教训，认为"自古以来，国之兴亡，不由积畜多少，唯在百姓苦乐"。抗日战争时期，中国共产党领导下的大生产运动，明确提出了因袭古代粮食储备"耕三余一"的口号，并且创造性地实现了边区民众的自力更生、丰衣足食。

党的十八大以来，习近平总书记多次指出，全方位夯实粮食安全根基，确保中国人的饭碗牢牢端在自己手中。党的二十大报告强调："江山就是人民，人民就是江山。中国共产党领导人民打江山、守江山，守的是人民的心。"粮食安全保障法第二条第二款规定，保障国家粮食安全应当树立大食物观，构建多元

化食物供给体系，全方位、多途径开发食物资源，满足人民群众对食物品种丰富多样、品质营养健康的消费需求。据此，当代粮食储备规模的界定标准要坚持以人民为中心的发展思想。

（二）确定粮食储备规模标准要统筹经济和政治两本账

在"耕三余一"标准上建立起来的粮食储备，是对全国粮库总量而言的，除常平仓等官仓之外，还兼顾了义仓、社仓等其他性质的粮食储备。一般来说，不同性质的粮仓占储备的比例是有差异的。素有古代"中央储备粮"之称的"常平仓"，粮食储备比例仅占3.8%。此种情况启示中国粮食安全保障工作，应高度重视粮食储备规模的经济效益和社会效益，将粮食储备规模尤其是中央储备粮规模控制在比较合理的比例。

就粮食库存而言，我国粮食库存远高于17%至18%的国际粮食安全警戒线，小麦、稻谷库存量能够满足全国人民1年以上的口粮消费需求。粮食安全保障法第三十条规定，承储政府粮食储备的企业或者其他组织应当遵守法律、法规和国家有关规定，实行储备与商业性经营业务分开；承储中央政府粮食储备和省级地方政府粮食储备的企业应当剥离商业性经营业

务。因此，科学确定粮食储备规模，不仅涉及国家财政负担和经济效益问题，还涉及有关法律法规的实施效果，应兼顾经济和政治两本账。

（三）确定粮食储备规模标准要简单明确且有可操作性

中国古代主流是以"耕三余一"来反映粮食储备规模标准的，同时还有以粮食绝对库存数量的辅助标准。这种古老的中华智慧为当代中国粮食储备规模的确定提供了有益启示。那么，当代中国粮食储备的规模究竟多大比较科学呢？根据《国家粮食安全中长期规划纲要（2008—2020年）》"到2020年人均粮食消费量为395公斤"的目标，全国14亿多人口每年粮食消费量是5.53亿吨；根据"每人每天有一斤基本口粮原粮"标准测算，全国14亿多人口每年粮食消费量是5.11亿吨。根据"耕三余一"思想，按照2024年我国粮食产量7亿吨标准计算，结合中国有庞大的14亿多人口、粮食产业的自身特点和高质量发展、种粮收益的有效保障、国际粮食市场供应链的稳定性、粮食安全的战略布局等因素，平时粮食储备合理规模应保持在2.3亿吨至3亿吨的区间较为合适。

构建新形势下物资储备技能人才培养路径
为守住管好"大国储备"提供坚强人才保障

技能人才是守住管好"大国储备"的人才　　基础，建设一支业务精湛、技艺高超的技能人

才队伍，对于维护国家储备安全，确保国家储备物资"收得进、储得好、调得出、用得上"具有重要作用。保管员是物资保管保养、收储轮换的技能人才主力军，建立健全保管员培养路径，对于构建新形势下物资储备技能人才培养体系具有重要引领作用。当前保管员技能人才培养体系不健全、职业等级评价缺失、发展通道不畅通，亟须完善构建新形势下物资储备技能人才培养路径，为守住管好"大国储备"提供坚强人才保障。

一、储备技能人才发展现状及存在的问题

2018 年机构改革以来，国家粮食和储备局加强粮食和物资储备人才队伍建设，大力实施高技能人才倍增工程和职业技能提升行动，人才队伍结构持续优化，高层次人才稳中有增，高技能人才占技能劳动者比例不断提升，培养了一批"淡泊名利、埋头苦干、不计得失、敢于奉献"的物资储备队伍。

随着物资储备系统深化改革转型发展的不断推进，保管员技能人才供需结构性矛盾逐渐凸显。一是保管员队伍结构存在短板弱项。人员年龄结构失衡，随着新老保管员集中交替，新保管员的知识结构、工作经验、操作技能、应对突发事件的处置能力等综合素质亟待提升；储备管理正逐步由"劳动密集型"过渡到"技术密集型"，现有知识体系和技能结构难以适应迭代升级的现代仓储发展。二是保管员职业技能等级体系不完备。保管员岗位工作

职责界定不清晰，物资接收检验、设施设备维护等工作职责与物资工程技术员、物流工程技术员职责相重叠。尚未建立"新八级工"职业技能等级序列。据调研，保管员主要通过参加（粮油）仓储管理员等考试获得职业技能等级证书，目前职业技能等级认定渠道不明晰。三是保管员职业发展通道不畅通。技能人才培养培训体系不健全，未建立统一的物资储备保管员培训大纲、培训教材，未形成常态化培训机制，缺乏专门的物资储备系统师资队伍、实训基地和技能竞赛。工勤技能岗等级比例结构设置不合理，高级工占比较高，中级工和初级工占比较低，呈现"倒三角"结构，保管员职业上升通道出现堵点。

二、粮食和石油行业实践经验借鉴

2018 年 12 月，人力资源社会保障部印发《关于开展职业技能等级认定试点工作的通知》，规定部分基础较好的中央企业可结合生产经营服务需要，面向本单位职工独立开展职业技能等级认定工作。粮食和石油行业顺应技术发展趋势，结合行业实际面向本系统职工开展职业技能等级认定工作，探索出了一套体系健全、标准完备的技能人才职业技能等级认定制度，对构建物资储备技能人才培养体系提供了有益借鉴。

（一）粮食行业探索实行市场化社会化职业技能等级认定

粮食行业特有工种职业技能培训和鉴定工

作由原国家粮食局职业技能鉴定指导中心牵头负责、各省（市）粮食行业特有工种职业技能鉴定站具体实施。2019年国家粮食和物资储备局开展职业技能等级认定试点工作，由原来政府部门组织技能鉴定并颁发职业资格证书，调整为由政府部门备案监管的社会培训评价组织开展技能等级认定考核并颁发职业技能等级证书。一是完善粮油保管员职业技能标准。组织编制了《（粮油）仓储管理员国家职业技能标准（2019年版）》，明确了粮油保管员职业技能等级、评价标准，为开展职业技能等级认定奠定坚实基础。二是实行市场化社会化职业技能等级认定。经国家粮食和物资储备局、人力资源和社会保障部审批同意，中国信息协会、中国粮食行业协会和中国农产品流通经纪人协会三家备案为职业技能等级认定社会培训评价组织的单位，可开展粮食行业相关职业（工种）职业技能等级认定工作，形成由政府部门备案监管的社会培训评价组织开展技能等级认定考核，并颁发职业技能等级证书的评价体系。部分通过地方人社部门备案的单位，也可开展粮食行业相关职业（工种）职业技能等级认定工作。

（二）石油行业建立技能等级认定分级管理模式

2019年，中国石油天然气集团有限公司完成国家职业技能等级认定备案工作，成为全国第一家自主开展国家职业技能等级认定的中央企业，多措并举开展自主认定工作。一是完善职业技能等级制度体系。在初级工、中级工、高级工、技师和高级技师基础上，增设首席技师、企业技能专家、集团公司技能专家和技能大师，形成九级晋级体系，进一步完善了职业技能等级制度体系。二是建立"1+7"职业技能标准体系。根据《中华人民共和国职业分类大典》，以企业标准方式发布了《中国石油工种目录》和《中国石油职业技能等级评价标准》（分七册），共同构建形成"1+7"职业技能标准体系。三是搭建职业技能等级自主认定组织架构。建立"集团指导中心统筹管理、地区认定中心牵头协调、评价中心和评价站具体实施"的技能等级认定分级管理模式。建设技能等级认定专家库，负责技能等级认定政策理论研究、机构及资源评估、工种设置审定、评价规范审核和题库审定等工作，打造行业领先的职业技能等级认定"智囊团"。

三、政策建议

聚焦服务国家储备高质量发展需要和技能人才职业发展，围绕"打造一支技艺精湛、技能高超的技能人才队伍"任务，大力弘扬劳模精神、劳动精神、工匠精神，亟需完善职业技能等级制度体系，完善职业技能等级认定机制，加大高技能人才培养力度，畅通技能人才发展通道，推动形成各方联动、协调畅通、相互支撑、持续发展的物资储备技能人才培养路径。

（一）完善职业技能等级制度体系

一是健全职业技能等级设置。结合国家储

备仓储技术发展水平和现实需要，与时俱进扩充保管员工作职责，修改完善国家储备仓库岗位设置标准，增加保管员操作使用自动化、智能化、信息化仓储设施设备技能要求，提升工作职能的技术性和专业性；探索构建新型八级技工制度，形成由学徒工、初级工、中级工、高级工、技师、高级技师、特级技师、首席技师构成的"八级工"职业技能等级序列。二是建立职业技能标准体系。以职业技能标准为基础，编制物资储备保管员培训教材。编制完善物资储备技术标准体系。制定物资储备保管员职业技能等级认定工作规范，明确保管员职业技能等级认定的领导机构、资格条件、评价主体、认定流程等。在统筹不同物资理化性能、管理方式、保养要求差异性的基础上，分类编制保管员职业技能标准，配套编制培训大纲、培训教材、题库等，形成保管员职业技能标准体系，为系统规范保管员的作业行为、引导职业教育培训方向、开展职业技能等级认定提供依据。三是科学编制职业技能标准。编制保管员职业技能标准，明确五级（初级工）至一级（高级技师）五个职业等级的申报条件、基本要求、工作要求等。

（二）完善职业技能等级认定机制

一是实施分类考核评价。不同级别职业技能等级采取不同考核评价方式，学徒工的转正定级考核，由储备仓库依据有关要求进行。初级工、中级工、高级工、技师、高级技师等级考核由社评组织或有关技工院校按照职业标准进行。首席技师、特级技师由省级及以上人力资源和社会保障部门、国家粮食和物资储备局指导实施。二是多渠道开展职业技能等级认定。充分利用粮食和物资储备系统现有教育培训资源，建立粮食和物资储备系统教育培训基地，在储备系统内进行保管员职业等级认定试点和推广，进而将系统内的保管员职业技能标准升级为国家标准。构建"职业技能鉴定中心统一指导、垂管局协调组织、教育培训基地、技工院校和社会培训评价组织具体实施"的多主体多层级职业技能等级认定模式。

（三）加大高技能人才培养力度

一是健全技能人才教育培训机制。构建以储备仓库为主体、教育培训基地和技工学校为基础的保管员技能人才培养体系。依托培训教育基地、产教融合实训基地、技能大师工作室、网络学习平台等开展集中性教育培训。储备仓库通过以师带徒、技能研修、岗位练兵、技能竞赛、技术交流等形式进行常态化教育培训，促进技能人才知识更新与技术创新。二是建立职业技能竞赛体系。构建"以全系统职业技能大赛为龙头、区域职业技能竞赛及专项赛为主体、储备仓库岗位练兵为基础"的层次分明、上下衔接、内外贯通的职业技能竞赛体系。竞赛同期举办技能人才政策宣讲、"技能发展行"等技能成果展示、先进事迹报告会、"绝技展演"、"技能强储"论坛等活动，建立以技能竞赛为核心内容的"赛展演会"一体化技能盛会，增强职业技能竞赛的表彰激励。三是畅通技能人才发展通道。加强对事业单位岗位设置标准实施情况的跟踪评估，建立岗位设置标准动态调整机制，对岗位设置标准进行动态调整，优化工勤技能岗等级比例结构。建立基于岗位价值、能力素质、业绩贡献的工资分配制度，强化工资收入分配的技能价值激励导向。

附 录

2024 年大事记

一月

1月8日至9日，全国粮食和物资储备工作会议在北京召开。会议以习近平新时代中国特色社会主义思想为指导，深入贯彻党的二十大和二十届二中全会精神，认真落实中央经济工作会议、中央农村工作会议精神，根据全国发展和改革工作会议部署，总结2023年工作，分析当前形势，安排2024年粮食和物资储备重点任务。国家发展和改革委员会党组书记、主任郑栅洁出席会议并讲话。国家发展和改革委员会党组成员，国家粮食和物资储备局党组书记、局长刘焕鑫作工作报告。

1月9日，全国粮食和物资储备系统学习贯彻粮食安全保障法专题报告会在北京举行。国家发展和改革委员会党组成员，国家粮食和物资储备局党组书记、局长刘焕鑫出席报告会并讲话，局党组成员、副局长黄炜主持报告会。全国人大常委会法工委经济法室副主任庄晓泳作专题报告。

1月10日，全国粮食和物资储备系统安全生产警示教育大会在北京召开。会议深入学习贯彻习近平总书记关于安全生产的重要讲话和重要指示批示精神，认真落实国务院安全生产委员会全体会议部署，分析安全生产形势，开展警示教育。国家发展和改革委员会党组成员，国家粮食和物资储备局党组书记、局长刘焕鑫出席会议并讲话。局党组成员、副局长黄炜主持会议，局党组成员、副局长刘小南传达有关会议精神，局党组成员、副局长钱毅通报重大事故隐患专项排查整治2023行动情况。

1月10日，全国粮食和物资储备系统廉政警示教育大会在北京召开。会议深入学习贯彻习近平总书记关于党的自我革命的重要思想，认真落实二十届中央纪委三次全会部署，深入剖析粮食和物资储备领域存在的问题，深刻汲取涉粮涉储案件教训，以案为鉴、以案促改、以案促治，纵深推进全面从严治党，大力营造风清气正的政治生态。国家发展和改革委员会党组成员，国家粮食和物资储备局党组书记、局长刘焕鑫主持会议并讲话。最高人民检察院检察委员会副部级专职委员、第三检察厅厅长史卫忠作警示教育报告。

二月

2月4日，国家发展和改革委员会党组成员，国家粮食和物资储备局党组书记、局长刘焕鑫带队赴天津市，围绕贯彻落实习近平总书记关于低温雨雪冰冻灾害防范应对、安全生产的重要指示和在天津考察调研时的重要讲话精神，扎实做好粮油市场供应、应急物资保障和安全生产工作进行调研，并看望慰问一线干部职工。局党组成员、副局长钱毅参加调研。

三月

3月1日，国家粮食和物资储备局召开2024年全面从严治党工作会议，认真学习贯彻习近平总书记关于党的建设的重要思想、关于党的自我革命的重要思想，深入落实二十届中央纪委三次全会和国务院第二次廉政工作会议、中央和国家机关党的工作暨纪检工作会议、中央和国家机关警示教育会议以及国家发展和改革委员会党风廉政建设工作会议精神，总结过去一年全局全系统全面从严治党工作，分析研判当前形势，安排部署2024年重点工作。国家发展和改革委员会党组成员、驻委纪检监察组组长孙怀新，国家发展和改革委员会党组成员，国家粮食和物资储备局党组书记、局长刘焕鑫出席会议并讲话。局党组成员、副局长、直属机关党委书记黄炜通报全局全系统违纪违法典型案例，局党组成员、副局长刘小南主持会议，局党组成员、副局长秦玉云传达有关会议精神。

3月13日，国家粮食和物资储备局召开干部大会，传达学习习近平总书记在全国两会上的重要讲话和全国两会精神，部署贯彻落实工作。国家发展和改革委员会党组成员，国家粮食和物资储备局党组书记、局长刘焕鑫出席会议并讲话。局党组成员、副局长黄炜主持会议，局党组成员、副局长刘小南传达全国两会精神。

3月17日至21日，国家发展和改革委员会党组成员，国家粮食和物资储备局党组书记、局长刘焕鑫带队赴黑龙江省、内蒙古自治区调研秋粮收购工作，多次召开座谈会，广泛听取基层部门、粮食企业、专业合作社、种粮大户的意见建议。

四月

4月10日，全国粮食和物资储备系统粮食质量安全工作会议在北京召开。会议深入学习贯彻习近平总书记关于粮食质量安全的重要讲话和重要指示精神，认真落实国务院食品安全委员会第一次全体会议有关要求，总结交流近年来粮食质量安全工作，分析研判形势，安排部署任务。国家发展和改革委员会党组成员，国家粮食和物资储备局党组书记、局长刘焕鑫出席会议并讲话。局党组成员、副局长秦玉云主持会议并传达有关精神。

4月11日，国家粮食和物资储备局召开乡村振兴工作领导小组会议，深入学习贯彻习近平总书记关于全面推进乡村振兴的重要论述，认真落实2024年中央一号文件精神，总结2023年国家粮食和物资储备局定点帮扶、对口支援工作成效，审议通过《国家粮食和物资储备局2024年定点帮扶工作计划》等文件，安排部署2024年重点工作。国家发展和改革委员会党组成员，国家粮食和物资储备局党组书记、局长刘焕鑫主持会议并讲话。

4月15日，中央第六巡视组巡视国家粮食和物资储备局党组工作动员会召开。中央第六巡视组组长王荣军作动员讲话，对深入学习贯彻习近平总书记关于巡视工作重要讲话精神，扎实开展巡视工作提出要求。国家粮食和物资储备局党组书记、局长刘焕鑫主持会议并讲话。局党组成员、副局长黄炜、刘小南、钱毅、秦玉云同志出席会议。

4月23日，国家粮食和物资储备局召开中央应急抢险救灾物资储备管理工作视频会议。会议认真学习贯彻习近平总书记重要讲话和重要指示批示精神，传达学习全国防汛抗旱工作视频会议精神，总结工作，部署安排当前重点任务。国家粮食和物资储备局党组成员、副局长钱毅出席会议并讲话。局督查专员李成毅主持会议。

4月28日，国家粮食和物资储备局在江苏张家港召开全国粮食绿色仓储工作现场推进会。会议深入学习领会习近平总书记关于保障国家粮食安全的重要指示批示精神，深化思想认识，交流工作经验，安排部署工作。国家粮食和物资储备局党组成员、副局长秦玉云出席会议并讲话。

五月

5月15日，国家粮食和物资储备局召开全国夏季粮油收购工作会议，分析研判收购形势，安排部署收购工作。国家发展和改革委员会党组成员、国家粮食和物资储备局党组书记、局长刘焕鑫出席会议并讲话。局党组成员、副局长秦玉云主持会议。

5月27日，2024年全国粮食和物资储备科技活动周启动仪式在江西南昌举行。国家发展和改革委员会党组成员、国家粮食和物资储备局党组书记、局长刘焕鑫出席会议并讲话；江西省委常委、常务副省长任珠峰，南昌市委副书记、市长万广明出席会议并致辞。局党组成员、副局长秦玉云主持启动仪式。

5月27日，国家粮食和物资储备局科技和人才兴粮兴储工作推进会在江西南昌召开。国家发展和改革委员会党组成员，国家粮食和物资储备局党组书记、局长刘焕鑫出席会议并讲话。局党组成员、副局长秦玉云主持会议，局总工程师颜波、督查专员王宏出席会议。

六月

6月2日至4日，国家发展和改革委员会党组成员，国家粮食和物资储备局党组书记、局长刘焕鑫带队赴安徽合肥、淮南、阜阳等地调研夏粮收购工作。

6月6日，国家粮食和物资储备局召开2024年全国政策性粮油库存检查视频督导抽查会，对黑龙江、广东、云南等省份粮食和物资储备局，辽宁、吉林、湖北等垂直管理局库存检查组进行督导抽查。国家发展和改革委员会党组成员，国家粮食和物资储备局党组书记、局长刘焕鑫出席会议并讲话。局党组成员、副局长秦玉云主持会议。

6月18日至19日，国家发展和改革委员会党组成员，国家粮食和物资储备局党组书记、局长刘焕鑫带队赴福建福州、泉州、三明等地，围绕深入贯彻习近平总书记关于防汛抗旱工作的重要指示和关于国家粮食安全的重要论述精神，做好应急储备物资保障、夏粮收购等工作进行调研。在福州出席第二十届粮食产销协作福建洽谈会开幕式并致辞。

七月

7月1日，国家粮食和物资储备局举行

2024年"光荣在党50年"纪念章颁发暨新党员入党宣誓仪式。国家发展和改革委员会党组成员，国家粮食和物资储备局党组书记、局长刘焕鑫出席仪式并讲话。局党组成员、副局长黄炜主持仪式。

7月5日，国家粮食和物资储备局举办党纪学习教育专题党课报告会，国家发展和改革委员会党组成员，国家粮食和物资储备局党组书记、局长刘焕鑫以"深入学习领会习近平总书记关于全面加强党的纪律建设的重要论述，坚决贯彻执行《中国共产党纪律处分条例》，全面加强粮食和物资储备系统纪律建设"为题，为全局全系统党员干部讲纪律党课。局党组成员、副局长、直属机关党委书记黄炜主持报告会，局党组成员、副局长刘小南、秦玉云，驻国家发展和改革委员会纪检监察组有关负责同志出席报告会。

7月26日，国家粮食和物资储备局召开干部大会，传达学习贯彻党的二十届三中全会精神，对全局全系统学习贯彻工作作出安排。国家发展和改革委员会党组成员，国家粮食和物资储备局党组书记、局长刘焕鑫出席会议并讲话。局党组成员、副局长黄炜主持会议并传达全会精神，局党组成员、副局长刘小南、秦玉云出席会议。

八月

8月20日，全国粮食和物资储备工作推进会在北京召开。会议深入贯彻党的二十大和二十届二中、三中全会精神，认真落实党中央、国务院关于上半年经济形势和做好下半年

经济工作的决策部署，以及国家发展和改革委员会上半年经济形势通报会议精神，梳理总结上半年全国粮食和物资储备系统工作，安排部署下半年重点任务，推动粮食和物资储备事业高质量发展。国家发展和改革委员会党组成员，国家粮食和物资储备局党组书记、局长刘焕鑫出席会议并讲话。局党组成员、副局长刘小南主持会议，局党组成员、副局长钱毅传达有关会议精神，局党组成员、副局长秦玉云出席会议。

8月20日至24日，2024年粮食和物资储备工作研讨班在北京举办。国家发展和改革委员会党组成员，国家粮食和物资储备局党组书记、局长刘焕鑫出席开班式并讲话。局党组成员、副局长黄炜作专题辅导并作研讨班总结讲话，局党组成员、副局长刘小南、钱毅、秦玉云出席研讨班并作专题辅导。研讨班邀请中国工程院院士、江南大学教授金征宇作专题报告。各省（区、市）及新疆生产建设兵团粮食和物资储备局（粮食局）、各垂直管理局、国家粮食和物资储备局各司局单位主要负责同志参加。

九月

9月2日，国家粮食和物资储备局在西藏拉萨召开全国粮食和物资储备系统对口援藏工作会议，深入学习贯彻习近平总书记关于做好西藏工作的重要讲话和重要指示精神，认真落实第七次西藏工作座谈会、第四次对口支援西藏工作会议精神，总结工作，交流经验，部署任务。国家发展和改革委员会党组成员，国家

粮食和物资储备局党组书记、局长刘焕鑫出席会议并讲话，西藏自治区党委常委、常务副主席嘎玛泽登出席会议并致辞，西藏自治区副主席次仁平措出席会议，国家粮食和物资储备局党组成员、副局长钱毅主持会议。

9月23日，国家粮食和物资储备局在山东济南召开学习贯彻习近平总书记关于机关党建重要讲话和重要指示精神、推动机关党建高质量发展座谈会。国家粮食和物资储备局党组成员、副局长、直属机关党委书记黄炜出席会议并讲话，驻国家发展和改革委员会纪检监察组、山东省直机关工委有关同志应邀出席会议。

9月24日，国家粮食和物资储备局在吉林召开2024年全国秋粮收购工作会议暨优质粮食工程现场推进会。国家发展和改革委员会党组成员，国家粮食和物资储备局党组书记、局长刘焕鑫出席会议并讲话。局党组成员、副局长刘小南主持会议。

9月24日至25日，国家发展和改革委员会党组成员，国家粮食和物资储备局党组书记、局长刘焕鑫在吉林长春主持召开民营粮食企业座谈会，调研应急储备物资保障工作。局党组成员、副局长刘小南一同参加。

十月

10月9日，国家粮食和物资储备局召开老干部情况通报会。国家发展和改革委员会党组成员，国家粮食和物资储备局党组书记、局长刘焕鑫出席会议并通报今年以来粮食和物资储备工作情况。局党组成员、副局长黄炜主持

会议，党组成员、副局长刘小南、钱毅，总工程师颜波，督查专员李成毅出席会议。聂振邦、韩卫江等老领导和老干部代表100余人参加通报会。

10月10日至11日，粮食和物资储备法治建设工作推进会在江苏南京召开。国家粮食和物资储备局党组成员、副局长黄炜出席会议并讲话。

10月13日，国家发展和改革委员会党组成员，国家粮食和物资储备局党组书记、局长刘焕鑫主持召开粮食领域"十五五"规划专家座谈会。中国社会科学院、中国科学院、中国农业科学院、北京大学、中国人民大学、中国农业大学、中国宏观经济研究院、农业农村部农村经济研究中心、南京农业大学、南京财经大学等单位的12名专家学者应邀参会作重点发言。局党组成员、副局长黄炜、刘小南、钱毅出席会议。国家发展和改革委员会副秘书长、发展战略和规划司司长陈亚军和经济贸易司负责同志出席会议。

10月16日，国家粮食和物资储备局、农业农村部、教育部、全国妇联、湖北省人民政府以及联合国粮食及农业组织在湖北武汉联合主办2024年世界粮食日和全国粮食安全宣传周主会场活动。国家发展和改革委员会党组成员，国家粮食和物资储备局党组书记、局长刘焕鑫出席活动并讲话，湖北省委副书记、省长王忠林，农业农村部农业贸易促进中心主任马洪涛，联合国粮食及农业组织驻华代表处代理代表维诺德分别致辞；湖北省人民政府副省长陈平，武汉大学校长、党委副书记张平文，联

合国世界粮食计划署驻华代表赵兵，局党组成员、副局长钱毅，督查专员王宏，教育部、全国妇联有关负责同志出席活动。

10月18日，第六届中国粮食交易大会在湖北武汉开幕。国家发展和改革委员会党组成员，国家粮食和物资储备局党组书记、局长刘焕鑫，湖北省委常委、常务副省长邵新宇分别致辞，局党组成员、副局长刘小南主持开幕式。截至10月20日大会落下帷幕，现场签订省际战略合作协议18份、企业战略合作协议6份、消费帮扶协议6份、校企合作协议6份；通过现场组织及国家粮食交易平台线上专场交易等方式，共成交及意向签约各类粮油1952万吨、各类粮油机械5502台（套），总金额约686亿元，均创历史新高。

十一月

11月9日，国家发展和改革委员会党组成员，国家粮食和物资储备局党组书记、局长刘焕鑫主持召开物资储备领域"十五五"规划专家座谈会。清华大学、中国石油集团、中国五矿集团、中国有色金属工业协会、中国煤炭经济研究会、中国有研科技集团有限公司、中国地质科学院、中化能源股份有限公司等单位专家应邀参加会议并发言。局党组成员、副局长黄炜、刘小南、钱毅、秦玉云出席会议。国家发展和改革委员会副秘书长、发展战略和规划司司长陈亚军，国民经济综合司、经济与国防协调发展司负责同志出席会议。

11月14日，国家粮食和物资储备局在黑龙江哈尔滨召开部分粮食主产省（区）秋粮收购工作调度推进会议。国家发展和改革委员会党组成员，国家粮食和物资储备局党组书记、局长刘焕鑫出席会议并讲话。局党组成员、副局长秦玉云主持会议。

11月21日，国家发展和改革委员会党组成员，国家粮食和物资储备局党组书记、局长刘焕鑫主持召开粮食和物资储备"十五五"规划行业系统座谈会。黑龙江省、福建省、河南省、重庆市、辽宁省大连市、山东省滨州市、河北省宁晋县、安徽省利辛县粮食和物资储备部门，国家粮食和物资储备局湖北局、陕西局、科学研究院有关负责同志和专家参加会议并发言。局党组成员、副局长秦玉云出席会议。

11月21日至22日，全国粮食和物资储备系统办公室工作会议在湖南长沙召开。国家发展和改革委员会党组成员，国家粮食和物资储备局党组书记、局长刘焕鑫对全系统办公室工作作出批示。局党组成员、副局长刘小南出席会议并讲话，湖南省人民政府副秘书长毛朝晖出席会议并致辞，局督查专员、办公室主任王宏作工作报告。

11月29日，国家粮食和物资储备局召开全国粮食和物资储备系统安全风险防范视频会议。会议深入学习贯彻习近平总书记关于安全生产工作的重要指示精神，认真落实党中央、国务院部署要求，就粮食和物资储备系统进一步做好安全生产和应急保障工作作出安排。国家发展和改革委员会党组成员，国家粮食和物资储备局党组书记、局长刘焕鑫出席会议并讲话，局党组成员、副局长刘小南主持会议，局党组成员、副局长钱毅传达相关文件精神，局党组成员、副局长秦玉云出席会议。

11月30日，国家粮食和物资储备安全政策专家咨询委员会成立大会暨第一次专题咨询会议在北京召开。国家发展和改革委员会党组成员，国家粮食和物资储备局党组书记、局长刘焕鑫出席会议并讲话。局党组成员、副局长黄炜主持会议，局党组成员、副局长刘小南、钱毅、秦玉云出席会议。

十二月

12月10日至12日，中央应急抢险救灾物资储备管理工作会议暨技能比武培训在四川成都举办。国家粮食和物资储备局党组成员、副局长钱毅出席会议并讲话。

12月23日，粮食和物资储备系统"七十五载辉煌路 粮储同心绘新图"主题书画展在北京开幕。国家发展和改革委员会党组成员，国家粮食和物资储备局党组书记、局长刘焕鑫出席开幕式并致辞，局党组成员、副局长刘小南主持开幕式，局党组成员、副局长钱毅、秦玉云出席开幕式。中央和国家机关工委、国家发展和改革委员会、中国文联、中国书法家协会、中国书画家联谊会、中储粮集团公司等部门和单位相关负责同志应邀出席开幕式。

12月25日至26日，全国粮食和物资储备工作会议在北京召开。会议以习近平新时代中国特色社会主义思想为指导，深入贯彻党的二十大和二十届二中、三中全会精神，认真落实中央经济工作会议、中央农村工作会议精神以及全国发展和改革工作会议部署，总结2024年粮食和物资储备工作，分析当前形势，安排2025年粮食和物资储备重点任务，推进粮食和物资储备事业高质量发展。国家发展和改革委员会党组书记、主任郑栅洁出席会议并讲话。国家发展和改革委员会党组成员，国家粮食和物资储备局党组书记、局长刘焕鑫作工作报告。

12月26日，国家粮食和物资储备局举行新任命国家工作人员宪法宣誓仪式。国家发展和改革委员会党组成员，国家粮食和物资储备局党组书记、局长刘焕鑫监誓；局党组成员、副局长黄炜主持宣誓仪式；局党组成员、副局长刘小南、钱毅，局总工程师颜波，督查专员李成毅出席仪式；局督查专员王宏领誓。2023年8月以来，国家粮食和物资储备局党组新任命的近100名司处级干部参加宣誓。

撰稿单位：国家粮食和物资储备局办公室（外事司）

撰稿人：薄传敏、张宇阳、李燕博、李冬良、罗乐添、张杰才、毕一卓、庄梓欣、杨萌、吴汉

审稿人：王宏、周辉

统计资料

表 1　全国主要粮食及油料播种面积（1978—2024 年）

单位：千公顷

年份	粮食	稻谷	小麦	玉米	大豆	油料
1978	120587	34421	29183	19961	7144	6222
1979	119263	33873	29357	20133	7247	7051
1980	117234	33878	28844	20087	7226	7928
1981	114958	33295	28307	19425	8024	9134
1982	113462	33071	27955	18543	8419	9343
1983	114047	33136	29050	18824	7567	8390
1984	112884	33178	29576	18537	7286	8678
1985	108845	32070	29218	17694	7718	11800
1986	110933	32266	29616	19124	8295	11415
1987	111268	32193	28798	20212	8445	11181
1988	110123	31987	28785	19692	8120	10619
1989	112205	32700	29841	20353	8057	10504
1990	113466	33064	30753	21401	7560	10900
1991	112314	32590	30948	21574	7041	11530
1992	110560	32090	30496	21044	7221	11489
1993	110509	30355	30235	20694	9454	11142
1994	109544	30171	28981	21152	9222	12081
1995	110060	30744	28860	22776	8127	13102
1996	112548	31407	29611	24498	7471	12555
1997	112912	31765	30057	23775	8346	12381
1998	113787	31214	29774	25239	8500	12919
1999	113161	31283	28855	25904	7962	13906
2000	108463	29962	26653	23056	9307	15400
2001	106080	28812	24664	24282	9482	14631
2002	103891	28202	23908	24634	8720	14766
2003	99410	26508	21997	24068	9313	14990
2004	101606	28379	21626	25446	9589	14431
2005	104278	28847	22793	26358	9591	14318
2006	104958	28938	23613	28463	9304	11738
2007	105999	28973	23762	30024	8801	12344
2008	107545	29350	23704	30981	9225	13232
2009	110255	29793	24425	32948	9339	13445
2010	111695	30097	24442	34977	8700	13695
2011	112980	30338	24507	36767	8103	13471
2012	114368	30476	24551	39109	7405	13435
2013	115908	30710	24440	41299	7050	13438
2014	117455	30765	24443	42997	7098	13395
2015	118963	30784	24567	44968	6827	13314
2016	119230	30746	24666	44178	7599	13191
2017	117989	30747	24478	42399	8245	13223
2018	117038	30189	24266	42130	8413	12872
2019	116064	29694	23728	41284	9332	12925
2020	116768	30076	23380	41264	9882	13129
2021	117631	29921	23567	43324	8415	13102
2022	118332	29450	23518	43070	10244	13141
2023	118969	28949	23627	44219	10474	13922
2024	119319	29007	23587	44741	10325	14290

注：2007—2017 年粮食及油料数据根据 2016 年第三次全国农业普查情况作了相应衔接修订。

数据来源：国家统计局统计资料。

表 2　全国主要粮食及油料产量（1978—2024 年）

单位：万吨

年份	粮食	稻谷	小麦	玉米	大豆	油料
1978	30477	13693	5384	5595	757	522
1979	33212	14375	6273	6004	746	644
1980	32056	13991	5521	6260	794	769
1981	32502	14396	5964	5921	933	1021
1982	35450	16160	6847	6056	903	1182
1983	38728	16887	8139	6821	976	1055
1984	40731	17826	8782	7341	970	1191
1985	37911	16857	8581	6383	1050	1578
1986	39151	17222	9004	7086	1161	1474
1987	40473	17442	8777	7982	1218	1528
1988	39408	16911	8543	7735	1165	1320
1989	40755	18013	9081	7893	1023	1295
1990	44624	18933	9823	9682	1100	1613
1991	43529	18381	9595	9877	971	1638
1992	44266	18622	10159	9538	1030	1641
1993	45649	17751	10639	10270	1531	1804
1994	44510	17593	9930	9928	1600	1990
1995	46662	18523	10221	11199	1350	2250
1996	50453	19510	11057	12747	1322	2211
1997	49417	20073	12329	10431	1473	2157
1998	51230	19871	10973	13295	1515	2314
1999	50839	19849	11388	12809	1425	2601
2000	46218	18791	9964	10600	1541	2955
2001	45264	17758	9387	11409	1541	2865
2002	45706	17454	9029	12131	1651	2897
2003	43070	16066	8649	11583	1539	2811
2004	46947	17909	9195	13029	1740	3066
2005	48402	18059	9745	13937	1635	3077
2006	49804	18172	10847	15160	1508	2640
2007	50414	18638	10949	15512	1279	2787
2008	53434	19261	11290	17212	1571	3037
2009	53941	19620	11580	17326	1522	3139
2010	55911	19723	11609	19075	1541	3157
2011	58849	20288	11857	21132	1488	3213
2012	61223	20653	12247	22956	1344	3286
2013	63048	20629	12364	24845	1241	3348
2014	63965	20961	12824	24976	1269	3372
2015	66060	21214	13256	26499	1237	3390
2016	66044	21109	13319	26361	1360	3400
2017	66161	21268	13424	25907	1528	3475
2018	65789	21213	13144	25717	1597	3433
2019	66384	20961	13360	26078	1809	3493
2020	66949	21186	13425	26067	1960	3586
2021	68285	21284	13694	27255	1640	3613
2022	68653	20849	13772	27720	2028	3654
2023	69541	20660	13659	28884	2084	3864
2024	70650	20753	14010	29492	2065	3979

注：2007—2017 年粮食及油料数据根据 2016 年第三次全国农业普查情况作了相应衔接修订。

数据来源：国家统计局统计资料。

表3　全国主要粮食及油料单位面积产量（1978—2024年）

单位：公斤/公顷

年份	粮食	稻谷	小麦	玉米	大豆	油料
1978	2527	3978	1845	2803	1059	839
1979	2785	4244	2137	2982	1029	913
1980	2734	4130	1914	3116	1099	970
1981	2827	4324	2107	3048	1162	1117
1982	3124	4886	2449	3266	1073	1265
1983	3396	5096	2802	3623	1290	1257
1984	3608	5373	2969	3960	1331	1372
1985	3483	5256	2937	3607	1361	1338
1986	3529	5338	3040	3705	1400	1291
1987	3637	5418	3048	3949	1443	1366
1988	3579	5287	2968	3928	1434	1243
1989	3632	5508	3043	3878	1269	1233
1990	3933	5726	3194	4524	1455	1480
1991	3876	5640	3100	4578	1379	1421
1992	4004	5803	3331	4533	1427	1428
1993	4131	5848	3519	4963	1619	1619
1994	4063	5831	3426	4693	1735	1647
1995	4240	6025	3541	4917	1661	1718
1996	4483	6212	3734	5203	1770	1761
1997	4377	6319	4102	4387	1765	1742
1998	4502	6366	3685	5268	1783	1791
1999	4493	6345	3947	4945	1789	1871
2000	4261	6272	3738	4597	1656	1919
2001	4267	6163	3806	4698	1625	1958
2002	4399	6189	3777	4924	1893	1962
2003	4332	6061	3932	4813	1653	1875
2004	4620	6311	4252	5120	1815	2125
2005	4642	6260	4275	5287	1705	2149
2006	4745	6280	4593	5326	1621	2249
2007	4756	6433	4608	5167	1454	2258
2008	4969	6563	4763	5556	1703	2295
2009	4892	6585	4741	5258	1630	2335
2010	5006	6553	4750	5454	1771	2305
2011	5209	6687	4838	5748	1836	2385
2012	5353	6777	4989	5870	1814	2446
2013	5440	6717	5059	6016	1760	2491
2014	5446	6813	5246	5809	1787	2517
2015	5553	6891	5396	5893	1811	2546
2016	5539	6866	5400	5967	1789	2578
2017	5607	6917	5484	6110	1854	2628
2018	5621	7027	5417	6104	1898	2667
2019	5720	7059	5630	6317	1939	2702
2020	5734	7044	5742	6317	1983	2732
2021	5805	7113	5811	6291	1948	2758
2022	5802	7080	5856	6436	1980	2781
2023	5845	7137	5781	6532	1990	2775
2024	5921	7155	5940	6592	2000	2784

注：2007—2017年粮食及油料数据根据2016年第三次全国农业普查情况作了相应衔接修订。

数据来源：国家统计局统计资料。

表 4　全国粮食和油料作物播种面积（2023—2024 年）

单位：千公顷

	2023 年	2024 年	2024 年比 2023 年增加	
			绝对数	%
一、粮食	118968.5	119319.1	350.5	0.3
其中：夏收粮食	26608.6	26613.1	4.5	0.0
（一）谷物	99926.4	100458.0	531.6	0.5
1.稻谷	28949.1	29006.9	57.9	0.2
（1）早稻	4733.1	4754.8	21.7	0.5
（2）中稻和一季晚稻	19135.6	19158.1	22.5	0.1
（3）双季晚稻	5080.3	5094.0	13.7	0.3
2.小麦	23627.2	23587.4	-39.9	-0.2
（1）冬小麦	22542.4	22600.6	58.2	0.3
（2）春小麦	1084.8	986.7	-98.1	-9.0
3.玉米	44218.9	44740.7	521.8	1.2
4.其他谷物	3131.1	3123.0	-8.1	-0.3
其中：谷子	770.7	785.6	14.9	1.9
高粱	681.9	692.5	10.6	1.6
大麦	563.5	565.2	1.8	0.3
（二）豆类	11994.2	11822.0	-172.1	-1.4
其中：大豆	10473.8	10325.0	-148.8	-1.4
绿豆	232.1	222.1	-10.0	-4.3
红小豆	121.1	105.1	-16.0	-13.2
（三）薯类	7048.0	7039.1	-8.9	-0.1
其中：马铃薯	4454.1	4459.2	5.1	0.1
二、油料作物	13922.2	14290.0	367.8	2.6
其中：花生	4797.8	4875.4	77.6	1.6
油菜籽	7804.5	7993.2	188.7	2.4
芝麻	280.1	290.7	10.6	3.8
胡麻籽	165.1	156.1	-8.9	-5.4
葵花籽	726.6	829.2	102.6	14.1

注：大麦面积中包括了青稞，下同。

数据来源：国家统计局统计资料。

表 5　全国粮食和油料作物产量（2023—2024 年）

单位：万吨

	2023 年	2024 年	2024 年比 2023 年增加	
			绝对数	%
一、粮食	69541.0	70649.9	1108.9	1.6
其中：夏收粮食	14615.2	14989.0	373.8	2.6
（一）谷物	64143.0	65228.7	1085.7	1.7
1. 稻谷	20660.3	20753.5	93.2	0.5
（1）早稻	2833.7	2817.4	-16.3	-0.6
（2）中稻和一季晚稻	14757.5	14817.6	60.1	0.4
（3）双季晚稻	3069.1	3118.5	49.4	1.6
2. 小麦	13659.0	14009.9	350.9	2.6
（1）冬小麦	13176.6	13561.6	385.0	2.9
（2）春小麦	482.4	448.3	-34.1	-7.1
3. 玉米	28884.2	29491.7	607.5	2.1
4. 其他谷物	939.4	973.6	34.2	3.6
其中：谷子	232.5	251.1	18.5	8.0
高粱	304.2	315.6	11.4	3.7
大麦	222.9	224.6	1.7	0.8
（二）豆类	2384.1	2362.8	-21.3	-0.9
其中：大豆	2084.2	2064.8	-19.4	-0.9
绿豆	35.2	34.8	-0.4	-1.1
红小豆	19.2	16.5	-2.7	-13.9
（三）薯类	3013.9	3058.4	44.5	1.5
其中：马铃薯	1803.7	1846.3	42.7	2.4
二、油料作物	3863.7	3978.7	115.0	3.0
其中：花生	1923.1	1961.3	38.2	2.0
油菜籽	1631.7	1686.9	55.1	3.4
芝麻	45.3	47.0	1.6	3.6
胡麻籽	24.3	24.1	-0.3	-1.1
葵花籽	213.8	234.8	21.1	9.9

数据来源：国家统计局统计资料。

表 6　全国粮食和油料作物单位面积产量（2023—2024 年）

单位：公斤／公顷

	2023 年	2024 年	2024 年比 2023 年增加	
			绝对数	%
一、粮食	5845.3	5921.1	75.8	1.3
其中：夏收粮食	5492.7	5632.2	139.5	2.5
（一）谷物	6419.0	6493.1	74.1	1.2
1. 稻谷	7136.8	7154.7	17.9	0.3
（1）早稻	5987.0	5925.4	-61.6	-1.0
（2）中稻和一季晚稻	7712.1	7734.4	22.3	0.3
（3）双季晚稻	6041.1	6121.8	80.8	1.3
2. 小麦	5781.0	5939.6	158.6	2.7
（1）冬小麦	5845.3	6000.6	155.3	2.7
（2）春小麦	4446.7	4543.3	96.6	2.2
3. 玉米	6532.1	6591.7	59.6	0.9
4. 其他谷物	3000.4	3117.5	117.2	3.9
其中：谷子	3017.1	3196.0	179.0	5.9
高粱	4461.9	4557.7	95.8	2.1
大麦	3956.5	3974.2	17.7	0.4
（二）豆类	1987.7	1998.6	10.9	0.5
其中：大豆	1989.9	1999.8	9.9	0.5
绿豆	1518.4	1568.5	50.1	3.3
红小豆	1585.4	1572.3	-13.1	-0.8
（三）薯类	4276.2	4344.8	68.6	1.6
其中：马铃薯	4049.4	4140.5	91.1	2.2
二、油料作物	2775.2	2784.2	9.1	0.3
其中：花生	4008.2	4022.9	14.7	0.4
油菜籽	2090.8	2110.4	19.6	0.9
芝麻	1618.4	1615.1	-3.3	-0.2
胡麻籽	1473.9	1540.6	66.7	4.5
葵花籽	2942.1	2832.3	-109.8	-3.7

数据来源：国家统计局统计资料。

表 7 各地区粮食播种面积（2023—2024 年）

单位：千公顷

地区	2023 年	2024 年	2024 年比 2023 年增加	
			绝对数	%
全国总计	118968.5	119319.1	350.5	0.3
东部地区	25277.6	25372.7	95.2	0.4
中部地区	34525.4	34544.2	18.8	0.1
西部地区	35018.4	35216.8	198.4	0.6
东北地区	24147.1	24185.3	38.2	0.2
北　京	89.5	94.2	4.8	5.3
天　津	390.0	399.1	9.1	2.3
河　北	6455.2	6460.1	5.0	0.1
山　西	3161.0	3151.6	-9.3	-0.3
内蒙古	6984.7	7011.8	27.1	0.4
辽　宁	3578.4	3577.5	-0.9	-0.0
吉　林	5825.6	5853.8	28.2	0.5
黑龙江	14743.1	14754.0	10.9	0.1
上　海	127.2	130.3	3.1	2.5
江　苏	5458.9	5475.5	16.6	0.3
浙　江	1024.7	1047.0	22.3	2.2
安　徽	7334.5	7344.9	10.4	0.1
福　建	841.1	844.4	3.3	0.4
江　西	3774.3	3774.6	0.3	0.0
山　东	8387.9	8412.6	24.7	0.3
河　南	10785.3	10777.1	-8.2	-0.1
湖　北	4707.0	4722.6	15.6	0.3
湖　南	4763.5	4773.4	9.9	0.2
广　东	2229.5	2236.8	7.2	0.3
广　西	2834.7	2841.8	7.1	0.2
海　南	273.6	272.7	-0.9	-0.3
重　庆	2025.9	2031.9	6.0	0.3
四　川	6404.0	6405.9	1.9	0.0
贵　州	2773.8	2771.4	-2.4	-0.1
云　南	4243.2	4246.8	3.6	0.1
西　藏	194.6	199.4	4.8	2.5
陕　西	3023.0	3031.9	8.9	0.3
甘　肃	2710.9	2715.9	5.0	0.2
青　海	304.9	305.9	1.0	0.3
宁　夏	693.9	694.2	0.3	0.0
新　疆	2824.8	2960.0	135.2	4.8

注：东部地区包括：北京、天津、河北、上海、江苏、浙江、福建、山东、广东、海南等10省市；中部地区包括：山西、安徽、江西、河南、湖北、湖南等6省；西部地区包括：重庆、四川、贵州、云南、西藏、陕西、甘肃、青海、宁夏、新疆、内蒙古、广西等12省区市；东北地区包括：辽宁、吉林、黑龙江等3省。

数据来源：国家统计局统计资料。

表 8　各地区粮食总产量（2023—2024 年）

单位：万吨

地区	2023 年	2024 年	2024 年比 2023 年增加	
			绝对数	%
全国总计	69541.0	70649.9	1108.9	1.6
东部地区	16250.2	16476.0	225.8	1.4
中部地区	20296.5	20431.8	135.3	0.7
西部地区	18456.2	18974.1	517.9	2.8
东北地区	14538.1	14768.0	229.9	1.6
北　京	47.8	57.6	9.8	20.6
天　津	255.7	270.6	14.9	5.8
河　北	3809.9	3908.8	98.9	2.6
山　西	1478.1	1468.7	-9.4	-0.6
内蒙古	3957.8	4100.5	142.6	3.6
辽　宁	2563.4	2500.3	-63.1	-2.5
吉　林	4186.5	4266.0	79.5	1.9
黑龙江	7788.2	8001.7	213.5	2.7
上　海	101.9	98.3	-3.6	-3.5
江　苏	3797.7	3810.1	12.4	0.3
浙　江	638.8	650.2	11.4	1.8
安　徽	4150.8	4184.3	33.6	0.8
福　建	511.0	514.4	3.4	0.7
江　西	2198.3	2196.0	-2.3	-0.1
山　东	5655.3	5710.2	54.9	1.0
河　南	6624.3	6719.4	95.1	1.4
湖　北	2777.0	2785.3	8.3	0.3
湖　南	3068.0	3078.1	10.1	0.3
广　东	1285.2	1313.4	28.2	2.2
广　西	1395.4	1403.8	8.4	0.6
海　南	147.0	142.4	-4.6	-3.2
重　庆	1095.9	1100.7	4.8	0.4
四　川	3593.8	3633.8	40.0	1.1
贵　州	1119.7	1146.1	26.4	2.4
云　南	1974.0	1993.5	19.5	1.0
西　藏	108.9	112.9	4.1	3.8
陕　西	1323.7	1352.3	28.6	2.2
甘　肃	1272.9	1296.1	23.2	1.8
青　海	116.2	118.3	2.0	1.7
宁　夏	378.8	385.9	7.1	1.9
新　疆	2119.2	2330.2	211.1	10.0

注：东部地区包括：北京、天津、河北、上海、江苏、浙江、福建、山东、广东、海南等 10 省市；中部地区包括：山西、安徽、江西、河南、湖北、湖南等 6 省；西部地区包括：重庆、四川、贵州、云南、西藏、陕西、甘肃、青海、宁夏、新疆、内蒙古、广西等 12 省区市；东北地区包括：辽宁、吉林、黑龙江等 3 省。

数据来源：国家统计局统计资料。

表 9　各地区粮食单位面积产量（2023—2024 年）

单位：公斤 / 公顷

地区	2023 年	2024 年	2024 年比 2023 年增加	
			绝对数	%
全国总计	5845.3	5921.1	75.8	1.3
东部地区	6428.7	6493.6	64.9	1.0
中部地区	5878.7	5914.7	36.0	0.6
西部地区	5270.4	5387.8	117.4	2.2
东北地区	6020.6	6106.2	85.5	1.4
北　京	5340.6	6115.5	774.9	14.5
天　津	6556.7	6780.5	223.8	3.4
河　北	5902.1	6050.6	148.5	2.5
山　西	4676.1	4660.0	-16.1	-0.3
内蒙古	5666.4	5847.9	181.5	3.2
辽　宁	7163.5	6989.1	-174.4	-2.4
吉　林	7186.4	7287.5	101.1	1.4
黑龙江	5282.6	5423.4	140.8	2.7
上　海	8010.1	7542.6	-467.5	-5.8
江　苏	6956.8	6958.4	1.6	0.0
浙　江	6234.1	6210.2	-23.9	-0.4
安　徽	5659.2	5696.9	37.7	0.7
福　建	6074.9	6091.6	16.7	0.3
江　西	5824.4	5818.0	-6.4	-0.1
山　东	6742.2	6787.7	45.5	0.7
河　南	6142.0	6234.8	92.9	1.5
湖　北	5899.9	5897.9	-2.0	-0.0
湖　南	6440.7	6448.4	7.7	0.1
广　东	5764.4	5872.0	107.6	1.9
广　西	4922.4	4939.7	17.3	0.4
海　南	5373.8	5222.1	-151.7	-2.8
重　庆	5409.3	5417.2	7.9	0.1
四　川	5611.8	5672.6	60.9	1.1
贵　州	4036.6	4135.5	98.9	2.4
云　南	4652.1	4694.0	41.9	0.9
西　藏	5594.8	5664.7	69.9	1.2
陕　西	4378.7	4460.2	81.6	1.9
甘　肃	4695.4	4772.3	76.9	1.6
青　海	3812.0	3866.2	54.2	1.4
宁　夏	5459.1	5559.2	100.1	1.8
新　疆	7502.1	7872.4	370.3	4.9

注：东部地区包括：北京、天津、河北、上海、江苏、浙江、福建、山东、广东、海南等 10 省市；中部地区包括：
　　山西、安徽、江西、河南、湖北、湖南等 6 省；西部地区包括：重庆、四川、贵州、云南、西藏、陕西、甘肃、
　　青海、宁夏、新疆、内蒙古、广西等 12 省区市；东北地区包括：辽宁、吉林、黑龙江等 3 省。

数据来源：国家统计局统计资料。

表 10—1　2024 年各地区粮食及油料播种面积和产量（一）

单位：千公顷；万吨；公斤／公顷

地区	粮食			稻谷		
	播种面积	总产量	每公顷产量	播种面积	总产量	每公顷产量
全国总计	119319.1	70649.9	5921.1	29006.9	20753.5	7154.7
东部地区	25372.7	16476.0	6493.6	5879.4	4403.7	7490.0
中部地区	34544.2	20431.8	5914.7	12708.6	8736.4	6874.4
西部地区	35216.8	18974.1	5387.8	5790.9	4067.0	7023.1
东北地区	24185.3	14768.0	6106.2	4628.0	3546.4	7662.9
北　京	94.2	57.6	6115.5	0.4	0.2	6031.6
天　津	399.1	270.6	6780.5	55.6	53.5	9624.9
河　北	6460.1	3908.8	6050.6	72.0	48.6	6745.0
山　西	3151.6	1468.7	4660.0	2.5	1.6	6571.1
内蒙古	7011.8	4100.5	5847.9	107.5	84.8	7887.6
辽　宁	3577.5	2500.3	6989.1	499.7	398.4	7972.3
吉　林	5853.8	4266.0	7287.5	823.1	676.4	8217.3
黑龙江	14754.0	8001.7	5423.4	3305.2	2471.6	7478.1
上　海	130.3	98.3	7542.6	105.5	81.8	7752.9
江　苏	5475.5	3810.1	6958.4	2225.6	1996.0	8968.5
浙　江	1047.0	650.2	6210.2	656.0	492.2	7503.1
安　徽	7344.9	4184.3	5696.9	2496.0	1630.9	6533.9
福　建	844.4	514.4	6091.6	603.9	397.7	6585.1
江　西	3774.6	2196.0	5818.0	3383.6	2065.5	6104.6
山　东	8412.6	5710.2	6787.7	98.0	86.3	8807.8
河　南	10777.1	6719.4	6234.8	590.1	474.0	8033.0
湖　北	4722.6	2785.3	5897.9	2276.6	1889.2	8298.7
湖　南	4773.4	3078.1	6448.4	3959.9	2675.1	6755.5
广　东	2236.8	1313.4	5872.0	1835.1	1123.6	6122.7
广　西	2841.8	1403.8	4939.7	1764.6	1035.0	5865.2
海　南	272.7	142.4	5222.1	227.3	123.8	5445.2
重　庆	2031.9	1100.7	5417.2	658.4	492.07	7473.6
四　川	6405.9	3633.8	5672.6	1848.7	1491.9	8070.0
贵　州	2771.4	1146.1	4135.5	574.4	379.5	6606.4
云　南	4246.8	1993.5	4694.0	668.9	452.9	6770.5
西　藏	199.4	112.9	5664.7	0.8	0.5	5888.5
陕　西	3031.9	1352.3	4460.2	105.0	73.9	7040.4
甘　肃	2715.9	1296.1	4772.3	2.1	1.3	6255.9
青　海	305.9	118.3	3866.2			
宁　夏	694.2	385.9	5559.2	23.8	19.2	8060.7
新　疆	2960.0	2330.2	7872.4	36.7	36.0	9815.2

注：东部地区包括：北京、天津、河北、上海、江苏、浙江、福建、山东、广东、海南等 10 省市；中部地区包括：
　　山西、安徽、江西、河南、湖北、湖南等 6 省；西部地区包括：重庆、四川、贵州、云南、西藏、陕西、甘肃、
　　青海、宁夏、新疆、内蒙古、广西等 12 省区市；东北地区包括：辽宁、吉林、黑龙江等 3 省。

数据来源：国家统计局统计资料。

表 10—2　2024 年各地区粮食及油料播种面积和产量（二）

单位：千公顷；万吨；公斤/公顷

地区	小麦			玉米		
	播种面积	总产量	每公顷产量	播种面积	总产量	每公顷产量
全国总计	23587.4	14009.9	5939.6	44740.7	29491.7	6591.7
东部地区	9025.9	5796.8	6422.4	8292.3	5376.0	6483.1
中部地区	10157.5	6214.6	6118.3	8142.3	4506.0	5534.0
西部地区	4374.5	1987.0	4542.3	14307.4	9563.2	6684.1
东北地区	29.5	11.5	3890.1	13998.6	10046.6	7176.8
北　京	28.5	16.1	5637.3	60.6	39.5	6524.7
天　津	127.7	79.9	6261.3	198.1	129.0	6509.8
河　北	2249.1	1499.2	6665.9	3461.8	2097.6	6059.1
山　西	527.9	248.2	4702.1	1835.5	1025.7	5588.2
内蒙古	330.5	107.1	3240.9	4315.8	3276.2	7591.1
辽　宁	1.6	0.7	4415.4	2797.8	2002.1	7155.8
吉　林	2.7	0.9	3417.0	4558.6	3459.6	7589.0
黑龙江	25.3	9.9	3907.7	6642.2	4584.9	6902.8
上　海	21.9	14.9	6803.6	0.6	0.4	6676.9
江　苏	2404.3	1398.3	5815.9	488.5	295.2	6042.0
浙　江	169.9	71.8	4224.4	21.3	9.1	4252.2
安　徽	2876.2	1759.2	6116.5	1209.3	657.6	5437.8
福　建	0.1	0.0	2790.3	37.3	17.0	4550.7
江　西	11.9	3.9	3299.7	61.7	28.2	4575.4
山　东	4023.2	2716.2	6751.2	3890.9	2722.7	6997.7
河　南	5675.4	3785.3	6669.7	3866.6	2238.6	5789.6
湖　北	1043.5	410.5	3933.5	765.5	315.2	4118.3
湖　南	22.6	7.5	3305.4	403.7	240.6	5958.0
广　东	1.2	0.4	3115.7	133.1	65.6	4924.9
广　西	5.4	1.2	2164.0	618.1	280.3	4535.6
海　南						
重　庆	18.2	6.1	3359.4	450.1	261.0	5798.5
四　川	610.6	278.0	4553.4	1867.3	1123.2	6015.0
贵　州	103.2	26.0	2517.2	747.8	372.6	4983.0
云　南	256.4	56.4	2201.2	1941.8	1075.8	5540.1
西　藏	32.6	18.8	5752.1	5.3	3.1	5782.9
陕　西	941.8	425.0	4513.1	1255.2	662.2	5275.9
甘　肃	736.4	303.0	4114.1	1108.1	684.9	6181.0
青　海	97.3	38.0	3904.9	22.8	16.0	7007.7
宁　夏	72.0	24.3	3372.9	395.3	299.3	7572.0
新　疆	1170.1	703.1	6009.4	1579.7	1508.5	9549.3

注：东部地区包括：北京、天津、河北、上海、江苏、浙江、福建、山东、广东、海南等10省市；中部地区包括：山西、安徽、江西、河南、湖北、湖南等6省；西部地区包括：重庆、四川、贵州、云南、西藏、陕西、甘肃、青海、宁夏、新疆、内蒙古、广西等12省区市；东北地区包括：辽宁、吉林、黑龙江等3省。

数据来源：国家统计局统计资料。

表 10—3　2024 年各地区粮食及油料播种面积和产量（三）

单位：千公顷；万吨；公斤／公顷

地区	大豆			油料		
	播种面积	总产量	每公顷产量	播种面积	总产量	每公顷产量
全国总计	10325.0	2064.8	1999.8	14290.0	3978.7	2784.2
东部地区	745.2	196.7	2639.3	1974.4	713.7	3614.6
中部地区	1626.7	312.0	1918.0	6485.0	1773.9	2735.4
西部地区	2786.9	542.9	1948.2	5205.5	1247.9	2397.2
东北地区	5166.2	1013.2	1961.1	625.2	243.3	3891.5
北　京	1.2	0.3	2376.0	3.4	1.0	2963.5
天　津	5.1	1.2	2364.7	1.7	0.5	2908.3
河　北	117.8	25.9	2197.2	370.1	128.8	3480.0
山　西	116.7	18.8	1610.2	106.4	19.6	1844.1
内蒙古	1238.2	248.1	2003.9	875.0	211.4	2415.5
辽　宁	129.0	29.2	2266.9	329.9	132.5	4016.4
吉　林	351.7	78.9	2243.3	243.1	91.2	3750.9
黑龙江	4685.5	905.0	1931.5	52.1	19.6	3756.6
上　海	0.6	0.1	2147.0	2.4	0.7	2732.0
江　苏	226.5	62.6	2761.5	317.4	106.1	3343.2
浙　江	87.9	23.2	2636.2	163.0	36.2	2222.8
安　徽	630.8	98.4	1560.2	665.4	189.5	2848.2
福　建	36.2	10.2	2828.2	86.8	24.9	2867.1
江　西	113.4	30.6	2698.4	818.9	151.3	1847.7
山　东	232.3	63.1	2716.6	632.2	284.3	4496.7
河　南	380.7	82.8	2174.6	1628.2	704.9	4329.1
湖　北	243.9	42.9	1759.3	1625.0	406.4	2500.9
湖　南	141.1	38.5	2727.0	1641.0	302.1	1841.2
广　东	36.1	9.8	2713.0	366.5	123.2	3360.2
广　西	111.9	17.8	1587.9	293.2	84.4	2876.6
海　南	1.4	0.3	2103.0	30.8	8.0	2600.3
重　庆	119.6	24.7	2068.9	382.1	79.8	2088.5
四　川	554.3	124.7	2250.0	1771.1	460.8	2601.9
贵　州	239.1	27.2	1139.1	620.7	116.3	1872.9
云　南	178.3	34.1	1911.7	345.2	71.2	2063.1
西　藏	0.0	0.0	1364.3	19.6	5.1	2593.7
陕　西	177.8	31.7	1784.5	275.6	62.8	2280.7
甘　肃	64.4	12.1	1885.3	286.8	67.4	2349.9
青　海	1.7	0.2	1137.7	150.8	33.6	2225.6
宁　夏	19.6	2.6	1353.3	31.6	5.4	1695.6
新　疆	82.2	19.6	2381.6	153.7	49.8	3240.7

注：东部地区包括：北京、天津、河北、上海、江苏、浙江、福建、山东、广东、海南等 10 省市；中部地区包括：
山西、安徽、江西、河南、湖北、湖南等 6 省；西部地区包括：重庆、四川、贵州、云南、西藏、陕西、甘肃、
青海、宁夏、新疆、内蒙古、广西等 12 省区市；东北地区包括：辽宁、吉林、黑龙江等 3 省。
数据来源：国家统计局统计资料。

表 11—1　2024 年各地区分季粮食播种面积和产量（一）

单位：千公顷；万吨；公斤／公顷

地区	全年粮食总计			1. 夏收粮食		
	播种面积	总产量	每公顷产量	播种面积	总产量	每公顷产量
全国总计	119319.1	70649.9	5921.1	26613.1	14989.0	5632.2
东部地区	25372.7	16476.0	6493.6	9421.5	5966.7	6333.1
中部地区	34544.2	20431.8	5914.7	10592.0	6355.8	6000.6
西部地区	35216.8	18974.1	5387.8	6599.7	2666.5	4040.4
东北地区	24185.3	14768.0	6106.2			
北　京	94.2	57.6	6115.5	28.5	16.1	5634.2
天　津	399.1	270.6	6780.5	127.7	79.9	6261.3
河　北	6460.1	3908.8	6050.6	2276.3	1513.0	6646.5
山　西	3151.6	1468.7	4660.0	527.9	248.2	4702.1
内蒙古	7011.8	4100.5	5847.9			
辽　宁	3577.5	2500.3	6989.1			
吉　林	5853.8	4266.0	7287.5			
黑龙江	14754.0	8001.7	5423.4			
上　海	130.3	98.3	7542.6	23.5	15.9	6769.7
江　苏	5475.5	3810.1	6958.4	2492.1	1430.4	5739.8
浙　江	1047.0	650.2	6210.2	218.2	87.8	4021.1
安　徽	7344.9	4184.3	5696.9	2876.8	1759.3	6115.7
福　建	844.4	514.4	6091.6	56.4	25.1	4460.8
江　西	3774.6	2196.0	5818.0	84.2	26.1	3103.7
山　东	8412.6	5710.2	6787.7	4024.2	2716.5	6750.4
河　南	10777.1	6719.4	6234.8	5676.8	3785.7	6668.7
湖　北	4722.6	2785.3	5897.9	1312.4	490.5	3737.7
湖　南	4773.4	3078.1	6448.4	113.9	45.8	4025.9
广　东	2236.8	1313.4	5872.0	150.2	71.7	4772.0
广　西	2841.8	1403.8	4939.7	122.6	29.9	2435.8
海　南	272.7	142.4	5222.1	24.5	10.4	4254.1
重　庆	2031.9	1100.7	5417.2	376.9	125.2	3321.0
四　川	6405.9	3633.8	5672.6	1128.3	465.1	4121.7
贵　州	2771.4	1146.1	4135.5	793.9	239.3	3014.6
云　南	4246.8	1993.5	4694.0	990.9	264.1	2665.0
西　藏	199.4	112.9	5664.7			
陕　西	3031.9	1352.3	4460.2	1067.1	467.4	4380.4
甘　肃	2715.9	1296.1	4772.3	873.9	347.1	3972.5
青　海	305.9	118.3	3866.2			
宁　夏	694.2	385.9	5559.2	74.4	24.7	3319.9
新　疆	2960.0	2330.2	7872.4	1171.6	703.8	6006.6

注：东部地区包括：北京、天津、河北、上海、江苏、浙江、福建、山东、广东、海南等 10 省市；中部地区包括：
　　山西、安徽、江西、河南、湖北、湖南等 6 省；西部地区包括：重庆、四川、贵州、云南、西藏、陕西、甘肃、
　　青海、宁夏、新疆、内蒙古、广西等 12 省区市；东北地区包括：辽宁、吉林、黑龙江等 3 省。

数据来源：国家统计局统计资料。

表 11—2　2024 年各地区分季粮食播种面积和产量（二）

单位：千公顷；万吨；公斤／公顷

地区	2. 早稻			3. 秋粮		
	播种面积	总产量	每公顷产量	播种面积	总产量	每公顷产量
全国总计	4754.8	2817.4	5925.4	87951.2	52843.4	6008.3
东部地区	1203.3	735.3	6110.9	14748.0	9774.0	6627.3
中部地区	2715.7	1587.5	5845.5	21236.5	12488.5	5880.7
西部地区	835.8	494.6	5918.0	27781.4	15812.9	5691.9
东北地区				24185.3	14768.0	6106.2
北　京				65.7	41.6	6324.4
天　津				271.4	190.7	7024.7
河　北				4183.8	2395.8	5726.4
山　西				2623.7	1220.4	4651.5
内蒙古				7011.8	4100.5	5847.9
辽　宁				3577.5	2500.3	6989.1
吉　林				5853.8	4266.0	7287.5
黑龙江				14754.0	8001.7	5423.4
上　海				106.9	82.4	7712.4
江　苏				2983.5	2379.7	7976.3
浙　江	125.8	78.4	6230.2	703.0	484.1	6886.2
安　徽	169.9	99.9	5882.4	4298.2	2325.0	5409.3
福　建	95.3	60.4	6334.1	692.7	428.9	6190.9
江　西	1206.8	676.7	5607.0	2483.5	1493.3	6012.6
山　东				4388.4	2993.7	6821.9
河　南				5100.3	2933.7	5751.9
湖　北	128.1	78.0	6087.5	3282.1	2216.8	6754.2
湖　南	1210.9	732.9	6052.5	3448.6	2299.4	6667.4
广　东	869.7	527.7	6067.5	1216.9	714.1	5868.1
广　西	814.9	481.5	5908.7	1904.3	892.4	4686.2
海　南	112.5	68.9	6124.1	135.7	63.1	4648.7
重　庆				1655.0	975.5	5894.7
四　川				5277.6	3168.0	6004.2
贵　州				1977.4	906.8	4585.6
云　南	20.9	13.1	6279.9	3235.1	1716.3	5305.2
西　藏				199.4	112.9	5664.7
陕　西				1964.8	884.9	4503.6
甘　肃				1842.0	949.0	5151.7
青　海				305.9	118.3	3866.2
宁　夏				619.8	361.2	5828.0
新　疆				1788.3	1626.5	9094.9

注：东部地区包括：北京、天津、河北、上海、江苏、浙江、福建、山东、广东、海南等10省市；中部地区包括：山西、安徽、江西、河南、湖北、湖南等6省；西部地区包括：重庆、四川、贵州、云南、西藏、陕西、甘肃、青海、宁夏、新疆、内蒙古、广西等12省区市；东北地区包括：辽宁、吉林、黑龙江等3省。

数据来源：国家统计局统计资料。

表 12　农产品生产者价格指数（2010—2024 年）

（上年＝100）

指标＼年份	2010	2011	2012	2013	2014	2015	2016	2017	2018	2019	2020	2021	2022	2023	2024
农产品生产者价格指数	110.9	116.5	102.7	103.2	99.8	101.7	103.4	96.5	99.1	114.5	115.0	97.8	100.4	97.7	99.1
农业产品	116.6	107.8	104.8	104.3	101.8	99.2	97.0	99.5	101.2	100.8	102.8	110.6	102.9	99.2	98.7
谷　物	112.8	109.7	104.8	103.1	102.7	98.7	92.2	100.5	102.3	100.3	104.1	113.8	104.3	100.6	93.2
小　麦	107.9	105.2	102.9	106.7	105.1	99.2	94.1	104.4	100.1	100.1	100.5	106.6	112.8	97.3	93.5
稻　谷	112.8	113.3	104.1	102.2	102.2	101.6	98.8	100.7	99.7	96.5	100.8	101.9	99.7	101.7	99.9
玉　米	116.1	109.9	106.6	100.2	101.7	96.5	86.8	97.1	105.1	102.0	107.6	125.5	102.7	101.6	85.9
大　豆	107.9	106.3	105.7	105.7	101.8	99.0	97.6	97.7	97.9	100.1	105.5	112.8	105.3	98.1	95.7
油　料	112.1	112.1	105.2	102.4	99.9	100.8	101.1	100.5	99.1	105.2	107.9	107.2	105.0	104.4	97.2
棉　花	157.7	79.5	98.1	103.9	87.1	87.5	118.4	100.8	97.9	97.8	98.5	117.3	102.9	101.0	98.0
糖　料	106.0	125.5	105.0	98.9	99.7	98.8	106.5	106.3	98.8	97.7	103.1	100.9	104.5	103.5	103.3
蔬　菜	116.8	103.4	109.9	106.9	98.5	104.6	107.0	95.6	103.6	101.2	105.2	105.6	101.4	95.9	103.9
水　果	118.9	106.2	103.9	106.2	106.4	99.7	92.5	104.8	101.1	103.6	95.3	99.7	106.6	102.3	95.8
林业产品	122.8	114.9	101.2	99.1	99.4	97.9	96.1	104.9	98.9	100.1	100.7	102.4	98.4	97.3	103.6
畜牧产品	103.0	126.2	99.7	102.4	97.1	104.2	110.4	90.8	95.6	133.5	132.4	82.1	95.7	91.7	100.2
猪（毛重）	98.3	137.0	95.9	99.3	92.2	108.9	119.4	86.0	85.6	150.5	155.7	64.9	90.2	86.0	109.0
牛（毛重）	104.7	108.1	116.8	113.1	104.4	99.1	98.7	98.8	104.9	112.5	110.5	106.1	98.1	92.2	83.3
羊（毛重）	108.7	115.7	107.8	109.1	100.8	89.4	93.6	107.1	114.7	114.3	110.4	102.3	93.3	95.1	90.4
家禽（毛重）	107.0	112.0	103.8	103.2	104.4	101.3	99.6	96.7	107.7	107.8	92.9	104.7	103.8	100.1	97.1
蛋　类	107.5	112.6	100.5	105.8	105.7	96.9	94.3	92.8	117.6	102.1	85.9	115.5	107.3	99.4	93.6
奶　类	115.3	108.1	103.9	111.0	107.9	92.2	96.2	100.0	101.3	105.6	101.5	107.8	100.0	94.9	89.6
渔业产品	107.6	110.0	106.2	104.3	103.1	102.5	103.4	104.9	102.6	99.4	100.2	108.8	100.4	99.4	98.4
海水养殖产品		111.5	101.0	100.7	101.9	101.0	104.1	107.9	101.4	97.2	96.3	105.6	101.1	99.6	96.4
海水捕捞产品		111.2	110.9	107.7	103.1	106.0	106.2	103.1	104.7	100.6	99.6	103.0	102.3	102.6	99.3
淡水养殖产品		109.5	106.8	104.7	103.8	102.1	102.0	102.4	102.2	99.8	102.0	112.4	99.3	97.6	99.3
淡水捕捞产品		103.7	107.2	103.5	101.5										

数据来源：国家统计局统计资料。

表 13　分地区农产品生产者价格指数(2010—2024 年)

（上年＝100）

年份 指标	2010	2011	2012	2013	2014	2015	2016	2017	2018	2019	2020	2021	2022	2023	2024
全 国	110.9	116.5	102.7	103.2	99.8	101.7	103.4	96.5	99.1	114.5	115.0	97.8	100.4	97.7	99.1
北 京	106.5	110.7	104.7	104.7	99.7	99.8	99.7	96.2	103.6	109.9	110.9	98.2	102.7	99.7	98.8
天 津	110.2	105.0	105.3	105.4	102.9	100.7	103.0	95.5	104.2	108.8	114.9	109.8	98.4	98.1	101.2
河 北	115.1	110.9	100.7	105.1	100.2	97.5	96.8	96.2	104.7	107.1	111.5	108.1	103.5	95.5	96.0
山 西	110.2	111.0	101.3	106.1	101.5	95.8	95.2	95.9	104.7	115.2	109.4	104.8	104.0	101.6	96.6
内蒙古	111.4	112.8	104.7	103.3	102.7	98.0	95.1	95.6	102.0	105.6	111.0	107.6	100.8	97.8	93.7
辽 宁	110.6	114.2	106.6	101.1	101.7	99.5	100.7	93.6	103.7	107.6	108.1	105.1	103.6	98.8	94.4
吉 林	111.8	116.8	105.1	100.4	102.9	100.6	93.1	89.5	106.1	108.7	117.1	109.3	100.7	95.8	92.3
黑龙江	109.2	116.5	105.9	101.0	101.0	98.7	93.6	95.1	100.8	106.2	118.5	111.1	102.5	100.6	94.7
上 海	107.1	110.9	101.4	104.1	99.5	102.4	106.6	98.4	100.5	105.6	106.7	104.4	102.6	98.4	99.8
江 苏	108.8	112.1	103.7	103.4	101.3	102.3	104.0	97.9	100.9	109.3	107.5	100.3	100.1	98.3	100.1
浙 江	114.8	113.6	104.3	103.0	99.5	102.0	104.5	99.1	100.8	109.9	107.3	99.3	101.5	101.2	102.1
安 徽	110.8	112.8	102.9	103.7	100.2	99.8	101.0	98.4	99.0	109.3	115.6	101.3	102.8	96.7	98.7
福 建	111.5	113.3	102.7	103.0	100.3	101.2	108.3	98.9	102.6	106.9	102.3	104.5	100.8	99.8	98.0
江 西	107.5	114.3	103.5	102.3	100.3	103.7	104.1	97.3	97.4	113.2	111.0	96.1	97.5	95.3	102.3
山 东	118.8	109.7	102.5	105.9	100.5	100.1	102.8	98.6	100.5	112.2	108.7	104.2	100.6	101.0	96.3
河 南	112.5	111.5	102.9	102.6	97.5	100.7	103.2	94.9	97.9	119.9	116.8	98.0	97.2	91.4	101.3
湖 北	112.3	111.7	103.3	101.8	100.0	99.5	106.2	99.3	96.6	110.1	118.1	101.0	100.6	97.1	99.3
湖 南	109.9	121.9	100.2	102.1	98.6	104.1	104.7	98.0	95.4	118.0	123.3	90.1	103.6	97.6	103.3
广 东	107.6	112.4	103.4	103.5	102.2	102.3	106.5	99.4	101.3	107.3	104.7	98.8	100.1	98.0	102.6
广 西	107.6	124.5	99.4	102.5	98.1	102.0	106.1	98.2	97.3	115.5	115.5	94.9	100.8	97.1	103.1
海 南	107.9	115.3	103.3	100.0	105.6	99.1	106.7	101.9	97.3	109.2	112.8	106.3	106.8	98.2	106.0
重 庆	103.2	120.2	104.6	103.0	100.2	102.4	109.8	96.8	99.7	112.1	113.6	98.4	98.7	97.5	101.9
四 川	105.9	117.8	104.0	102.6	99.9	103.3	105.6	97.8	100.2	115.6	116.1	94.3	99.1	95.6	101.6
贵 州	106.7	120.3	104.3	102.4	99.5	104.6	108.7	96.7	92.6	116.2	122.6	86.4	95.9	95.1	103.7
云 南	112.5	117.9	110.7	104.9	100.6	101.3	103.9	98.7	96.9	109.6	120.2	96.8	96.7	98.8	97.8
西 藏															
陕 西	121.7	113.8	102.6	107.4	102.1	96.3	98.0	98.4	100.9	107.7	112.3	99.3	104.4	101.3	98.6
甘 肃	113.8	111.3	105.9	105.9	102.1	99.8	99.2	99.1	101.7	109.9	106.6	101.9	100.2	103.3	96.3
青 海	124.3	117.3	108.2	110.4	100.0	96.1	104.5	101.0	100.3	109.6	122.6	104.1	98.4	97.4	94.8
宁 夏	117.0	111.3	103.6	106.7	98.3	98.4	98.7	99.3	105.0	106.4	113.1	106.5	98.3	96.6	93.3
新 疆	131.5	103.7	103.2	108.5	97.8	90.4	107.6	100.7	106.3	99.6	111.0	114.2	99.6	102.4	88.4

数据来源：国家统计局统计资料。

表 14　2024 年国内期货市场小麦、玉米、早籼稻、大豆、白糖、棉花分月价格表

单位：元 / 吨

月份	强筋小麦	普通小麦	玉米	早籼稻	国产大豆	进口大豆	白糖	棉花
1 月	—	—	2390	—	4743	3611	6461	16085
2 月	—	—	2462	—	4503	3549	6289	16110
3 月	—	—	2415	—	4766	3820	6510	16085
4 月	—	—	2388	—	4646	3952	6168	15655
5 月	—	—	2434	—	4652	4083	6120	15120
6 月	—	—	2509	—	4692	3912	6212	14705
7 月	—	—	2351	—	4549	3654	6196	14150
8 月	—	—	2338	—	4292	3631	5652	13750
9 月	—	—	2225	—	4220	3768	5915	14565
10 月	—	—	2248	—	3994	3716	5870	14015
11 月	—	—	2163	—	3898	3589	6135	14055
12 月	—	—	2229	—	3936	3327	5961	13495

注：1. 强筋小麦、普通小麦、早籼稻均为郑州商品交易所交易品种。

2. 玉米、国产大豆、进口大豆均为大连商品交易所交易品种，其中国产大豆为黄大豆 1 号，进口大豆为黄大豆 2 号。

3. 强筋小麦自 2023 年 2 月 27 日、普通小麦自 2022 年 6 月 27 日、早籼稻自 2022 年 6 月 29 日后无交易。

4. 均为最近主力合约月末收盘价格，按四舍五入计算。

数据来源：国家粮油信息中心统计资料。

表 15 2024 年美国芝加哥商品交易所谷物和大豆分月价格表

单位：美元／吨

月份	小麦	玉米	稻米	大豆
1 月	214	175	346	451
2 月	208	164	367	427
3 月	194	172	351	440
4 月	203	170	361	426
5 月	245	182	376	446
6 月	217	175	306	426
7 月	196	159	289	382
8 月	194	156	290	356
9 月	213	162	301	369
10 月	213	158	296	365
11 月	197	167	296	367
12 月	202	175	294	361

注：1. 各品种均为美国芝加哥商品交易所标准品。

2. 按美元整数四舍五入计算。

3. 均为最近主力合约每月中旬收盘价格。

数据来源：国家粮油信息中心统计资料。

表 16　全国粮油进口情况表（2001—2024 年）

单位：万吨

年份	粮食	谷物					大豆	食用植物油	豆油	菜籽油	棕榈油	花生油
			小麦	大米	玉米	大麦						
2001	1950.4	344.3	73.9	26.9	3.9	236.8	1393.9	149.2	7.0	4.9	136.0	0.9
2002	1605.1	284.9	63.2	23.6	0.8	190.7	1131.4	266.3	87.0	7.8	169.5	0.4
2003	2525.8	208.0	44.7	25.7	0.1	136.3	2074.1	441.2	188.4	15.2	232.8	0.7
2004	3351.5	974.5	725.8	75.6	0.2	170.7	2023.0	529.1	251.6	35.3	239.0	0.0
2005	3647.0	627.1	353.9	51.4	0.4	217.9	2659.0	471.9	169.4	17.8	283.8	0.0
2006	3713.8	358.2	61.3	71.9	6.5	213.1	2823.7	581.3	154.3	4.4	418.7	0.0
2007	3731.0	155.5	10.1	48.8	3.5	91.3	3081.7	767.5	282.3	37.5	438.7	1.1
2008	4130.6	154.0	4.3	33.0	5.0	107.6	3743.6	752.8	258.6	27.0	464.7	0.6
2009	5223.1	315.0	90.4	35.7	8.4	173.8	4255.1	816.2	239.1	46.8	511.4	2.1
2010	6695.4	570.7	123.1	38.8	157.3	236.7	5479.8	687.2	134.1	98.5	431.4	6.8
2011	6390.0	544.6	125.8	59.8	175.4	177.6	5263.7	656.8	114.3	55.1	470.1	6.1
2012	8024.6	1398.2	370.1	236.9	520.8	252.8	5838.4	845.1	182.6	117.6	523.0	6.3
2013	8645.2	1458.1	553.5	227.1	326.6	233.5	6337.5	809.8	115.8	152.7	487.4	6.1
2014	10042.4	1951.0	300.4	257.9	259.9	541.3	7139.9	650.2	113.5	81.0	396.9	9.4
2015	12477.5	3270.4	300.6	337.7	473.0	1073.2	8169.2	676.5	81.8	81.5	431.2	12.8
2016	11467.6	2198.9	341.2	356.2	316.8	500.5	8391.3	552.8	56.0	70.0	315.7	10.7
2017	13061.5	2559.2	442.2	402.6	282.7	886.3	9552.6	577.3	65.3	75.7	346.5	10.8
2018	11554.8	1649.6	309.9	305.8	352.4	681.5	8803.1	629.0	54.9	129.5	357.2	12.8
2019	11144.4	1785.1	348.8	254.6	479.3	592.5	8851.1	953.3	82.6	161.5	561.2	19.4
2020	13926.6	3573.6	837.6	294.3	1129.6	807.9	10032.7	983.1	96.3	193.2	465.6	26.9
2021	16453.9	6535.9	977.0	496.4	2835.2	1248.0	9651.8	1039.2	112.0	215.3	465.1	28.1
2022	14687.2	5318.9	995.9	619.4	2062.1	576.0	9108.1	648.1	34.4	106.1	340.7	
2023	16151.1	5908.1	1209.9	263.2	2712.9	1132.2	9895.7	981.2	39.9	235.9	433.2	24.8
2024	15752.5	5018.9	1117.7	165.6	1363.8	1424.0	10503.3	716.2	28.2	188.1	279.6	25.5

数据来源：国家发展和改革委员会根据《海关统计》整理。

表 17　全国粮油出口情况表（2001—2024 年）

单位：万吨

年份	粮食	谷物				大豆	食用植物油	豆油	菜籽油
			小麦	大米	玉米				
2001	991.2	875.6	71.3	185.9	600.0	24.8	13.5	6.0	5.4
2002	1619.6	1482.2	97.7	198.2	1167.5	27.6	9.7	4.7	1.8
2003	2354.6	2194.7	251.4	260.5	1640.1	26.7	6.0	1.1	0.5
2004	620.4	473.4	108.9	89.8	232.4	33.5	6.5	1.9	0.5
2005	1182.3	1013.7	60.5	67.4	864.2	39.6	22.5	6.3	3.1
2006	774.4	605.2	151.0	124.0	309.9	37.9	39.9	11.8	14.5
2007	1169.5	986.7	307.3	134.3	492.1	45.6	16.6	6.6	2.2
2008	378.9	181.2	31.0	97.2	27.3	46.5	24.8	13.4	0.7
2009	328.3	131.7	24.5	78.0	13.0	34.6	11.4	6.9	0.9
2010	275.1	119.9	27.7	62.2	12.7	16.4	9.2	5.9	0.4
2011	287.5	116.4	32.8	51.6	13.6	20.8	12.2	5.1	0.3
2012	276.6	96.0	28.5	27.9	25.7	32.0	10.0	6.5	0.7
2013	243.1	94.7	27.8	47.8	7.8	20.9	11.5	9.0	0.6
2014	211.4	70.9	19.0	41.9	2.0	20.7	13.4	10.0	0.7
2015	163.5	47.8	12.2	28.7	1.1	13.4	13.5	10.4	0.5
2016	190.1	58.1	11.3	39.5	0.4	12.7	11.3	8.0	0.5
2017	280.2	155.7	18.3	119.7	8.6	11.2	20.0	13.3	2.1
2018	365.9	238.7	28.6	208.9	1.2	13.4	29.5	21.8	1.5
2019	434.5	318.0	31.3	274.8	2.6	11.4	26.7	19.7	1.1
2020	354.5	254.4	18.1	230.5	0.3	8.0	17.1	10.8	0.3
2021	330.6	259.4	8.4	242.3	0.6	7.4	12.1	7.0	0.2
2022	321.7	241.8	14.6	219.2	0.04	11.9	17.7	10.7	0.2
2023	261.8	189.6	20.5	160.2	0.8	7.1	20.0	12.5	0.7
2024	226.0	130.2	11.7	110.8	0.3	6.6	19.9	12.6	2.1

数据来源：国家发展和改革委员会根据《海关统计》整理。

表18 2024年早籼稻收获质量情况调查表

单位：个、%

地区	样品数	覆盖市数	覆盖县数	出糙率	等级比例							整精米率								不完善粒率	谷外糙米率
					中等以上	一等	二等	三等	四等	五等	等外	平均值	≥44	其中							
														≥50	50—47	47—44	44—41	41—38	<38		
合计	3254	98	431	77.7	93.7	26.3	41.3	26.1	4.5	1.4	0.4	53.4	91.4	69.5	12.7	10.1	2.5	2.2	2.1	4.2	0.6
浙江	270	7	38	78.4	99.3	38.9	44.8	15.6	0.0	0.7	0.0	54.9	94.1	81.1	7.0	5.9	1.9	1.1	3.0	3.8	1.3
安徽	102	7	22	76.0	76.5	3.9	22.6	50.0	19.6	2.9	1.0	55.4	91.2	71.6	13.7	5.9	3.9	2.9	2.0	5.9	0.6
江西	715	11	89	77.9	91.8	31.9	42.4	17.5	5.7	1.8	0.7	54.3	89.5	73.2	10.2	6.2	4.3	2.8	3.4	4.3	1.0
湖北	76	10	27	76.5	86.9	6.6	39.5	40.8	10.5	1.3	1.3	52.6	94.7	55.3	22.4	17.1	2.6	2.6	0.0	4.5	0.5
湖南	1123	11	71	77.5	95.5	23.4	39.0	33.1	3.7	0.5	0.3	53.7	96.0	66.4	12.6	16.9	1.9	1.0	1.2	3.0	0.7
广东	521	20	87	77.8	94.8	29.2	40.9	24.7	3.3	1.9	0.0	52.2	85.0	68.7	14.8	6.3	1.9	3.8	0.0	4.7	0.0
广西	309	14	79	77.9	97.1	25.9	47.6	23.6	1.6	1.0	0.3	52.9	93.5	70.6	13.3	9.7	1.0	1.6	3.9	5.1	0.7
海南	138	18	18	77.5	89.1	26.1	41.3	21.7	6.5	2.9	1.5	52.1	87.0	63.8	13.8	10.1	4.3	2.9	5.8	4.4	0.4

数据来源：国家粮食和物资储备局标准质量中心统计资料。

表19 2024年夏收小麦质量情况调查表

单位：个，%

地区	样品数	覆盖市数	覆盖县数	千粒重(g)	容重(g/L)	等级比例								不完善粒率
						中等以上	一等	二等	三等	四等	五等	等外		
合 计	14544	147	884	44.6	796.0	97.1	66.3	22.5	8.3	1.9	0.7	0.3		2.9
河 北	1624	8	92	43.9	801.0	99.6	80.6	15.2	3.8	0.4	0.0	0.0		2.8
山 西	253	4	27	43.7	792.0	98.0	58.1	26.9	13.0	1.2	0.8	0.0		3.1
江 苏	1433	13	88	45.7	801.0	99.0	73.3	20.8	4.9	0.5	0.4	0.1		3.4
浙 江	62	6	28	41.0	805.0	100.0	74.2	16.1	9.7	1.6	0.0	0.0		2.8
安 徽	1729	15	74	44.1	795.0	98.3	67.5	22.8	8.0	1.1	0.5	0.1		3.1
山 东	2776	16	125	44.2	797.0	98.9	69.7	22.6	6.6	0.8	0.3	0.0		2.7
河 南	4018	18	122	45.2	795.0	97.3	63.1	25.1	9.1	2.0	0.6	0.1		2.7
湖 北	408	15	55	41.7	773.0	83.6	24.8	34.3	24.5	11.5	2.9	2.0		3.1
四 川	373	14	66	44.8	768.0	75.6	31.6	22.6	21.4	9.4	6.4	8.6		4.1
陕 西	458	10	55	45.9	785.0	95.4	41.5	40.6	13.3	3.1	1.3	0.2		2.9
甘 肃	487	14	72	44.2	773.0	81.5	25.7	28.3	27.5	14.8	3.5	0.2		3.5
宁 夏	220	5	22	45.1	790.0	98.6	56.8	29.1	12.7	1.4	0.0	0.0		1.7
新 疆	703	9	58	45.5	815.0	100.0	96.0	3.4	0.6	0.0	0.0	0.0		2.9

数据来源：国家粮食和物资储备局标准质量中心统计资料。

表20　2024年中晚籼稻、粳稻收获质量情况调查表

单位：个、%

种类	省份	样品数	覆盖市数	覆盖县数	出糙率	等级比例							整精米率								不完善粒率	谷外糙米率
						中等以上	一等	二等	三等	四等	五等	等外	平均值	中等以上	其中							
															一等	二等	三等	四等	五等	等外		
中晚籼稻	合　计	13603	149	878	77.4	91.8	22.1	40.5	29.2	5.8	1.6	0.8	54.8	92.1	72.6	10.3	9.2	2.2	1.6	4.0	3.7	0.8
	江　苏	257	7	20	78.1	98.1	26.1	52.9	19.1	1.2	0.0	0.8	53.2	100.0	60.7	27.2	12.1	0.0	0.0	0.0	3.5	1.1
	浙　江	365	9	58	78.1	95.7	36.5	41.3	17.9	3.2	0.3	0.8	58.7	96.0	90.4	3.5	2.1	1.1	1.3	1.6	5.4	0.9
	安　徽	1156	15	72	75.3	64.6	2.1	20.5	42.0	22.9	8.6	3.9	57.7	97.9	87.2	7.0	3.7	1.3	0.6	0.2	8.3	1.1
	江　西	1421	11	89	77.2	88.2	18.4	42.2	27.6	9.2	1.7	0.9	59.2	95.7	89.3	3.3	3.1	1.7	1.0	1.5	4.8	1.0
	河　南	499	3	19	75.9	90.0	1.5	13.2	75.3	8.1	1.7	0.2	51.6	98.3	49.5	14.1	34.7	1.3	0.4	0.0	2.4	1.1
	湖　北	1916	16	83	77.3	94.5	12.9	47.4	34.2	4.6	0.7	0.2	54.5	95.5	74.6	13.6	7.3	1.8	1.0	1.7	2.9	0.8
	湖　南	3018	14	103	77.7	98.0	24.1	42.4	31.5	1.2	0.6	0.2	53.4	96.1	67.2	14.3	14.6	1.1	1.1	1.7	2.1	0.7
	广　东	589	18	83	78.5	98.5	41.8	40.4	16.3	1.0	0.5	0.0	62.0	99.0	97.5	1.4	0.1	0.3	0.2	0.5	3.0	0.6
	广　西	548	14	56	78.6	97.1	42.7	41.8	12.6	2.6	0.2	0.1	60.7	98.4	94.7	2.6	1.1	0.5	0.5	0.5	3.0	0.9
	重　庆	486	1	29	77.3	97.5	11.9	48.8	36.8	2.5	0.0	0.0	49.8	82.5	51.6	15.4	15.4	4.7	2.9	9.9	5.0	0.6
	四　川	2629	19	129	78.1	95.5	35.1	44.5	15.9	2.5	1.1	0.9	47.8	68.9	45.5	12.3	11.1	6.6	5.6	18.8	2.6	0.6
	贵　州	411	9	67	78.5	99.8	40.2	51.1	8.5	0.0	0.0	0.2	55.0	96.4	76.4	10.9	9.0	1.7	0.2	1.7	2.3	0.4
	云　南	308	13	70	77.9	95.2	27.6	45.5	22.1	4.2	0.6	0.0	56.3	92.5	76.3	9.4	6.8	2.3	2.9	2.3	3.6	0.3
粳稻	合　计	6565	71	326	80.0	94.7	33.3	41.2	20.2	3.9	1.0	0.4	64.8	97.4	79.5	12.9	5.0	1.5	0.8	0.3	4.4	1.4
	辽　宁	435	11	34	81.2	97.0	65.3	27.8	3.9	1.6	0.9	0.5	68.9	99.8	94.7	3.4	1.6	0.2	0.0	0.0	2.3	1.0
	吉　林	681	9	39	80.8	99.2	51.0	36.0	12.2	0.7	0.1	0.0	67.9	99.4	94.1	4.3	1.0	0.6	0.0	0.0	4.9	1.7
	黑龙江	2800	12	69	79.4	93.7	13.5	51.8	28.4	4.7	1.3	0.3	64.1	97.5	77.5	15.1	4.8	1.7	0.8	0.0	4.5	1.3
	江　苏	1861	13	78	80.7	96.9	51.4	33.0	12.5	2.8	0.2	0.1	64.1	97.7	76.5	14.1	7.1	1.0	1.0	0.3	4.1	1.6
	安　徽	351	8	32	78.1	77.5	8.0	33.3	36.2	13.1	4.8	4.6	61.7	89.2	59.8	21.9	7.4	6.0	1.7	3.1	7.8	1.2
	云　南	207	14	61	80.8	97.1	51.7	32.4	13.0	1.9	0.5	0.5	67.0	96.1	84.1	6.3	5.8	1.4	1.4	1.0	4.2	0.4
	宁　夏	230	4	13	82.3	100.0	88.7	10.9	0.4	0.0	0.0	0.0	65.7	96.5	83.5	8.3	4.8	2.6	0.4	0.4	0.9	0.8

数据来源：国家粮食和物资储备局标准质量中心统计资料。

表21　2024年新收获玉米质量情况调查表

单位：个，%

地区	样品数	覆盖市数	覆盖县数	容重(g/L)	容重(g/L) 三等以上	一等	二等	三等	四等	五等	等外	不完善粒率 ≤8.0	其中霉变粒≤2.0	淀粉	粗蛋白	粗脂肪
合　计	28482	244	1551	732	98.1	68.6	19.9	9.6	1.6	0.2	0.1	95.4	99.3	70.2	9.1	3.8
天　津	124	1	8	708	94.4	36.3	34.7	23.4	4.0	1.6	0.0	100.0	100.0	72.0	9.5	4.7
河　北	2244	13	140	746	100.0	88.8	9.8	1.4	0.0	0.0	0.0	97.4	98.1	71.5	9.6	3.8
山　西	1028	11	104	754	99.9	95.3	4.1	0.5	0.1	0.0	0.0	96.4	98.8	71.9	9.6	3.1
内蒙古	3282	12	35	733	98.1	71.2	20.5	6.3	1.9	0.0	0.0	100.0	100.0	70.3	8.6	3.7
辽　宁	2010	14	47	742	99.9	88.4	10.9	0.6	0.0	0.0	0.0	99.5	99.8	73.1	9.5	4.3
吉　林	3258	9	47	742	99.9	82.9	14.8	2.2	0.1	0.0	0.0	99.6	99.9	72.0	8.9	3.8
黑龙江	4200	13	92	689	92.0	3.2	39.0	43.8	7.2	0.8	0.0	96.3	100.0	71.9	8.6	4.1
江　苏	319	12	46	728	99.7	70.8	23.8	5.0	0.3	0.0	0.0	93.4	98.1	70.4	10.2	3.9
安　徽	681	12	53	710	99.1	25.7	66.1	7.3	0.7	0.1	0.0	63.3	98.2	72.8	9.0	3.8
山　东	2853	16	133	740	99.9	87.3	12.1	0.6	0.1	0.0	0.0	94.3	99.1	71.5	9.5	3.9
河　南	2370	18	121	729	98.5	67.3	23.0	8.2	1.4	0.1	0.0	85.0	97.7	71.1	10.4	3.0
湖　北	325	16	83	727	98.5	56.9	37.8	3.7	1.5	0.0	0.0	94.8	99.7	71.3	9.8	4.2
广　西	280	7	51	760	100.0	95.1	3.9	0.0	0.0	0.0	0.0	86.1	100.0			
重　庆	257	1	25	714	98.1	49.4	33.9	14.8	1.9	0.0	0.0	92.2	99.6	69.8	10.1	4.6
四　川	1104	21	140	714	96.7	43.7	38.6	14.5	2.9	0.3	0.1	89.0	99.0	82.2	10.5	5.0
贵　州	300	9	62	731	99.7	67.0	30.0	2.7	0.3	0.0	0.0	97.0	98.7	70.3	9.3	4.4
云　南	1049	16	117	757	99.9	92.1	7.1	0.8	0.1	0.0	0.0	98.5	99.4	70.3	9.7	4.2
陕　西	642	12	89	744	99.8	84.6	13.2	2.0	0.2	0.0	0.0	97.5	99.1	70.2	9.6	3.7
甘　肃	914	14	70	753	99.2	92.2	4.9	2.1	0.5	0.2	0.0	98.6	99.8	71.7	9.3	4.2
宁　夏	320	5	22	761	100.0	100.0	0.0	0.0	0.0	0.0	0.0	99.7	100.0	74.9	8.7	4.6
新　疆	922	12	66	755	100.0	98.9	0.7	0.4	0.0	0.0	0.0	99.7	100.0	71.8	8.7	4.0

数据来源：国家粮食和物资储备局标准质量中心统计资料。

表22 2024年大豆质量情况调查表

单位：个，%

地区	样品数	涉及市数	完整粒率								粗蛋白（干基）		粗脂肪（干基）	
			平均值	三等以上	一等（≥95）	二等（≥90）	三等（≥85）	四等（≥80）	五等（≥75）	等外（<75）	平均值	达标高蛋白大豆比例	平均值	达标高油大豆比例
合 计	1811	85	91.5	91.8	28.1	37.0	26.7	6.1	1.6	0.5	38.9	27.1	20.7	71.4
内蒙古	284	6	92.0	100.0	23.6	53.9	22.5	0.0	0.0	0.0	37.1	20.0	21.8	94.7
吉 林	92	7	93.3	92.4	47.8	34.8	9.8	4.3	3.3	0.0	39.5	51.9	21.8	96.1
黑龙江	1042	13	90.9	89.4	21.8	35.4	32.2	8.3	1.9	0.4	38.8	24.9	20.6	80.2
安 徽	96	11	93.1	97.9	40.6	38.5	18.8	2.1	0.0	0.0	39.2	13.4	19.3	13.3
山 东	75	16	94.7	96.0	60.0	24.0	12.0	4.0	0.0	0.0	42.3	71.4	20.5	71.4
河 南	90	14	93.0	91.1	45.6	33.3	12.2	6.7	1.1	1.1	39.3	37.6	19.0	18.8
四 川	132	18	91.2	86.4	38.6	22.7	25.0	6.8	3.8	3.0	41.8	67.8	22.1	51.6

数据来源：国家粮食和物资储备局标准质量中心统计资料。

表 23　2024 年发布粮油国家标准和行业标准统计表

单位：万吨

序号	标准名称	执行标准代号
1	食用植物油散装运输卫生要求	GB 44917-2024
2	小麦、黑麦及其面粉和杜伦麦及其粗粒粉 Hagberg-Perten 法测定降落数值	GB/T 10361-2024
3	玉米粉	GB/T 10463-2024
4	小米	GB/T 11766-2024
5	黍	GB/T 13355-2024
6	黍米	GB/T 13356-2024
7	稷	GB/T 13357-2024
8	稷米	GB/T 13358-2024
9	莜麦	GB/T 13359-2024
10	莜麦粉	GB/T 13360-2024
11	动植物油脂　不溶性杂质含量的测定	GB/T 15688-2024
12	食用植物油销售包装	GB/T 17374-2024
13	优质小麦	GB/T 17892-2024
14	粮油储藏　磷化氢环流熏蒸装备	GB/T 17913-2024
15	动植物油脂　氧化稳定性的测定（加速氧化测试）	GB/T 21121-2024
16	粮油检验　稻谷和糙米潜在出米率测定方法	GB/T 21499-2024
17	动植物油脂　紫外吸光度的测定	GB/T 22500-2024
18	粮油检验　粮食感官检验辅助图谱　第 4 部分：油料	GB/T 22504.4-2024
19	动植物油脂　茴香胺值的测定	GB/T 24304-2024
20	动植物油脂　甾醇组成和甾醇总量的测定　气相色谱法	GB/T 25223-2024
21	粮油储藏　粮仓气密性要求	GB/T 25229-2024
22	粮油机械　气压磨粉机	GB/T 25728-2024
23	粮油检验　储粮真菌标准图谱　第 1 部分：曲霉属	GB/T 26628.1-2024
24	粮油检验　储粮真菌标准图谱　第 2 部分：青霉属	GB/T 26628.2-2024
25	粮油检验　储粮真菌标准图谱　第 3 部分：镰刀菌属	GB/T 26628.3-2024
26	粮油检验　储粮真菌标准图谱　第 4 部分：其他常见菌属	GB/T 26628.4-2024
27	粮油储藏　粮情测控系统　第 1 部分：通则	GB/T 26882.1-2024
28	粮油储藏　粮情测控系统　第 2 部分：分机	GB/T 26882.2-2024

序号	标准名称	执行标准代号
29	粮油储藏　粮情测控系统　第 3 部分：软件	GB/T 26882.3-2024
30	粮油储藏　粮情测控系统　第 4 部分：信息交换接口协议	GB/T 26882.4-2024
31	粮油储藏　储粮害虫检验辅助图谱　第 2 部分：锯谷盗科、扁谷盗科	GB/T 37719.2-2024
32	粮油储藏　储粮害虫检验辅助图谱　第 3 部分：书虱科	GB/T 37719.3-2024
33	粮油储藏　储粮害虫检验辅助图谱　第 4 部分：蛀食性害虫（象甲科、豆象科、长蠹科、长角象科、麦蛾科）	GB/T 37719.4-2024
34	薏仁米	GB/T 43715-2024
35	粮食安全储存水分	GB/T 43994-2024
36	大宗粮食收储信息管理技术通则	GB/T 44339-2024
37	粮食储藏　玉米安全储藏技术规范	GB/T 44340-2024
38	粮油检验　植物油中甘油三酯组成的测定　高效液相色谱法	GB/T 44614-2024
39	花生蛋白粉	GB/T 44616-2024
40	漆树籽	GB/T 44618-2024
41	粮油检验　GC/MS 法测定 3-氯丙醇脂肪酸酯和缩水甘油脂肪酸酯	GB/T 44621-2024
42	粮油机械　补仓机	GB/T 44743-2024
43	粮食储藏　低温储粮技术规程	GB/T 44744-2024
44	粮油机械　移动式散粮出仓机	GB/T 44745-2024
45	粮油机械　刮板输送机	GB/T 44746-2024
46	粮油机械　小麦剥皮机	GB/T 44962-2024
47	储粮保水技术规范	GB/T 44963-2024
48	橄榄油中脂肪酸乙酯含量的测定　气相色谱—质谱法	GB/T 44966-2024
49	粮食储藏　小麦粉安全储藏技术规范	GB/T 44968-2024
50	粮油机械　气垫带式输送机	GB/T 44970-2024
51	粮油检验　样品信息采集技术规范	GB/T 45036-2024
52	粮油机械　扒谷机	GB/T 45037-2024
53	小麦和小麦粉　面筋含量　第 2 部分：仪器法测定湿面筋和面筋指数	GB/T 5506.2-2024
54	粮油检验　谷物及制品脂肪酸值的测定	GB/T 5510-2024
55	动植物油脂　相对密度的测定	GB/T 5526-2024
56	动植物油脂　折光指数的测定	GB/T 5527-2024

续表

序号	标准名称	执行标准代号
57	动植物油脂　皂化值的测定	GB/T 5534-2024
58	高粱	GB/T 8231-2024
59	粟	GB/T 8232-2024
60	专用小麦粉	GB/T 8607-2024
61	全谷物分类与标示要求	LS/T 1105-2024
62	粮食仓房分类分级	LS/T 1235-2024
63	粮油检验　谷物中黄曲霉毒素 B1 测定　超导量点免疫荧光快速定量法	LS/T 6149-2024
64	粮油检验　小麦粉面团流变学特性测试　揉混仪法	LS/T 6150-2024
65	粮油检验　苦杏仁苷含量的测定　高效液相色谱法	LS/T 6151-2024
66	小麦粉加工精度标准样品　精制粉	LS/T 15111-2024
67	小麦粉加工精度标准样品　标准粉	LS/T 15112-2024
68	小麦储存品质品尝评分参考样品	LS/T 15211-2024
69	籼米加工精度标准样品　精碾	LS/T 15121-2024
70	籼米加工精度标准样品　适碾	LS/T 15122-2024
71	粳米加工精度标准样品　精碾	LS/T 15123.1-2024
72	粳米加工精度标准样品　适碾	LS/T 15123.2-2024
73	籼稻整精米率标准样品	LS/T 15321-2024
74	粳稻整精米率标准样品	LS/T 15322-2024
75	粳米品尝评分参考样品	LS/T 1534-2024
76	籼米品尝评分参考样品	LS/T 1535-2024

数据来源：国家粮食和物资储备局标准质量中心统计资料。

表24　2024年度国家粮食和物资储备局软科学课题评价结果统计表

序号	课题单位	课题名称	评价结果
1	国家粮食和物资储备局物资储备司	矿产品原材料储备企业代储机制研究	较高学术水平和实用价值
2	国家粮食和物资储备局能源储备司	煤炭储备运行政策保障研究	较高学术水平和实用价值
3	国家粮食和物资储备局规划建设司	以信息化助推物资储备应急保障现代化研究	较高学术水平和实用价值
4	国家粮食和物资储备局军粮供应服务中心	军粮供应网点分类管理政策研究	较高学术水平和实用价值
5	国家粮油信息中心	全球油脂油料贸易流向演变及对我国植物油安全影响研究	较高学术水平和实用价值
6	国家粮食和物资储备局粮食交易协调中心	优化交易模式防范化解粮食购销领域腐败风险关键问题研究	较高学术水平和实用价值
7	国家粮食和物资储备局科学研究院	完善粮食调节储备管理机制研究	较高学术水平和实用价值
8	国家粮食和物资储备局科学研究院	战略物资储备参与宏观经济调控机制研究	较高学术水平和实用价值
9	国家粮食和物资储备局储备安全和应急物资保障中心	提升中央应急物资运力保障能力研究	较高学术水平和实用价值
10	中国粮食经济学会、中国人民大学、中储粮（海南）有限公司	海南自由贸易港粮食产业高质量发展与粮食全球供应链建设研究	较高学术水平和实用价值
11	江西省粮食和物资储备局	粮食购销领域行政监管对策研究	较高学术水平和实用价值
12	河南省粮食和物资储备局	粮食集成化供应链企业培育研究	较高学术水平和实用价值
13	华中师范大学、湖北省粮食局	耕地资源保护利用与确保国家粮食安全实现路径研究	较高学术水平和实用价值
14	广东省粮食和物资储备局、国家粮油信息中心	粮食安全保障水平综合评价模型研究	较高学术水平和实用价值
15	四川农业大学、四川省粮食和物资储备局	建设有竞争力的全国粮食统一大市场研究	较高学术水平和实用价值
16	国家粮食和物资储备局黑龙江局	破解中央事权粮食监管难题研究	较高学术水平和实用价值
17	国家粮食和物资储备局湖北局	微观经济视域下国家战略储备管理成本运行分析研究	较高学术水平和实用价值
18	国家粮食和物资储备局广西局	新形势下物资储备技能人才培养路径研究	较高学术水平和实用价值
19	国家粮食和物资储备局新疆局	完善区域布局和品种结构全面提升新疆应急物资保障能力研究	较高学术水平和实用价值

续表

序号	课题单位	课题名称	评价结果
20	河南省储备粮管理集团有限公司	保障粮食安全视角下的调节储备运行机制研究	较高学术水平和实用价值
21	中国农业大学	大食物观下我国"粮—经—饲"耕地利用结构统筹优化研究	较高学术水平和实用价值
22	北京理工大学	大食物观视阈下耕地用途管制：法制基础、现实挑战与优化建议研究	较高学术水平和实用价值
23	河北大学	粮食上市企业竞争力测度分析与提升路径研究	较高学术水平和实用价值
24	南京农业大学	加快建设农业强国背景下我国粮食企业竞争力提升路径研究	较高学术水平和实用价值
25	南京财经大学	耕地资源保护利用与确保国家粮食安全实现路径研究	较高学术水平和实用价值
26	江南大学	我国粮食企业高质量发展水平综合评价及提升路径研究	较高学术水平和实用价值
27	浙江农林大学	我国耕地资源保护利用与国家粮食安全协同机制及对策研究	较高学术水平和实用价值
28	山东女子学院	开放条件下我国粮食企业国际竞争力提升问题研究	较高学术水平和实用价值
29	河南工业大学、中国粮食经济学会	我国古代中央事权粮食储备规模标准的历史演进与当代启示研究	较高学术水平和实用价值
30	中南大学	规范粮食经纪人行为视角下粮食购销领域腐败源头治理研究	较高学术水平和实用价值
31	广西工商职业技术学院	涉粮高职院校粮食和物资储备专业生态群建设研究	较高学术水平和实用价值
32	兰州大学	粮食安全背景下耕地保护的法治化进路研究	较高学术水平和实用价值
33	中国财政科学研究院	战略物资储备的财政保障机制研究	较高学术水平和实用价值
34	全国农业展览馆（中国农业博物馆）	粮食安全视域下耕地保护长效机制构建研究	较高学术水平和实用价值
35	广东省农业科学院	粤港澳大湾区粮食和民生物资应急保障供应链韧性提升对策研究	较高学术水平和实用价值
36	国家粮食和物资储备局应急物资储备司	我国大城市群粮食应急保障能力研究	一定学术水平和实用价值
37	国家粮食和物资储备局执法督查局	多元承储主体视角下政策性粮食储备管理考核机制研究	一定学术水平和实用价值
38	北京市粮食和物资储备局	北京市粮食质量安全检验监测体系研究	一定学术水平和实用价值

续表

序号	课题单位	课题名称	评价结果
39	天津市粮食和物资储备局	加强粮食储备和购销领域监管研究	一定学术水平和实用价值
40	河北省粮食和物资储备局	数字赋能粮食应急保供高质量发展实践路径及提升策略研究	一定学术水平和实用价值
41	山西省粮食和物资储备局	粮食和物资储备仓储物流设施建设规划研究	一定学术水平和实用价值
42	辽宁省粮食和物资储备局、中国农业发展银行辽宁省分行	基于产业互联网下的数字金融助力粮食供应链业务发展研究	一定学术水平和实用价值
43	黑龙江省粮食和物资储备局	防范粮食购销领域腐败风险研究	一定学术水平和实用价值
44	江苏省粮食和物资储备局	省级政府储备粮目标绩效考评研究	一定学术水平和实用价值
45	浙江省粮食和物资储备局	区域粮食应急保障中心建设研究	一定学术水平和实用价值
46	安徽省粮食和物资储备局、安徽粮食工程职业学院	区域一体化与全国粮食统一大市场建设研究	一定学术水平和实用价值
47	河南省粮食和物资储备局	完善国家粮食储备运营机制的对策研究	一定学术水平和实用价值
48	广西壮族自治区粮食和物资储备局	命运共同体视域下中国—东盟粮食安全合作机制与路径研究	一定学术水平和实用价值
49	海南省粮食和物资储备局	粮食购销领域腐败问题成因及治理对策研究	一定学术水平和实用价值
50	贵州省粮食和物资储备局	建立健全粮食购销信息化监管机制识别防范腐败风险研究	一定学术水平和实用价值
51	陕西省粮食和物资储备局	新质生产力视域下构建大型粮食企业发展路径研究	一定学术水平和实用价值
52	甘肃省粮食和物资储备局	省级政府储备粮管理水平及绩效考评研究	一定学术水平和实用价值
53	新疆维吾尔自治区粮食和物资储备局	打造粮油区域公共品牌提升企业竞争力研究	一定学术水平和实用价值
54	厦门市发展和改革委员会、厦门市粮油质量监测和军粮供应中心	海峡西岸城市物资应急保障能力建设研究	一定学术水平和实用价值
55	滨州市粮食和物资储备局	培育大型粮食企业做优做强粮食产业经济路径研究	一定学术水平和实用价值
56	濮阳市粮食和物资储备局	市、县两级应急物资储备体系建设现状、问题及对策研究	一定学术水平和实用价值
57	国家粮食和物资储备局北京局	基于"数据画像"的粮食购销领域腐败风险识别方法研究	一定学术水平和实用价值
58	国家粮食和物资储备局吉林局、吉林大学	我国粮食购销和库存管理数字化监管效能提升研究	一定学术水平和实用价值

续表

序号	课题单位	课题名称	评价结果
59	国家粮食和物资储备局云南局	在"事企分开"改革背景下国储物流公司的功能定位及规范治理研究	一定学术水平和实用价值
60	国家粮食和物资储备局陕西局	应急救灾物资储备安全保障能力建设研究	一定学术水平和实用价值
61	国家粮食和物资储备局宁夏局	中央调节储备粮功能定位及运行机制研究	一定学术水平和实用价值
62	中粮集团有限公司	中央企业政府储备绩效与考核体系研究	一定学术水平和实用价值
63	北大荒商贸集团有限公司	基于专业化发展打造粮食贸易流通领域一流企业研究	一定学术水平和实用价值
64	中国粮食商业协会	新质生产力赋能传统粮食流通企业转型发展的路径研究	一定学术水平和实用价值
65	沈阳农业大学	粮食主产区国家储备效能分析及提升措施研究	一定学术水平和实用价值
66	沈阳师范大学、辽宁省粮食和物资储备事务服务中心	新质生产力赋能粮食企业高质量发展研究	一定学术水平和实用价值
67	上海政法学院	粮食安全视角下我国耕地资源保护与利用研究	一定学术水平和实用价值
68	中国地质大学（武汉）	建立粮食产销区省际横向利益补偿机制全面提升国家粮食安全保障能力研究	一定学术水平和实用价值
69	西南财经大学	"大城市群—超大规模城市"粮食和物资应急保障能力建设研究	一定学术水平和实用价值
70	四川大学	高标准农田建设对提升国家粮食安全的实现路径研究	一定学术水平和实用价值
71	西北农林科技大学	高标准农田建设对粮食综合生产能力的影响机制及对策研究	一定学术水平和实用价值
72	国家信息中心	人口总量与结构变化对粮食安全的影响及应对政策仿真研究	一定学术水平和实用价值
73	农业农村部农村经济研究中心	新质生产力视阈下完善耕地资源保护利用路径研究	一定学术水平和实用价值
74	中国农业科学院农业信息研究所	人口变化对耕地保护利用的影响及粮食安全路径选择研究	一定学术水平和实用价值
75	中国农业科学院农业经济与发展研究所	"藏粮于地"的形势、潜力与建议研究	一定学术水平和实用价值

资料来源：中国粮食研究培训中心统计资料。

表 25　2024 年度中国粮油学会科学技术奖获奖项目目录

序号	项目名称	主要完成单位	主要完成人
一等奖			
1	速冻面米食品生产关键技术与装备及其产业化	江南大学、郑州轻工业大学、四方科技集团股份有限公司、思念食品（河南）有限公司、三全食品股份有限公司	徐学明、徐　丹、吴凤凤、张　华、陆卫华、冯志强、王　鹏、范　雯、赵　琼、张艳艳
2	类母乳脂质精准营养设计与绿色生物制造关键技术创新及产业化	丰益（上海）生物技术研发中心有限公司、北京中营惠营养健康研究院有限公司、上海交通大学、南昌大学、秦皇岛金海特种食用油工业有限公司	徐学兵、王瑛瑶、徐振波、姜元荣、万建春、张　虹、张亚琼、李　静、石　彪、潘　坤、许淑芳、郑　妍
3	仓储设施储粮韧性提升理论与关键技术	河南工业大学、国家粮食和物资储备局科学研究院、北京国贸东孚工程科技有限公司、河南工大设计研究院有限公司、中国储备粮管理集团有限公司山东分公司、郑州中粮科研设计院有限公司	陈桂香、张忠杰、郑德乾、邢　勇、张庆章、王　军、李　昭、郭呈周、杲晓龙、刘超赛、苟亚龙、黄海荣
4	粮食气膜仓工程设计及施工技术研发与示范	中储粮成都储藏研究院有限公司、中国储备粮管理集团有限公司、中储粮油脂有限公司、中央储备粮四川新津直属库有限公司	余鹏彪、李　月、蒋士勇、祝　凯、张志航、王　跃、唐　洁、胡智佑、王　华、兰盛斌、向　毅、周立公
5	风味食用油脂加工技术创新与产业化应用	中粮营养健康研究院有限公司、山东金胜粮油食品有限公司、江南大学、中粮福临门食品营销有限公司、中粮油脂（广元）有限公司、费县中粮油脂工业有限公司、北京林业大学	刘元法、王翔宇、郑召君、高冠勇、王满意、惠　菊、李晓龙、初柏君、柴秀航、张　宇、宋玉义、朱保庆
6	发酵豆制品品质强化关键技术研究及产业化	哈尔滨商业大学、上海理工大学、北大荒食品集团哈尔滨豆制品有限公司、哈尔滨美华生物技术股份有限公司、黑龙江九阳豆业有限公司	张　娜、夏永军、马春敏、徐　悦、王　冰、刘晓飞、王　艳、刘　颖、杨　杨、王海燕、林枫翔、张修军
二等奖			
7	高品质茶油及副产品精深加工关键技术与装备创新	湖南省林业科学院、武汉轻工大学、武汉大学、湖南新金浩茶油股份有限公司、湖南中彬茶油股份有限公司	刘汝宽、陈　帅、钟　武、肖志红、苗永军、刘思思、张爱华、张　涛、李　宁
8	大型智能化组合式脱臭塔的开发与应用	迈安德集团有限公司	周二晓、杭　明、梁椿松、段秀峰、吴贵松、张鹏程、温小荣、郑亿青、王宇峰
9	小麦胚芽活性肽的关键制备技术及创新应用	南京财经大学、江苏三零面粉有限公司、广州优然生物科技有限公司	沈新春、陆颖健、汪　芳、宋海昭、向新跃、王銮凤、谢　彬、曾义安、周华锋
10	智能仓储物流成套装备粮油行业推广应用及产业化	青岛宝佳智能装备股份有限公司	张光瑞、高明作、任　雷

续表

序号	项目名称	主要完成单位	主要完成人
11	粮食储运基础试验装备的创新与应用	吉林大学、国家粮食和物资储备局科学研究院、吉林农业大学、吉林工商学院、吉林省农业科学院（中国农业科技东北创新中心）	韩　峰、尹慧敏、王桂英、金　毅、朴日花、徐兴梅、吴玉柱、吴文福、马昀钊
12	基于"云边协同"的粮食收储一体化平台关键技术研究与开发	华信咨询设计研究院有限公司、浙江省储备粮管理有限公司	柳瑞芸、黄　俊、盛　立、金建德、高彬彬、张加胜、金献军、张云峰、陈明华
13	储粮虫霉危害活动智慧监测与精准防控关键技术及应用	河南工业大学、中原粮食集团有限公司	胡元森、翟焕趁、王争艳、徐晓娟、雷　阳、魏　闪、张帅兵、吕扬勇、蔡静平
14	小麦制粉装备关键技术研究及产业化	河北苹乐面粉机械集团有限公司、河南工业大学	吴军永、王明旭、张保伟、文　范、程　敏、李学强、刘　鹏、郭宏民、吴兴华
15	食品营养化创制关键技术及应用	中国疾病预防控制中心营养与健康所、首都儿科研究所、上海康识食品科技有限公司、内蒙古伊利实业集团股份有限公司北京分公司	王志宏、王惠君、黄　建、唐艳斌、姜红如、张　霆、邹　昕、杨超群、王　鸥
16	藜麦高值化加工关键技术及产业化应用	上海理工大学、安徽燕之坊食品有限公司、上海海事大学、山西稼祺农业科技有限公司	管　骁、黄　凯、张　颖、宋洪东、张丽珂、刘　静、武祥云、曹洪伟、张　妤
17	大产量低破碎粮食仓储清理及输送装备关键技术及应用	河南工业大学、郑州中粮科研设计院有限公司、中粮工科迎春农牧机械（山东）有限公司、苏州捷赛机械股份有限公司、中粮工科茂盛装备（河南）有限公司	吴　兰、张博强、曹宪周、李军五、郭善辉、王斌兴、孙慧男、任守华、田颖斌
18	油料及其制品加工链条安全控制技术集成与应用	武汉轻工大学、中粮营养健康研究院有限公司、江南大学、北京工商大学、山东兴泉油脂有限公司	张维农、张海龙、姜德铭、常　明、金学波、白玉廷、李子松、郑　山、孙玉萍
19	大米储藏劣变标记物筛选及快检技术研发	中国农业大学、华中农业大学、中央储备粮沈阳直属库有限公司	沈　群、赵卿宇、赵思明、顾心宇、王　超、赵亮星、吴　彤
20	粮面害虫数量远程在线监测预警技术研究	中储粮成都储藏研究院有限公司、北京邮电大学、中国储备粮管理集团有限公司、杭州海康威视数字技术股份有限公司、成都中储粮储备有限公司	李丹丹、李江涛、祝　凯、郑焱诚、马一铭、周慧玲、贺小龙、李　月、陈　戈
三等奖			
21	芝麻精深加工关键技术创新及产业化应用	武汉轻工大学、丰益（上海）生物技术研发中心有限公司、武汉食品化妆品检验所	周　力、何东平、姜元荣、杨　永、张余权、陈亮瑜
22	生物饲料和生物兽药开发利用关键技术及应用	北京大伟嘉生物技术股份有限公司、国家粮食和物资储备局科学研究院、北京伟嘉盛邦生物技术有限公司	乔　琳、廖　峰、赵宝凯、张晓华、柳高峰、吴晓峰

续表

序号	项目名称	主要完成单位	主要完成人
23	青海特色杂粮品质评价及加工改良技术研究与应用	青海大学、青海省农林科学院、江南大学	杨希娟、党　斌、李　娟、杜　艳、王凤忠、张文刚
24	高效环保粮食清理系列装备研发与产业化	郑州中粮科研设计院有限公司、中粮工科茂盛装备（河南）有限公司	李军五、郭善辉、朱金林、聂运强、张峻岭、刘　涛
25	谷糙分离机智能化技术与工程应用	湖北飞来钟粮油设备有限公司、湖北文理学院、武汉轻工大学	齐家敏、耿　煜、程　昊、柯　平、邹小丽、周志立
26	高寒条件下大宗粮食热泵绿色干燥技术	中国科学院理化技术研究所、开原市天诚干燥设备有限公司、黑龙江中科热泵科技有限公司	杨鲁伟、李伟钊、孙椰望、魏　娟、张　冲、张桂兰
27	茶叶籽油精准适度加工及品质提升关键技术创新与应用	浙江省农业机械研究院、武汉轻工大学、江南大学	袁名安、陈　斌、高　盼、刘睿杰、郑寨生、陈同铸

注：以上一、二、三等奖各获奖项目的"主要完成单位"和"主要完成人"按照申报材料提供的信息，依据贡献大小按照从左到右、从上到下的顺序依次排序，其中一等奖单项授奖人数不超过12人，单位不超过7个；二等奖单项授奖人数不超过9人，单位不超过5个；三等奖单项授奖人数不超过6人，单位不超过3个。

资料来源：中国粮油学会统计资料。

后　记

　　《中国粮食和物资储备发展报告》主要聚焦粮食和物资储备重点难点问题，系统反映年度发展状况，客观展示历史足迹，为科学决策和理论研究提供参考，为社会了解粮食和物资储备发展状况提供帮助。《中国粮食和物资储备发展报告 2025》（以下简称《发展报告》）包括序言、综述、国家粮食和物资储备改革发展、市场形势分析与展望、粮食和物资储备安全研究、统计资料等，全面展现粮食和物资储备改革发展成果，突出反映 2024 年度重点、亮点工作。《发展报告》（包括附表）所有统计资料和数据均未包括我国香港、澳门特别行政区和台湾地区。

　　《发展报告》在编写过程中得到了国家发展和改革委员会、农业农村部、国家统计局等有关部门的大力支持。参加编写工作的部门及单位有：国家发展和改革委员会农村经济司、经济贸易司，农业农村部种植业管理司，国家统计局农村社会经济调查司，国家粮食和物资储备局办公室（外事司）、粮食储备司、物资储备司、能源储备司、应急物资储备司、法规体改司、规划建设司、财务审计司、安全仓储与科技司、执法督查局、机关党委（人事司），军粮供应服务中心、标准质量中心、中国粮食研究培训中心、国家粮油信息中心、粮食交易协调中心、科学研究院、宣传教育中心、国家物资储备调节中心、国家能源储备中心、储备安全和应急物资保障中心，中国粮油学会等。

　　在此，谨向在《发展报告》编写过程中给予大力支持的领导、专家和同志们表示衷心的感谢！如有不妥之处，敬请批评指正。

《中国粮食和物资储备发展报告》编辑部

中国粮食研究培训中心

2025 年 4 月

策　　划：王　彤
责任编辑：汪　逸
封面设计：王欢欢
责任校对：东　昌

图书在版编目（CIP）数据

中国粮食和物资储备发展报告 . 2025 ／ 国家粮食和物资储备局 编 . -- 北京 ：人民出版社，
2025. 6. -- ISBN 978 - 7 - 01 - 027543 - 7

Ⅰ . F326. 11；F259. 21

中国国家版本馆 CIP 数据核字第 2025D5E054 号

中国粮食和物资储备发展报告 2025
ZHONGGUO LIANGSHI HE WUZI CHUBEI FAZHAN BAOGAO 2025

国家粮食和物资储备局　编

人民出版社 出版发行
（100706　北京市东城区隆福寺街 99 号）

中煤（北京）印务有限公司印刷　新华书店经销

2025 年 6 月第 1 版　2025 年 6 月北京第 1 次印刷
开本：889 毫米 × 1194 毫米 1/16　印张：13
字数：285 千字

ISBN 978 - 7 - 01 - 027543 - 7　定价：150.00 元

邮购地址 100706　北京市东城区隆福寺街 99 号
人民东方图书销售中心　电话（010）65250042　65289539